변화의
시대를
공부하다

변화의 시대를 공부하다
분단체제론과 변혁적 중도주의

초판 1쇄 발행 / 2018년 6월 5일

지은이 / 백낙청 외
펴낸이 / 강일우
책임편집 / 윤동희 이하림
조판 / 신혜원
펴낸곳 / (주)창비
등록 / 1986년 8월 5일 제85호
주소 / 10881 경기도 파주시 회동길 184
전화 / 031-955-3333
팩시밀리 / 영업 031-955-3399 편집 031-955-3400
홈페이지 / www.changbi.com
전자우편 / human@changbi.com

ISBN 978-89-364-8627-3 03340

변화의
시대를
공부하다

분단체제론과
변혁적 중도주의

창비담론 아카데미

백낙청 외 지음

창비

한반도 대전환의 문턱에서
분단체제를 생각하다

2017년 하반기에 들어서면서 세교연구소는 계간『창작과비평』, 창비학당과 공동으로 '창비담론 아카데미'라는 새로운 공부 프로그램 진행을 위한 논의를 시작했다. 이미 창비학당이 설립되어 시민교육 프로그램을 진행해오고 있었는데, 이것이 대학의 학부 과정에 해당한다면 석·박사 과정에 해당하는 공부모임을 만들어 창비담론을 더 심도 깊게 공부하자는 취지에 공감했기 때문이다. 그리하여 2017년 11월 7일부터 2018년 1월 30일까지 다양한 세대의 교사, 교수, 문인, 연구자, 시민운동가, 편집자 등 총 30명이 참가한 제1기 창비담론 아카데미가 7차에 거쳐 진행되었다. 홀수차인 1, 3, 5회에는 참가자들끼리 발제와 토론을 진행하고, 짝수차인 2, 4, 6회에는 이 토론 결과에 대해 백낙청 선생이 답변하고 참가자들과 토론하는 식이었다. 그리고 마지막 7회에 종합토론 시간을 가졌다. 이 책은 창비담론 아카데미 토론의 전과정을 정리한 것이다.

책의 부제에서 알 수 있듯이 제1기 창비담론 아카데미 주제는 '분단체제론과 변혁적 중도주의'이다. 주지하다시피 창비담론은 문학에서 출발했지만 창비는 문학 고유의 특성을 고립적으로 이해하지 않았고, 그 고유성이 사회와 영향을 주고받는 과정과 방식에 관심을 가져왔다. 그 연장선에서 한국사회를 보는 나름의 시각을 발전시켜 왔는데 백낙청의 분단체제론이 가장 대표적인 성과라는 사실을 누구나 인정할 것이다. 따라서 창비담론 아카데미 사업의 첫 주제로 분단체제론을 선택한 것은 자연스러운 결정이라 하겠다. 그렇지만 아카데미 사업을 구상하던 시점에서는 결코 쉬운 선택만은 아니었다.

당시 한반도에서는 남북의 대화가 단절된 상황에서 북미 대립이 심각한 수준으로 고조되고 있었다. 창비담론 아카데미가 시작된 직후인 2017년 11월 29일 북한은 사정거리 1만 킬로미터가 훨씬 넘는 것으로 추정되는 ICBM 화성-15호를 발사했고, 미국은 이에 군사적으로 대응할 가능성을 빈번하게 언급했다. 분단체제론이 한반도 분단현실의 심각성을 지적하는 데 그치는 이론이라면 이러한 객관적 상황이 분단체제론을 논의할 수 있는 좋은 계기라고 볼 수 있을지 모른다. 그렇지만 분단체제론의 핵심은 한반도 차원에서 분단체제를 극복하는 과정과 한국사회의 개혁이 결합될 때만 진정한 변혁을 이룰 수 있다는 주장에 있다. 특히 남과 북이 점진적·단계적인 방식으로 통합해가는 과정을 통해서만 한반도에서 분단체제 극복이라는 취지에 부합하는 변화가 이루어질 수 있다고 강조해왔다. 그리고 그 실천적 태도를 "변혁적 중도주의"로 설명해왔다.

이와 같은 전망을 내세우기에 당시 한반도 정세는 냉혹했고 이러한 상황에서 분단체제론, 엄밀하게 말하자면 '분단체제 극복론'과 변혁적 중도주의에 대해 얼마나 실감있는 논의가 이뤄질 수 있을지 우려되었다. 실제로 아카데미가 진행되던 중, 특히 초기에 분단체제론과 변혁적 중도주의에 대해 '공허하다'는 이야기가 종종 등장했던 것도 이러한 분위기와 무관하지는 않았을 것이다. 그럼에도 분단체제론과 변혁적 중도주의로부터 창비담론 아카데미를 시작한 것은 단순히 창비 대표담론에 대한 집착이 아니라 한반도 위기가 고조될수록 분단체제에 대한 더 깊은 고민이 필요하다는 인식 때문이었다.

무엇보다 한반도의 군사적 긴장 자체가 분단체제 메커니즘이 작동하는 주요한 방식이며 분단체제의 극복 없이는 해결될 수 없는 문제이다. 핵무기를 포함한 군비경쟁이 가속화되는 가운데 한국사회의 개혁이 순조롭게 진전될 리는 만무하다. 자칫하면 촛불혁명을 거치며 만들어진 대전환의 동력도 빠르게 무너질 수 있다. 우리로서는 어쩔 수 없다는 무기력감이나 공허하다는 느낌을 토로하는 데서 더 진전하여 한반도에서 인간다운 삶이 실현되는 것을 가로막는 근본문제와 이를 해결할 수 있는 방안을 천착해야 한다. 백낙청도 토론 중에 "공허하다고 느껴질 때에 그러면 공허하지 않은 어떤 것을 나는 알고 있고 또는 기대하는가, 이런 것을 점검하는 데서부터 시작하는 습성도 키워나가는 게 필요하지 않을까 싶습니다"(39면)라고 지적한 바 있다.

더 중요하게는 객관적 상황이 아무리 부정적으로 전개되더라도 그 속에는 전환의 계기도 존재한다고 생각했다. 분단체제가 파국을 향해 가는 것은 분단체제에서 기득권을 누려온 세력들도 원하는 일이 아니다. 만약 한반도에서 군사 충돌이 발생한다면 그로부터 이득을 얻을 수 있는 세력은 기득권 세력 중에서도 극히 일부에 그칠 것이며, 대부분의 관련자들에게는 재앙에 가까운 결과가 초래될 수밖에 없다. 한반도 상황이 엄중해지는 가운데 미국의 조야에서도 대화를 주장하는 목소리가 끊이지 않았던 이유도 여기에 있다. 그리고 촛불혁명을 거친 한국이 자신의 운명을 좌우할 이 중요한 문제를 방치

한다는 것도 안 될 말이다. 촛불혁명의 완수를 위해서는 남북관계의 전환이라는 터널을 지나가야 한다. 결코 쉽지 않은 이 일을 위해서 분단체제론과 변혁적 중도주의를 더 가다듬어야 한다고 판단했다.

그런데 전환의 계기는 기대보다 훨씬 빠른 속도로 다가왔다. 아카데미가 한창 진행되던 중인 2017년 12월 19일 문재인 대통령이 한미 연합군사훈련을 평창 동계올림픽 이후로 연기할 의사가 있음을 밝히고, 북의 김정은 국무위원장이 2018년 신년사에서 동계올림픽 참여 의사를 밝히는 방식으로 화답하면서 남북관계가 빠른 회복과 발전의 시기로 접어들었다. 제1기 창비담론 아카데미의 후반부는 이러한 변화가 진행되던 시점에 진행되었고 여전히 불확실성이 적지 않지만 북한의 평창 올림픽 참가가 확정된 이후 마무리되었다. 동계 올림픽이 끝난 후에는 모두 목격하고 있는 것처럼 판문점 선언을 비롯하여 사람들의 예상을 뛰어넘는 속도로 한반도 정세가 변화하기 시작했으며, 이 책을 내는 시점에서는 한반도가 대전환의 문턱에 서 있다.

이 책의 주요한 의의는 이러한 한반도의 대전환적인 국면에서 분단체제를 다시 생각하게 만드는 데 있다. 수십년에 걸쳐 남과 북의 사회 내부에 뿌리를 내려온 분단체제가 하루아침에 물러날 것으로 믿는다면 너무나 순진한 생각이다. 그리고 분단체제의 극복을 원한다고 하더라도 알게 모르게 분단체제의 관습에 따르는 발상과 태도가 자기 내부에 존재할 수밖에 없다. 창비담론 아카데미에서의 많은 토론이 이 문제를 둘러싸고 전개되었다. 단순한 분단의 완화나 해소가 아닌 분단체제의 극복은 정치지도자들의 만남만으로는 이뤄질 수 없다. 그보다 더 중요한 것은 남과 북 사회 내부에서 분단체제를 뒷받침해온 여러 요소들을 혁파하고 시민 스스로가 분단체제 극복의 주체로서 서는 일이다. 한반도가 매우 엄혹한 정세에 처해 있던 시점에서 분단체제와 이를 극복하는 실천방안으로서의 변혁적 중도주의를 진지하게 토론한 이런 모임이 바로 그 주체 확산의 가능성을 열어줄 것으로 기대한다.

제1기 창비담론 아카데미는 다양한 세대와 다양한 부문의 종사자, 다양한 인식 수준의 참여자들이 함께하며 새로운 방식으로 진행한 실험적 공부라 다소간 시행착오도 없지 않았다. 그럼에도 한권의 책으로 묶일 정도의 성과를 거둔 데에는 참가자들의 모든 토론 내용에 대해 매번 상세하게 답변해주신 백낙청 선생의 열의와 노고가 결정적인 힘이 되었다. 연말연시라는 바쁜 시기와 유달리 한파가 심했던 날씨에도 불구하고 성실하게 공부에 참여하고 발표와 토론을 해주신 참가자들의 열의도 빼놓을 수 없다. 창비 인문사회출판부 윤동희 차장과 이하림 팀장이 토론 내용을 부지런하고 훌륭하게 정리해주었기에 정세 변화에 맞춰 독자들에게 책을 선보일 수 있었다. 특히 운영위원의 일원이기도 한 염종선 편집이사가 토론 정리와 원고 검토, 편집의 전과정을 세밀히 챙겨주었다. 이 모든 분들께 창비담론 아카데미 운영위원회(위원장: 백영서, 위원: 한기욱·이일영·이남주·염종선)를 대표해서 감사드린다.

2018년 5월
이남주

차례

일러두기

1. 제1기 창비담론 아카데미는 2017년 11월 7일(1차), 21일(2차), 12월 5일(3차), 19일(4차), 2018년 1월 2일(5차), 16일(6차), 30일(7차)에 세교연구소 대회의실에서 열렸고, 이 책은 각 공부모임의 발표 및 토론 내용을 정리한 것이다.

2. 토론 중 참고할 만한 문헌의 관련 대목은 박스 안에 인용문으로 처리하였으며, 본문에서 다룬 중요 문헌의 서지사항은 권말의 '창비담론 아카데미 읽기자료'(279~80면)로 정리했다.

3. 자유롭고 격의 없는 토론을 위해 발언자의 이름은 밝히지 않은 채 각 공부모임의 결과를 정리하여 다음 공부모임의 준비 문건으로 사용했고, 책으로 엮을 때에도 같은 원칙을 유지했다.

제1부

변화의 시대와
담론 공부

참가자 강경석 김명환 김성경 김하림 박윤영 박종호 백낙청 백영서
선우은실 손종도 송종원 양경언 염승준 염종선 윤동희
이기정 이남주 이은지 이일영 이정숙 이종현 이지영 이하림
전성이 전철희 한기욱 한영인 황정아

사회자(이남주) 오늘 오시기로 한 분들은 대부분 참석하신 것 같아서 시작하겠습니다. 6시 반에 모여서 김밥과 샌드위치로 간단히 식사하고 7시에 시작하는 식으로 진행한다고 안내를 받으셨죠? 요기를 하면서 자유롭게 돌아다니고 떠드셔도 되는데 다들 너무 진지하게 공부를 준비하는 분위기가 됐습니다.(웃음) 어쨌든 아카데미 모임에 흔쾌히 참여하기로 동의해주시고, 또 오늘 많이 나와주셔서 감사합니다. 이 모임을 공동주관하는 주체는 세 기관인데, 계간 『창작과비평』을 펴내는 출판사 창비, 창비의 자매 연구소인 세교연구소, 그리고 독자들을 대상으로 인문교육 프로그램을 진행하는 창비학당입니다. 제가 그중에 세교연구소의 소장을 맡고 있는 이남주입니다. 반갑습니다.

　오늘은 먼저 간단하게 이 모임의 취지 설명과 참석자들의 자기소개 시간을 갖고, 잠시 쉬었다가 첫번째 공부를 진행할 예정입니다. 미리 만나서 말씀을 드린 분도 있고 메일로도 연락을 드렸는데, 이번에 '창비담론 아카데미'라는 공부모임의 제1기 프로그램을 시작합니다. 저희들이 그간 창비를 통해서 발신해온 담론들이 있는데, 그 담론들을 더 확산하고 변화된 상황에 맞춰 새롭게 발전시킬 필요성을 느껴왔습니다. 그리고 그런 사업을 어떻게 진행할 것인가에 대해 여러 차원의 고민을 했습니다. 그런데 최근에 이런 아카데미 형식으로 추진하게 된 것은 마침 내부에서 쭉 관심을 갖고 논의해오셨던 분들과 외부에서도 이 부분에 관심을 갖고 이론의 풍부화에 기여하실 분들이 계셨기 때문입니다. 외부에서 사람들을 모셔서 공부모임을 만들려고 했지만 몇가지 어려운 점들이 있었고, 내부끼리만 하는 것은 같은 얘기가 반복될 가능성이 높아서 안팎이 함께 만나 우리의 논의를 풍부하게 발전시키는 프로그램을 시작하게 된 것입니다.

이번 기의 주제는 '변혁적 중도주의'를 중심으로 하되, 그 내용을 논의하다보면 '분단체체론'이나 '87년체제론'도 함께 얘기하게 될 겁니다. 주최 측이 제시해드린 자료를 보시면 아시겠지만, 홀수차 모임에는 지정된 발제자가 읽기자료에 대한 기본 발제를 하고 토론을 진행합니다. 그렇게 토론한 내용과 제기된 중요 쟁점을 매회에 정리하는 역할도 따로 부여했습니다. 그래서 한회마다 발제를 하시는 분들과 토론을 정리하시는 분이 있고, 이렇게 정리된 내용을 그간 창비 담론을 제기하고 발전시켜오신 백낙청 선생께 전달하면, 짝수차 모임에 백선생님이 그에 대한 답변을 겸한 강의를 해주시고, 또 거기에 대한 질의응답과 토론을 하는 순서로 진행할 예정입니다. 그리고 맨 마지막 7회차 모임에서는 전체 내용에 대한 종합토론을 할 예정이고요. 공부시간은 매회 저녁 7시부터 9시까지 두시간 정도로 생각하고 있습니다. 간단한 식사를 하시면서 서로 인사를 하셨지만, 참석자들끼리는 곧 정식으로 자기소개를 하는 순서를 갖겠습니다. 저부터 시작하는 게 좋을 것 같은데, 저는 아까 말씀드린 대로 세교연구소 소장이고, 계간 『창작과비평』 부주간도 맡고 있습니다. 현재 성공회대학교에 재직 중인데, 전공은 중국정치이고 한국정치나 남북관계를 비롯해서 이런저런 이야기를 하고 있습니다. 그럼 한분씩 자기소개를 부탁드립니다. (참가자 자기소개)

창비담론을 공부하기에 앞서

백영서 안녕하세요? 창비담론 아카데미 운영위원장을 맡은 백영서입니다. 이 모임에 대해서 인사말 겸해서 몇가지 간단하게 말씀드리지요.

첫째는 세교연구소에 관한 건데, 제가 이사장으로 책임을 맡고 있습니다. 제 식의 용어로 표현하면 연구소의 교육 프로그램에는 학부 과정도 있고 대학원 과정도 있을 텐데, 매월 한차례 진행하는 포럼은 학부 과정이랄까 이렇게 이해할 수 있고, 심화된 연구와 교육을 하는 게 필요해서 몇개의 연구그룹들을 연구소 내부에서 출범시켰습니다. 그런데 좀더 본격적인 대학원 코스 같은 게 있어야 하지 않을까 생각하던 차에 '창비담론'이라는 주제를 가지고 하면 거기에 잘 부합되는 게 아닌가 싶었습니다. 세교연구소가 단순한 연구소라기보다는 일종의 대학 또는 대학원 과정의, 예전부터 사람들이 '창비학교'라는 말을 많이 했거든요, 그런 기능을 본격적으로 하자는 의욕이 있는데 그중 하나가 이 프로그램이고, 이 프로그램이 잘되면 계속 다음 기가 진행되면서 좋은 역할을 할 수 있지 않을까 기대하고 있습니다.

두번째로는 이 공부모임의 주제가 창비담론이라고 했지만, 사실 핵심은 여기 계시는 백낙청 선생의 사상적 작업을 공부하는 거죠. 저는 동아시아 쪽의 네트워크 속에서 활동하면서 동아시아 공동의 사상적 자원을 발굴하고 그걸 널리 공유하는 작업을 하고 있는데, 대표적으로 백낙청 선생의 작업이 한국뿐 아니라 동아시아 전체에서, 물론 더 넓게는 세계적으로도 확대될 수 있지만, 적어도 제가 참여하는 범위에서는 동아시아인들이 공유할 수 있는 사상적 자원이라고 생각해요. 그런데 이렇게 말하는 순간, 제가 창비에 있기 때문에 좀 이상하게 보일 수도 있어요.(웃음) 요즘 서양의 누구 그러면 열심히 읽고 번역하고 책도 내고 하는데, 오히려 우리는 우리 걸 잘 안 하는 경향이 있어요. 저는 20세기 후반 우리 사상 중에 함석헌 선생 그리고 백낙청 선생의 사상을 공유하고 깊게 공부할 필요가 있는데, 그런 걸 안 하는 것은 참 문제라고 봤어요. 왜 우리 거부터 안 하지, 그런 생각이 있어서 더 적극적으로 추진하고 있습니다. 그런데 여러분이 공감하시는지 아닌지는 같이 해봐야 되겠죠? 파면 팔수록 뭐가 나와야 하는데, 한번 해봅시다.(웃음)

그러기 위해서는 창비담론 또는 좁게는 백낙청 사상이라고 표현해도 좋은 게 심화도 되어야 하지만 확산이 되어야 하거든요. 이 심화와 확산이 별개가 아니에요. 같이 가는 거거든요. 백낙청 선생도 모임에 격차로 오시기로 했으니까 다들 한번 공부해서 우리의 중요한 사상적 자원이 심화되고 확산되는 과정이 되면 좋겠다, 그 통로가 이 모임이었으면 좋겠다 하는 생각이 듭니다. 그런 점에서 다시 말씀드리지만 각자 읽으면서 있는 그대로 토론도 하고, 이해가 되면 되는 대로 안 되면 안 되는 대로 함께 논의를 해보도록 하죠.

저 자신도 가능한 한 100퍼센트 참석하면서, 오늘 말고는 이사장이니 하는 것과 관계없이 한 사람의 참여자로서 같이 공부하도록 하겠습니다. 끝나고는 가끔 술도 한잔하면서 얘기도 나누고 그러면 서로가 서로한테 배우는 좋은 기회가 되지 않을까 그런 기대를 하고 있습니다. 감사합니다.

백낙청 여러분 반갑습니다. 저는 문학평론을 하는 백낙청입니다. 재작년까지 창비 편집인으로서 편집에 직접 참여했는데 작년 이래로는 은퇴를 해서 지금 명예편집인으로 있습니다. 자기소개 중에서 몇분이 설렘이라는 단어를 쓰셨는데 바로 오늘 제 느낌이 그랬습니다. 지금 창비담론이라고 부르고 있는 것 중에는 저의 전공분야와 직결되는 문학담론도 있고, 또 이번에는 여러분들이 주로 문학 외의 분야에 속하는 담론을 공부하실 것 같은데 그런 담론의 개발에도 제 나름으로 열심히 참여해왔습니다. 그런데 이게 제 전공분야도 아니고 그걸 한다고 해서 연구업적으로 인정받는 것도 아닌데도 거기에 정열을 쏟은 것은 제가 볼 때 뭔가 우리나라 이 시대에 요구되는 담론이 있는데 다른 데서는 안 하는 것 같아서 나라도 해보자고 시작을 한 겁니다. 그런데 일부 호응도 있었습니다만 여전히 별로 취급을 안 하는 분들이 너무 많은 것 같아서 (웃음) 계속 붙들고 하게 됐습니다.

각계각층의 다양한 분들이 열성을 갖고 이 논의를 함께하고 진전시켜줬으면 좋겠다는 바람을 늘 가지고 있었는데, 이번에 세교연구소와 창비와 창비학당에서 이런 발상을 하고 또 거기에 호응해서 이렇게 많은 분들이 와주시니까 요즘 자주 쓰는 표현으로 격하게 감동한다…(웃음) 참 감동을 많이 느끼고 감사하게 생각합니다. 여기서는 그 누구도 일방적으로 가르치는 일은 없을 겁니다. 방금 백영서 교수의 표현대로, 서로가 서로를 가르치고 서로 배우는 그런 자리가 되어야 할 것이고 또 그렇게 되리라고 믿습니다. 이렇게 만들어놓은 프로그램을 보나 오신 분들의 면면을 보나 그렇게 되리라고 확신하고, 저도 거기에 한 사람으로 참여해볼까 하고 있습니다.

　한가지 더 얘기를 하면, 기왕에 공부를 할라 치면 좀 빡세게(웃음) 하는 게 재밌을 것 같아요. 그래서 여러분에게 주최 측에서 읽기자료 리스트를 나눠드리면서도, 그냥 여기 적시된 논문만 읽지 말고 그 논문이 무슨 글을 참조하라고 되어 있으면 그것도 참조하면 좋겠다는 부탁을 했는데, 이런 부탁 다 들어주실 수는 없겠습니다만 중요한 글들은 꼭 참조를 하시면 좋겠습니다. 제 글에 관해서 말씀을 드리면 여기 리스트에서는 하나가 빠져 있어요. 그게 「2013년체제와 변혁적 중도주의」(2012)라는 건데, 길지 않은 글이니까 그것도 앞으로 공부할 때 넣어주시면 좋겠고요. 그다음에 그 글의 각주8을 보면, 제가 『창작과비평』 1989년 봄호에 발표한 「통일운동과 문학」이라는 평론을 참조하라고 한 게 있어요. 그중에 어느 한 절을 언급했습니다만, 이것도 여러분이 참조해줬으면 좋겠습니다. 두가지 의미에서 그래요. 하나는 이번 공부과정에서 문학평론이 상당부분 제외됩니다만 저는 늘 문학평론가로 자처해왔고, 또 문학평론 작업하고 여타 작업이 제 경우에는 그렇게 쉽게 분리가 된다고 생각하지 않아요. 변혁적 중도주의에 관한 문제도 체계적인 논의는 아니지만 여기저기서 다뤄왔는데, 1989년에 쓴 이「통일운동과 문학」이라는 글 마지막 절을 보시면 '변혁적 중도'라는 용어는 안 썼지만 그 기본개념이 거기 나와 있다고 생각합니다. 어떤 식으로 나와 있는지 한번 살펴주셨으면 합니다. 이 글은 그러니까 1992년에 내가 분단체제론을 본격적으로 시작한「분단체제의 인식을 위하여」라는 글보다 한 3년 앞서 나온 글입니다.

　아까 말씀드렸듯이 저는 앞으로 짝수 회차에는 꼭 나오고, 마지막 회차에 종합토론과 뒤풀이를 할 때도 나타날 생각을 하고 있습니다. 여러분이 홀수 회차에서 여러가지 논의를 하셔서 저에게 특별히 주문할 사항이 있다든가, 또는 토론하는 가운데서 정리하는 분이 이런 거는 백아무개의 말도 들어보자 하는 게 있을 경우 그다음 모임 전에 알려주시면 제 나름으로 준비를 해와서 친절·성실하게 봉사하고(웃음), 그보다도 제 의견을 말한 후에 여러분과 함께 토론을 할 수 있기를 기대합니다. 감사합니다.

'통일' '민중' '노동자'를 다시 생각하며

사회자(백영서) 잠시 휴식시간을 가졌고 지금부터 공부를 시작하겠습니다. 오늘 후반부 사회는 제가 맡았습니다. 오늘 토론할 읽기자료는 『변혁적 중도론』에 실려 있는 백낙청의「분단체제의 인식을 위하여」

(1992), 「변혁과 중도를 다시 생각할 때」(2007), 「2013년체제와 변혁적 중도주의」(2012), 그리고 『백낙청 회화록』 6권에 실려 있는 백낙청 - 조효제 대담 「87년체제의 극복과 변혁적 중도주의」(2008)입니다. 백낙청 선생은 좀전에 자리에서 떠나셨으니, 우리끼리 자유롭고 부담 없이 토론하면 되겠습니다.(웃음) 그럼 먼저 두분께 발제를 청해서 듣겠습니다.

발제1 안녕하세요? 제가 원래는 말을 잘합니다.(웃음) 그런데 제 분야의 구체적인 정책 같은 얘기만 잘하고 담론 같은 거창한 얘기는 별로 해본 바가 없어서 상당히 난감한데, 오늘 토론의 발제를 요청받았어요. 그래서 더욱 난감했습니다. 어떻게 해야 되나, 나는 사회과학 전문가도 아니고 통일 전문가도 아닙니다. 학문적 식견이 높은 사람은 더더욱 아닙니다. 그래서 이렇게 생각했습니다. 학생이 너무 똑똑해서 교사가 하는 말을 잘 알아들으면 교사의 강의력이 향상되지 않습니다. 어떻게 해도 다 알아들으니까요. 학생이 적당하게 못 알아들어야지 그 학생을 이해시키려고 교사가 얘기를 잘하게 되죠. 그래서 생각을 했습니다. 왜 나 같은 사람을 이런 자리에 초대했을까? 아마도 나에게 요구하는 게 적당히 못 알아듣는 학생의 역할인 것 같다,(웃음) 이렇게 생각하니까 마음이 좀 편해졌어요. 그래서 이렇게까지 생각했습니다. 이 공부모임에서는 내가 기준이다, 내가 갑이다, 내가 못 알아들으면 내가 아둔한 것이 아니라 여기의 고수분들이 말을 어렵게 하는 것이다, 그리고 내가 공부를 못 따라가면 이것은 내 잘못이 아니라 여기 있는 분들이 공부수준을 너무 높게 잡은 것이다, 이렇게 생각을 편히 먹고 발제 준비를 했습니다. 발제도 제 느낌 위주로 했습니다.

발제문에 제가 이렇게 썼습니다. "내가 그동안 타락한 것일까? '분단'이란 말을 들어도 이젠 가슴이 반응하지 않는다. '통일'이란 말을 들어도 이젠 옛날처럼 막 심장이 뛰지 않는다." 백낙청 선생께서 말씀하시는 분단체제의 극복이 단순히 남북한의 통일만을 말하는 것이 아니겠지만 남북한의 통일을 포함하는 말임은 분명한데, 이 통일이라는 말을 들어도 옛날처럼 가슴이 뛰지 않는 나 자신을 발견했습니다. 통일, 얼마나 가슴을 뛰게 했던 말입니까. 이 말이 저를 흥분시키지 않는 것을 발제를 준비하면서 조금 느꼈습니다. 한편으로는 반성을 했고요, 한편으로는 시대가 달라지지 않았는가 하는 생각도 했습니다.

백낙청 선생은 이렇게 말씀을 하셨죠. "**분단체제의 개량**은 전쟁 재발이나 체제의 개악보다는 나은 것이 분명하다. 그런데도 어쨌든 분단체제의 극복이 아니라는 점에서 끝내 받아들일 수 없다는 것이 분단체제론의 변혁론적 특색이요 고집이다."(「분단체제의 인식을 위하여」 77면) 그분은 분단체제의 개량을 받아들이기 어렵다, 완전한 극복을 해야 된다고 하셨지만, 이제 저는 분단체제의 '개량' '개선'에 별다른 불만을 느끼지 못하는 사람이 된 것 같다는 생각을 했습니다. 단순히 불만을 느끼지 못하는 게 아니라 어쩌면 '개량'이 현실적으로 더 바람직한 것이 아닐까 하는 생각마저 들었습니다. 옛날과는 제가 많이 달라진 건데, 저만 이렇게 달라진 것 같지는 않습니다. 저처럼 달라지는 사람이 점점 더 많아지는 거 아닌가, 이렇게 변하는 게 옳건 그르건 이 달라짐이 주어진 현실 아닌가 하는 생각을 해봤습니다.

그리고 이제 민중이라는 단어가 등장합니다. 민중이라는 말에 주목하면서 우리 사회가 이제는 많이 변화하지 않았나 생각했습니다. 민중이란 말이 옛날과 같은 생명력을 갖고 있는가 하는 의심이 들었습니다. 백낙청 선생은 이렇게 말씀하셨죠. "우리는 통일운동이 민중운동이 될 수밖에 없음을 다시 한번 확인하게 된다."(64면) 통일운동은 민중운동이라고 하셨는데, '민중'이란 말이 옛날에는 정말 강력한 힘을 갖고 있었습니다. 저도 '민중을 위해서' 또는 '민중과 함께' 변혁을 생각하던 시절이 있었죠. 그런데 이제 이 말이 별다른 힘을 갖지 못하는 것 같다는 생각이 들었습니다. 민중만 이런 것이 아니라 옛날에 또 제 심장을 뛰게 했던, 한편으로는 1980년대 노동운동이 유행할 때 '나도 노동자가 되어야 하는 것이 아닌가' 하고 고민했던, 그 노동자란 말도 이제는 옛날만큼 생명력을 갖고 있지 않은 건 아닌가 하는 생각을 했습니다.

이젠 이런 '민중'이나 '노동자'라는 말이 현실의 모순을 드러내는 말이 아니라 오히려 현실의 모순을 숨기는 말이 아닌가 하는 생각이 들 때가 있습니다. '지배계급 대 민중' 또는 '지배계급 대 노동자'의 대립구도는 점차로 현실과 유리되어가는 게 아닌가 생각했습니다. 새로운 대립구도가 요즘 사람들의 가슴을 뛰게 하고 있죠.

갑과 을, 정규직과 비정규직, 재벌기업 노동자와 중소기업 노동자, 공기업 노동자와 사기업 노동자… 요즘은 재벌기업에 취직하는 것보다 오히려 공기업에 취직하는 것을 더 선호하고 있지 않습니까. 또 공무원 인기가 요즘 너무 좋고, 공무원이 되기 위한 고시열풍이 불고 있습니다. 혹은 원청기업과 하청기업, 1차하청과 2차하청, 이러한 대립구도에 오히려 사람들이 반응하고, 사람들이 흥분하고 움직이지 않나 하는 생각입니다.

이제는 이렇게 세분해서 말해야 현실의 모순이 드러나는 것 같습니다. 돌이켜보면 제가 학생운동을 할 때는 20:80사회라는 말이 유행했던 것 같아요. 20퍼센트의 지배계급과 80퍼센트의 민중, 이런 대립구도였던 것 같습니다. 제가 대학시절에는 좀 가난했는데, 저는 의심의 여지 없이 80퍼센트에 속하는 민중이라고 생각했습니다. 제 친구들도 대부분 마찬가지였습니다. 제 친구 중에 저보다 더 가난했던 대학 동기가 있습니다. 세월이 흘러서 저는 교사가 됐고, 이 친구도 교사가 됐습니다. 이 친구와는 학생운동을 같이 했는데, 이 친구도 80년대의 정서로 여전히 지배계급에 대한 저항과 분노의식을 갖고 있었습니다. 하루는 그 친구한테 "임금소득자 줄을 쫙 세우면 네 소득이 몇 퍼센트에 드는 줄 알아?" 하고 물었더니, 이 친구가 잘 모르더라고요. 그래서 "우리 소득이 전체 봉급소득자 중에서 상위 10퍼센트 안에 들 거야. 적어도 상위 15퍼센트 안에 들 거야. 그렇다면 너나 나는 기득권자야." 이 말을 들은 제 친구가 얼마나 깜짝 놀라던지, 얼마나 당혹스러워하던지 그 장면이 저에게 선명하게 남아 있습니다. 저는 스스로를 민중이라고 생각하는데, 20:80의 기준으로 따지면 상당수의 교사들, 대기업 노동자들, 그리고 공공기업 노동자들이 상위 20퍼센트 소득에 속하는 게 사실이거든요. 제 페이스북 친구들 중에서 공기업 노동자, 전교조, 민노총을 엄청 비판하는 분들이 있어요. 제가 전교조에 조합비를 내고 있는데, 저도 전교조가 기득권 아니냐 비판하고 있기도 하거든요. 그리고 이번에 전교조가 비정규직, 기간제 교사를 정규직화하는 것에 반대입장을 취하지 않았습니까. 교사 임용과정을 보면 어쩔 수 없이 그런 입장을 취할 수밖에 없어요. 그 임용과정을 제대로 안다면요. 하지만 전교조가 꽤 욕을 먹었습니다. 기득권자가 아니냐는 비판이죠. 그러면서 과연 민중이라는 게 누구냐, 통일운동의 주역을 민중이라고 할 때 도대체 지금의 수많은 대립구도 속에서 누가 민중이고 누가 통일운동의 주역인가 하는 생각을 많이 했습니다. 제 정서와 객관적인 데이터상으로 속하는 위치가 달라서 과연 나는 민중인가 기득권층인가 하는 고민을 하고, 정서적인 분열이 있습니다. 그래서 민중이 통일운동의 주역이라는 말을 접하면서 많은 상념에 사로잡혔습니다. 발제를 이렇게 하는 게 맞는지 틀리는지 모르겠지만(웃음) 어쨌든 마음에 떠오르는 대로 발제를 했습니다. 감사합니다.

분단체제론과 변혁적 중도주의가 만나는 지점

발제2 저는 분단체제나 변혁적 중도주의에 대한 이해가 깊지 않은 상황에서 주어진 글들에 대해 나름의 정리와 의문점 같은 것들을 적어봤습니다. 오늘 제시된 읽을거리 중에 가장 앞서 나온 글이 「분단체제의 인식을 위하여」(1992)인데, 이 글은 분단현실에 대한 표면적인 이해를 넘어서 분단체제에 대해 심도 깊은 인식을 할 것을 주문하고 있습니다. 저는 이 분단체제에 관련된 글들을 이해하기 위해서는 80년대 중반에서 90년대까지 있었던 한국사회성격(사회구성체) 논쟁 과정을 들여다볼 필요가 있다고 생각했거든요. 물론 그 논의의 관념성에 대해서는 백낙청 선생님이 비판하고 계시지만 그 논쟁이 없었다면 분단체제론이 구체화될 계기가 주어지지 않았을 거라는 생각도 들었습니다. 그래서 거칠게 표현해보자면 식민지반봉건사회론(NL계열)이나 신식민지국가독점자본주의론(PD계열) 같은 80년대를 풍미했던 두가지 큰 입장을 지양하고자 하는 이론적 노력의 산물로 저는 분단체제론을 봤습니다. 그리고 분단체제론은 총체적인 인식방법의 모델이고 변혁적 중도주의론은 분단체제론을 통해서 얻어낸 한국사회의 모순과 과제, 이것을 해결해갈 실천적인 운동노선이 아닐까 생각해봤습니다.

백낙청 선생님은 "남한 내부의 민주화·자주화 운동의 착실한 진전을 위해서도 반민주적이고 비자주적인 분단체제의 존재를 인식하는 일이 중요"하다, 분단체제는 "일정한 지속성 즉 자기재생산 능력"을 갖고 있으며, "양쪽의 기득권층이 얼마간 공통된 이해관계를 갖는다" 하는 점을 강조하셨습니다(39~41면). 그런데 이 글이 발표될 당시와는 다르게 오늘날 분단이 남한의 민주화 개혁작업에 미치는 영향에 대한 인식 내지 합의 자체는 크게 어렵지 않아 보입니다. 가령 최근 일본 총선 결과를 보면 김정은의 핵위협이 아베정권의 재창출에 큰 기여를 했음을 보여주는데, 극우세력이 북의 위협을 근거로 내부의 민주화와 개혁을 유보시키거나 역진시키는 광경은 우리에게도 낯설지 않습니다. 하지만 분단의 규정력에 대한 폭넓은 수준에서의 합의와 '분단체제론' 사이의 결정적 차이는 '변혁적 중도주의'를 어떻게 받아들이냐에 있는 것 같습니다. 분단체제를 변혁시킬 수 있는 유일한 실천적 노선으로서 변혁적 중도주의가 제시되기 때문입니다. 백서샘님이 『2013년체제 만들기』에서 이 노선 안 되고 저 노선 안 되고 결국은 변혁적 중도주의밖에 없다 이렇게 말씀하시는데, 그렇기 때문에 변혁적 중도주의의 문제의식과 방법론적 전략이 가장 중요한 관건이 되는 것 같습니다.

그런 점에서 오늘날 논쟁의 핵심현장은 분단체제론이라기보다는 차라리 변혁적 중도주의인 것 같습니다. 백선샘님은 분단체제론에 대한 사회과학적 반향이 적은 것을 아쉬워한 바 있는데, 이는 한국사회성격 논쟁이 막바지로 치닫고 이내 사그라들면서 한국사회의 성격을 총체적으로 규정하려는 담론이 쇠퇴한 것과도 밀접한 관련이 있을 것입니다. 그에 반해 변혁적 중도주의는 "현실정치와 관련된 담론"이라는 점에서 구체성을 지닙니다. 백선생님은 한반도 분단체제를 변혁한다는 것은 "현 상태를 그대로 유지하면서 개량적으로 (문제를) 해결"하는 것이 아니라 "근본적인 변화"를 불러일으키는 것이며 이를 현실정치에 적용할 때는 "중도개혁 노선"으로 나타난다고 말합니다. "그 중도개혁이 남북의 화해협력 및 재통합 과정과 연결되고 그래서 남북관계의 진전에 과감한 자세를 취하는 중도개혁이면 그게 변혁적 중도주의가 되는" 것이죠(백낙청─조효제 대담 「87년체제의 극복과 변혁적 중도주의」 48~49면).

그런데 변혁적 중도주의를 통한 분단체제의 변혁은 단순히 한반도 내의 과제에 국한되지 않습니다. "남북을 재통합해서 한반도 지역경제를 건설해가는 과정은 세계에서 유례가 없는 것이기 때문에 다른 곳에서는 갖기 힘든 기회가 열"(56면)리기 때문이죠. 사실 이러한 인식은 백선생님의 초기 비평에서부터 제3세계문학론을 거쳐 지금까지 일관되게 나타나는 것이기도 합니다. 이에 대해 한반도를 특권화하는 논의라는 비판도 제기되었지만 그보다 더 중요한 문제는 '남북을 재통합해서 건설되는 새로운 한반도 지역경제'가 과연 어떤 새로움을 체현하고 있는 것인가 하는 점입니다.

왜 그렇게 생각하느냐면 백선생님 글을 읽어보면 분단체제 극복이 세계체제의 종언에 앞선다고 말씀하시거든요. 자본주의 세계체제 내에서의 분단체제 극복인데, 그렇기 때문에 "대책 없는 자본주의 반대쪽으로 가서는 안 되겠다"(52면)는 얘기도 나오죠. 분단체제 극복으로 우리가 새롭게 수립하게 된 어떤 지역경제 내지는 체제는 논리적으로 자본주의 세계체제 내에 머무를 수밖에 없는 것 같습니다. 그렇기 때문에 변혁적 중도주의가 문제라는 건 아닙니다. 분단체제에 대한 이해 없이 관념적인 자본주의 극복을 외치는 논의가 보다 나은 현실의 삶을 가져오는 데 아무런 기여도 할 수 없음도 물론입니다. 하지만 그렇기 때문에 자본주의 세계체제 내에서의 '남북연합'이 "세계에서 유례가 없는" 일대 사건이 되리라는 주장에 어떤 유보가 발생하는 것 같습니다.

저도 한반도의 분단체제 극복이 "세계에서 유례가 없는" 것이 되어야 한다는 당위에는 적극 공감합니다. 예멘이나 베트남, 독일의 통일과는 달라야 하는 거죠. 문제는 구체적으로 무엇이 어떻게 달라지느냐 하는 점인데, 이린 의문은 '변혁적 중도주의'가 다음과 같은 두 가지 문제를 해명하지 못한다면 거듭해서 제기될 겁니다.

하나는 통일정책을 제외한 다른 정책에서 변혁적 중도주의의 입장으로 대중들을 설득하는 문제입니다. 가령 대담에서 백선생님은 "양극화 극복에 대해서도 남북간의 재통합 과정과 결부된 구상이 없기 때문에 (…) 답이 안 나온다"(35면)고 하는데, 저는 이것은 비판으로서는 타당하다고 생각합니다. 그런데 변혁적 중도주의의 입장에서는 복지국가론이나 남한사회만을 대상으로 하는 양극화 극복론이 문제가 있으면 구체적으로 어떤 구상을 통해서 남한사회의 개선을 가능하게 할 것인가에 대한 프로세스가 있어야 하는데, 아직까지는 구체적인 대안이 나온 것 같지는 않습니다.

다른 하나는 이른바 중도개혁세력과 분단체제 극복의 관계에 관한 것입니다. 백선생님 논의에서는 '중도개혁세력＝분단체제 극복세력'이라는 생각이 암묵적으로 자리잡고 있는 것 같은데, 하지만 중도개혁세력의 대표적인 정치세력인 현 정권(민주당)을 지지하는 많은 시민들은 중도개혁노선에는 찬성할지 몰라도 분단체제의 극복에는 미온적입니다. 현재 문재인정권이 "남북관계의 진전에 과감한 자세"를 취하지 않고 있음에도 다수 시민의 지지를 받고 있는 현실이 이를 보여줍니다.

현재 많은 시민들은 보수정권 10년을 거치면서 북에 대한 대결의식과 적개심이 드높아진 상태입니다. 이런 상황에서 남북관계 이슈는 중도개혁세력과 여타의 정치세력을 구별해주는 지표로서의 가치를 점점 잃고 있는 거죠. 제2의 6·15나 10·4 같은 경우를 상상하기가 더욱 힘들어진 현실이고, 김정은과 김정일의 차이는 생각보다 커서 남한의 국민들은 우리 대통령이 김정은과 마주앉아 예를 차리는 모습을 감내하지 못할 겁니다. 이런 상황에서 변혁적 중도주의가 대중적 설득력을 담보하기는 쉽지 않은 것 같습니다.

분단체제론에서는 분단체제 극복과 연동되지 않은 남한 내부 개혁을 거의 불가능한 것으로 보고 있지만, 다수 시민들은 분단체제의 극복과 무관한 지점에서 남한 내의 개혁을 바라보고 있습니다. 이런 상황에서 분단체제 극복 없이는 불가능하다는 레토릭 말고 분단체제 극복과 함께 어떻게 그것을 남한에서 이루어낼 수 있을 것인가라는 것을 연결시키는 논의가 필요하지 않나 생각합니다. 그것이 발제문에 "분단체제의 극복이 대다수 민중의 꿈이 되기 위해서는 그 이후의 사회에 대한 상상적 실감이 필요하다"라고 써놓은 '실감'의 문제인데요. 분단체제론의 관건은 대중들에게 어떤 실감을 줄 수 있느냐 하는 데 달려 있는 것 같습니다. 예를 들어 복지국가 같은 경우에는 실감이 오죠. 내가 이 정도의 돈을 더 많이 내서 사회보장을 이렇게 받을 수 있다 그러면 내 삶은 좀더 나아질 수 있다는 실감을 준다는 거죠. 분단체제론에 있어서도 분단체제를 극복한다고 했을 때 과연 그게 내 삶에 어떤 영향을 줄 수 있을까에 대한 실감을 개발하는 것이 중요하다는 생각이 들었습니다.

그리고 또 하나의 문제는 분단체제의 극복 역시 남한에 국한된 논의가 아니냐는 반론도 가능하다는 점입니다. 분단체제가 체제인 이상 남한은 물론 북한에도 체제로서의 규정력을 지닐 겁니다. 하지만 북한에 백선생님이 주문하는 방식의 분단체제 극복을 도모하는 세력이 있을 것인지 생각해볼 필요가 있습니다. 만약 없다면 분단체제의 극복은 결국 남한 내의 중도개혁을 통해 진행되는 수밖에 없는데 이는 분단체제론이 복지국가론에 대해 제기했던 비판과 동일한 비판에 직면하게 되는 것은 아닌가 하는 겁니다. 또한 북한정권이 분단체제 극복을 목표로 하지 않고 체제보장을 통한 국가연합 정도의 목표를 추구한다면 분단체제의 극복은 어떻게 되는가, 그런 점에서 북한이라는 행위자와 분단체제론과의 관계를 명확히 하는 것도 필요하다고 생각됩니다.

분단체제론과 변혁적 중도주의에 대한 첫 느낌•
토론 정리: 강경석

발언자1 익숙하지 않은 이론이라서 그런지 분단체제론과 변혁적 중도론은 실체가 모호한 느낌이다. 그것은 내용을 체계적이고 일목요연하게 제시하기보다는 주로 여러 다른 주장들을 하나하나 논파하는 방식으로 설명된 분단체제론의 논법 때문인 듯하다. 그리고 발제자는 남한과 북한의 지배층을 같은 선상에 놓고 논의하긴 어렵지 않느냐고 언급했지만 자본과 이익을 탐하는 집단이라는 의미에서 양측

• 이하의 내용은 앞의 발제에 대한 참가자들의 발언을 정리자가 요약한 것이다. 자유롭고 기탄없는 토론을 위해서 발언자의 실명을 드러내는 대신 본서의 각 부(部) 안에서 발언순서에 따라 일련번호를 붙였으며 같은 번호의 발언자는 동일인을 의미한다. 다만 부마다 새로 부여한 번호이므로 같은 번호가 줄곧 동일인을 뜻하지는 않는다 ── 편집자.

이 본질적으로 같다는 생각이다.

발언자2 중도개혁이란 게 어떻게 사회의 근본적인 변화를 가져올 수 있는지 의문이 들었다. 발제를 들으면서 민중의 범주를 어떻게 잡느냐에 따라 분단체제 극복의 방향과 내용도 달라지는 것 같았다. 따라서 분단체제론에서 말하는 민중의 개념 범주가 모호한 데서 분단체제론의 실체적 모호성이 기인하는 듯하다.

발언자3 NL, PD 등 노선문제로 갈등하는 것이 공허하다고 하지만 현장에서 실천을 하는 데서는 전술문제도 매우 중요하다. 그런데 변혁적 중도주의에서 이 방면의 설명은 불충분한 것으로 보인다. 담론은 구체적인 실천방침을 제시하지 않아도 된다고 생각하는 것인지 궁금하다.

발언자4 한반도에서는 중도적인 입장일 때에만 변혁이 가능하다는 것인데 왜 그런지 좀더 자세히 맥락화가 됐으면 좋겠다. 분단체제 극복에서 극복이란 무엇인가. 체제 이행의 모습일까 아니면 완전한 변환의 모습일까. 그럴 때 '다른 체제'의 상은 어떤 것이어야 하는가. 다른 한편으론 분단체제론에 대해서 분단환원론이라는 비판이 있지만 그것이 반드시 나쁘다고 생각하지 않는다. 과감한 발상의 전환을 해보면 수세적인 입장을 가질 것이 아니라 우리 상황을 분단과 연결시켜 논의해야 한다는 점에서 분단환원론적 접근이 필요하다고도 볼 수 있다.

발언자5 우리 내부에 북한과 남한을 구분하고 각각의 틀 안에서 사고

하는 습성이 배어 있는데 분단체제론은 그 경계를 어떻게 허물까 하는 이론인 듯하다. 한반도 전체적인 시각에서 남과 북을 아우르는 시각을 찾는 것이 우리의 과제가 아닐까. 다만 우리 사회과학계에서 이에 대한 논의가 충분치 않은 게 아쉬운 부분이다.

발언자6 분단체제론은 공허한 느낌이다. 분단현실을 극복해야 한다는 데는 공감하지만 80년대말, 90년대초의 세계사적 격변이 남북한을 모두 변화시켰고 1997년 외환위기 이후 한국사회도 크게 변화했는데 어떤 사상도 시대를 초월해 존재할 수 없다면 분단체제론이 그러한 변화에 충분히 적응하고 설명력을 갖추면서 갱신해왔는지 모르겠다. 우리 사회의 양극화 문제나 갑을관계 문제 등을 제대로 설명하고 있는가. 단지 분단상황이 지속되고 있기에 생명력을 유지하고 있는 것으로 볼 수 있지 않을까. 남한문제는 세부적 접근이 가능하지만 북한은 추상적 대상 이상은 아닌 것으로 보인다. 중도의 개념도 모호하다. 북한은 이상한 집단으로 변해가는데 그것이 지지를 얻을 수 있을지 모르겠다.

발언자7 "분단체제의 극복이 대다수 민중의 꿈이 되기 위해서는 그 이후의 사회에 대한 상상적 실감이 필요하다"고 발제자가 지적했다. 하지만 분단체제론이 체제라는 용어를 쓴다면 이는 지금 남북한 주민의 삶의 문제들과 그것의 구조가 어떻게 분단현실과 관련되어 있는지를 해명하고 분석하는 논리일 것이다. 모종의 유토피아상을 선동적으로 제시하지 않는다고 비판받을 담론은 아니라고 본다.

발언자8 논의과정에서 '민중'이라는 용어에 대한 문제제기가 많았는데, 민중이란 말 자체에 지나치게 개념적으로 얽매일 필요는 없다. 논의는 필요하지만 유연하게 접근해도 될 듯하고, '변혁'이라는 개념은 자본주의 세계체제와 관련된 것인데 일국주의적 시각의 '혁명'과 차별화하는 관점을 담고 있다는 점도 염두에 두어야 할 것이다.

발언자9 변혁이나 중도 같은 개념을 선험적으로 고정하려 하지 말고 그때그때의 문맥 속에서 살필 필요가 있다. 중도 개념도 민주당 식의 중도개혁세력 개념에서 말하는 중도와는 다르다. 지금까지의 토론 과정에서처럼 분단체제론을 비판할 수 있지만 그 비판이 분단현실에 대한 각자의 사유를 면제해주지는 않는다. 각자 생각하는 분단현실·분단 극복의 관점을 고민하는 과정에서만 분단체제론이 적절히 논의될 수 있을 듯하다.

발언자10 분단체제론과 변혁적 중도주의론은 어떤 질문을 던지는 담론이라는 의미에서 문학적인 느낌이 있다. 더 큰 서원(誓願)을 가질 필요가 있다는 이야기에 감명을 받았다. 우리가 분단에 대해 잘 아는 것 같지만 평소 실감이 부족하다보니 분단체제론이 모호하게 느껴지는 듯하다.

발언자11 문학적 성격은 모호함과 포괄적인 측면을 말하는데 분단체제론에 그러한 측면이 있는 듯하다. 사회과학은 '리터러처'(literature)와 '그래픽'(graphic)을 동시에 요구하는데 가급적 계량 불능한 것들을 몰아내려는 경향이 있기 때문에 그간 분단체제론이 받아들여지지 않은 것 같다. 각자 자신의 분단체제론 해석을 갖고 다양한 활동을 하는 것이 확산과 심화에 이바지하는 길이라고 본다.

발언자4 분단체제론은 지금 국면에서 다시 소환되어야 하는 이론이라 생각한다. 고의적으로 백안시하는 기류가 있었던 것은 분명하고 우리의 분단현실에 대해 기존의 사회과학계 어디에서도 이만한 설명을 제시해준 바 없다. 지금은 분단체제론을 사회적으로 확장하려는 의식적인 노력이 필요한 시기이다.

발언자6 사회과학적 엄밀성도 필요하지만 문학적 감동이 중요하다는 것에 동의한다. 그것이 사람을 움직이는 에너지이기 때문이다. 그러나 많은 이들을 실천으로 이끌 정서적 공감력이 분단체제론 또는 변혁적 중도주의 안에 있는지는 의문인데, 그것을 발견해내야 힘을 가질 수 있을 것이다.

발제자2 분단체제론은 현실 설명력이 높지만 그 극복의지를 제고하는 데는 큰 역할을 못하는 것이 아닌가 싶다. 분단체제론을 극복하기 위한 실천노선인 변혁적 중도주의에 대한 실감이나 상이 아직은 구체적으로 잡히지 않기 때문이다.

발제자1 '변혁적 중도주의'라는 용어 자체가 문제라고 생각한다. '중도주의'를 '변혁적'이란 말이 수식하고 있는데, 예컨대 '사랑한다'는 말 앞에 '진정한'이 붙으면 벌써 수세적이지 않은가. 수식 없이 더 간명한 개념으로 수정할 필요가 있지 않을까 한다.

정리자 종합

  1) 분단체제론과 변혁적 중도주의가 분단체제 극복 이후의 사회상이나 그 '이후'로 가는 전술적 과제들의 제시가 불명확함으로 인해 일정한 설명력을 갖추고서도 공허감을 줄 뿐만 아니라 대중적 호소력이 떨어지는 것 아니냐는 견해들이 많았다.

  2) 또한 분단체제 변혁의 주역으로서 민중의 개념 범주가 모호해서 실감이 잘 안 된다는 견해도 비교적 자주 반복되었다.

  3) 분단체제론, 변혁적 중도주의가 한반도적 시각을 요청하고 있음에도 불구하고 북한은 여전히 '공란'이지 않느냐는 취지의 의문들도 나왔다.

  4) 분단체제론과 변혁적 중도주의 같은 담론들에서 모종의 '문학적 성격'을 포착한 경우들이 있었다는 점도 특기할 만하다. 그런데 한쪽은 그로 인한 모호성 또는 포괄성이 지닌 강점을 평가하고 다른 한쪽은 오히려 그러한 지점이 정서적 감화력이라는 차원에서 실천을 추동하는 동력이 될 수 있음에도 오히려 부족해서 문제 아니냐 하는 식으로 갈라졌다.

사회자(이남주) 창비담론 아카데미 2회차 모임을 시작하겠습니다. 지난번에 저희들이 토론한 것을 정리해서 백낙청 선생께 드렸고 그것에 기초해서 오늘 전반적으로 분단체제론에 대해서 말씀해주실 예정입니다. 기록으로 정리된 것에 대해서 보탤 이야기가 있는데, 정리문에는 누가 어떤 발언을 했는지는 이름을 명기하지 않고 일련번호로 표시를 했습니다. 혹시 연속되는 발언이나 연결되는 의미가 있다고 생각될 때에는 표시된 번호를 참조하실 수 있을 겁니다. 어쨌든 지금 나눠드린 자료에는 본인의 이름이 나오지 않으니까 다음에도 전혀 부담 없이 마음대로 발언하셔도 된다는 말씀을 다시 한번 드립니다.(웃음)

지난번에 분단체제론에 대한 이론적 배경이라든지 내용이라든지 문제의식 이런 것들에 대해 일반적인 문제들이 많이 제기되었습니다. 그 부분에 대해서 백선생님께서 말씀을 하시고 나면 잠깐 휴식을 갖고 그다음에 질의응답과 토론을 이어가는 방식으로 진행하겠습니다. 오늘 두번째 뵙는 것이지만, 그래도 이번 우리의 공부모임에 첫번째 강연을 해주시는 만큼 백낙청 선생님을 모시면서 박수로 환영 인사를 드리겠습니다.

담론을 공부하는 이유

백낙청 네, 반갑습니다. 잡지를 하더라도 창간호 때는 좀 관심을 끌다가 2회 때가 되면 열기가 내려앉고 위기를 맞곤 하는데, 오늘 두번째 모임인데도 이렇게 많이들 나오시니까 참 흐뭇합니다. 내가 대학에서도 강연 때 으레 강의 서두에 전 시간에 하던 이야기에 대해서 덧붙일 말이나 물어볼 게 없느냐 확인하고 시작하고는 합니다. 강경석 선생이 수고해서 정리를 해주셨는데, 거기에는 누구라고 밝혀져 있지는 않지만 자료를 보시면서 이건 분명히 내 얘기인데 잘못됐다거나 아니면 또다른 하고 싶은 말씀이 있으면 먼저 그 얘기를 하고 내 얘기로 넘어가겠습니다. 아, 없습니까? 발언의 요지는 다 정확하게 전달이 된 겁니까? 그럼 그렇게 알겠습니다.(웃음)

제가 원래 일방적으로 길게 얘기하는 것을 별로 좋아하지 않는데, 이번에 전달받은 쟁점들을 보고, 또 그 앞의 토론내용을 보니까 오늘 모임에서는 조금 길게 얘기를 해봐야겠다는 생각이 들었습니다. 여기에 나온 쟁점이라든가 비판, 불만들이 사실은 흔히 나오는 얘기들이에요. 나올 만한 얘기들이 다 나온 것 같아요. 사실 그에 대한 답변들도 할 만큼 했지만, 원래 내 방침이 친절 본위, 신용 본위로 친절봉사를 하는 거니까 오늘 다시 한번 얘기하겠습니다.(웃음)

그에 앞서 서론조로, 지난번에 우리가 모여서 각자의 포부도 얘기하고 백영서 이사장께서 서로가 서로에게 배우는 그런 모임이 되길 바란다고 했고, 나도 그 말을 받아서 되풀이했었습니다. 그런데 지금 이 모임이 창비담론 아카데미라고 되어 있어서, 여러분 중에는 내가 창비담론 내용을 아주 쌈박하게 정리해서 전해주리라는 기대를 갖고 오신 분이 계실지 모르겠습니다만, 우선 담론의 성격상 그게 안 되게 되어 있어요. 또 하나는 우리가 이번 모임에서도 담론의 **내용**을 학습하는 것보다 담론하는 **방식**을 배우는 게 제일 중요하지 않은가 하는 생각입니다. 제가 1974년에 조선일보에 칼럼을 썼는데 ─ 그 시절에는 조선일보가 괜찮았어요(웃음) ─ '서로 배우는 대학'이라는 짧은 칼럼입니다.『인간해방의 논리를 찾아서』라는 내 책에 실려 있습니다. 그때 담론방식이라는 얘기는 안 했지만, 대학이라는 것이 서로 배우는 데여야지 누가 일방적으로 가르치는 곳이 되어서는 안 된다는 생각을 피력했는데, 사십몇년 지났지만 지금도 그런 생각입니다.

이번에 우리가 구체적으로 부닥치는 문제 중에서 많은 분들이 분단체제론이나 변혁적 중도론을 대할 때 공허하다, 모호하다 이런 느낌을 받는다고 했잖아요. 그게 무슨 지식의 부족으로 인해서 생긴 문제라고 하면 우리가 학습을 해서 채워나가면 되는데 이런 경우에, 꼭 이 문제만 아니더라도, 공허하다고 느껴질 때에 그러면 공허하지 않은 어떤 것을 나는 알고 있고 또는 기대하는가, 이런 것을 점검하는 데서부터 시작하는 습성도 키워나가는 게 필요하지 않을까 싶습니다. 그래서 지식의 부족을 교습 또는 자습을 통해서 메워나가는 작업과 그런 식의 자기점검, 내가 뭘 기대했기에 이렇게 공허한가 또는 공허하지 않은 무엇을 나는 알고 있고 주장하고 있는가 하는 자기점검을 동시에 병행하는 것이 좋겠다는 생각입니다. 그런 점검을 마치고도 여전히 창비담론의 이러이러한 점이 공허하고 모호하다는 결론이 나면, 어떻게 하겠다 하는 데 대해서는 각자의 생각이 다를 수 있지만, 그때부터는 한급 더 진전된 논의와 담론이 가능하지 않을까 싶습니다.

담론(談論)이라는 말을 요즘 우리가 많이 쓰는데요, 그렇게 오래된 말은 아닌 것 같아요. 이 자리에 국어 선생님도 계신데 어떻습니까? 원래 우리말에서 여기에 해당하는 말은 '언설(言說)'이지요. 언설이라는 말이 흔하고, 일본 사람들이 '담론'을 번역할 때도 대개 언설이라고 합니다. 이 담론이라는 것은 영어의 discourse라는 말이 퍼지면서 그 뉘앙스를 더 담기 위해서 쓰였고, discourse가 워낙 유행하다 보니까 담론이라는 말도 유행한 것 같아요. 그러니까 담론이라는 용어는 그 뉘앙스에서 원래 언설 플러스 뭔가가 있는 셈입니다. 그것은 이론적인 깊이가 있다든가 의미가 있는 언설이다 하는 뜻이겠는데, 그러니까 언설 중에 읽고 생각해서 하는 말이 담론일 것 같아요. 그래서 이번에 우리가 분단체제론이라든가 변혁적 중도론 공부를 할 때도 그 내용을 학습하는 것보다 좀 읽고 생각하고 말하는 공부를 해봤으면 하는 생각입니다.

한반도적 차원의 변혁과 남한 차원의 실천노선

지난번 정리해주신 내용(36면 참조)에 네가지 문제가 있었는데 첫번째가 "분단체제 극복 이후의 사회상이나 그 '이후'로 가는 전술적 과제들의 제시가 불명확"하다는 것이었습니다. 분단체제 극복 이후의 사회상과 관련해서는 실은 우리가 알 수 있는 게 있고 알 수 없는 게 있지 않습니까? 그것을 제대로 가려보는 게 중요할 것 같고요. 공자

님이 말씀하셨듯이 자기가 아는 것은 알고 또 모르는 것은 모르는 것
으로 아는 것이 진짜 아는 것이라고 했는데, 그런 관점에서 본다면
분단체제 극복 이후의 사회상을 너무 뚜렷이 제시한다면 그 사람은
좀 어리석은 사람이거나 약간 사기성이 있는 인물이라고 봐야 될 것
같아요. 그걸 누가 압니까? 우리가 분단체제 극복이라고 하는 것은
현재의 분단체제가 이러이러한 체제라는 것을 분석하고 제대로 알
아서 그보다 나은 체제로 변환해가려는 노력인데, 가령 민족주의적
인 통일이 우리의 지상과제라고 한다면 적어도 그 목표가 뚜렷하지
만, 단순한 이 아니라 분단**체제**를 극복한다고 할 때 그 내용이 뭐냐,
그때 국가의 형태는 어떤 것이며 사회상은 어떤 것이냐 하는 것은 미
리 예측할 수 없다고 봅니다. 어디까지나 현실을 정확하게 파악하고,

한때 유행했던 레닌의 표현대로 '구체적인 상황에 대한 구체적인 분석'을 통해서 그때그때 '무엇을 할 것인가' 하는 목표를 설정하고 진행하면서 그후의 사회상 같은 것이 점점 더 뚜렷해지는 것이죠. 그런데 그리로 가는 전술적 과제는 조금 다른 차원인데, 그러니까 구체적인 현실에 대한 구체적인 분석을 통해서 전략과 전술을 세울 필요가 있는데요, 변혁적 중도론이 말하자면 내 경우에 그런 시도입니다. 전략 차원의 시도지요.

그리고 이번 독서목록에서는 중요하게 부각이 안 됐습니다만, 변혁적 중도론의 내용 중에는 '포용정책2.0'이라는 게 있어요. 『2013년 체제 만들기』라는 책의 제2부가 주로 그 내용입니다. 그러니까 그런 것도 포함하는 변혁적 중도주의가 전략에 해당하고, 전술 차원에서는 그때그때 시국에 대한 이야기들을 많이 해왔으니까, 전술이 없다고는 할 수 없죠. 물론 그 전술이 틀린 전술이 아니냐 하는 질문은 얼마든지 할 수 있고, 또 하나는 전술 자체는 그럴듯하지만 분단체제와는 별로 관계없이, 말하자면 나 개인의 전술적인 감각에서 나오는 것 같다 이렇게 볼 수도 있죠. 최근의 예를 들자면 『창비주간논평』에 2017년 9월에 촛불혁명에 대해 쓴 글 「'촛불'이 한반도의 평화를 만들어낼까」라는 글이 있는데, 거기에는 내 나름의 시국관이라든가 전략과 전술이 들어 있는데, 나는 그것이 분단체제론이라는 이론적인 기반을 갖고 전개한 논의라고 주장합니다. 여러분도 한번 점검해보시되, 첫째는 분단체제론이라는 담론과 구체적인 시평이 정말 유기적으로 관계되어 있는 것인가 하는 것을 살펴보시고, 동시에 뭐 그렇다고 치더라도 그것이 맞는 얘기인가, 너무 공허하지 않은가(웃음) 하는 것을 살펴보시기 바랍니다.

그런데 변혁적 중도주의라고 할 때에, 여러분이 지난번에 읽고 오셨으리라고 믿는데, 「변혁과 중도를 다시 생각할 때」라는 짧은 글을 보더라도, 변혁하고 중도는 원칙적으로 상충하는 개념입니다. 그런데 그것을 붙여놓은 것은 괜히 멋을 부리려는 것도 아니고, 또 그냥 중도주의라고 하면 될 텐데 그야말로 '진짜 중도주의'라는 뜻으로 변혁이라는 수식어를 단 것도 아닙니다. 변혁과 중도라는 것이 해당되는 차원이 달라요. 그렇기 때문에 둘을 갖다 붙여놔도 상충하지 않는 겁니다. 같은 차원이라면 이런 개념들을 묶어놓는 것은 말장난이거나 모순, 자가당착이 되겠죠. 그러니까 변혁은 한반도 차원에서의 변혁입니다. 한반도 분단체제의 변혁입니다. 중도는 그리로 가기 위해서 남한사회에서 취해야 할 어떤 실천노선이라고 할까 그런 것이죠. 그렇기 때문에 이것을 발제2에서 '중도개혁세력＝분단체제 극복세력' 이렇게 설정한 것은 내 뜻하고는 맞지 않습니다. 변혁의 한반도적 차원하고 중도의 남한 차원을 혼동하지 말아야 한다는 점을 말씀드리겠고요.

그다음에 세계체제 얘기도 나오는데, 세계체제는 또다른 차원이죠. 남한 차원과 한반도 차원과 세계 차원, 이것은 각기 다른 차원인데, 한반도의 변혁이 곧바로 세계체제의 변혁 또는 세계체제로부터의 이탈이 아닐 거라는 게 내 입장이고, 난 그것이 더 현실적인 판단이 아닌가 싶은데, 그렇다고 해서 여전히 자본주의 세계체제 안에 있는 것이 어떻게 세계에서 유례없는 것이 될 수 있는가라고 비판하는 것은 자본주의를 끝장내지 못하는 모든 변혁이나 변화는 그냥 대동소이하다, 거기서 거기다, 이렇게 보는 태도가 아닌가 하는 생각이 듭니다.

분단체제 개량이 아닌 극복의 길

두번째 쟁점으로 정리해주신 것은 "분단체제 변혁의 주역으로서 민중의 개념 범주가 모호해서 실감이 잘 안 된다는 견해도 비교적 자주 반복되었다"고 했는데, 민중이란 말은 논리학적으로 말하자면 개념의 '내포'가 아주 좁아요. 그 개념을 규정하는 특징이 몇개 안 됩니다. 쉽게 말해서 특별한 위치에 있지 않은 모든 주민들, 대중 이렇게 됩니다. 그러니까 그 사람이 남자냐, 여자냐, 노동자냐, 농민이냐 이런 것이 안 들어가요. 논리학에서 외연과 내포가 반비례하게 되어 있죠. 그래서 민중은 내포가 작은 개념이기 때문에 외연이 엄청 넓은 겁니다. 그러니까 그것을 더 좁은 외연의 어떤 집단으로 규정하고 열거해주기를 기대하면 모호하고 공허할 수밖에 없는데, 민중이란 개념은 원래 그런 거라고 생각하시면 그것 때문에 크게 고민할 필요는 없는 것 같습니다.

이 문제는 제가 70년대 말에 「민중은 누구인가」(1979) 하는 글을 쓴 적이 있는데, 이것도 『인간해방의 논리를 찾아서』라는 평론집에 실었어요. 그 책은 절판된 지가 오랜데 2011년에 나의 첫 평론집 『민족문학과 세계문학 1』하고 합본해서 창비에서 다시 낸 게 있습니다.

그러니까 민중이라는 개념 자체는 외연이 엄청 넓고 규정하는 특징 곧 내포는 매우 좁아서 모호할 수밖에 없는데, 그러나 주어진 상황과 맥락에 따라 그 외연 곧 해당 내용이 달라지는 것이죠. 누가 민중이 되고 누가 민중이 아닌 게 되는가가 달라지는 것이죠. 그래서 우리가 할 일은 민중의 개념 자체가 더 뚜렷해져서 노동계급이냐, 노동계급 플러스 누구냐 하고 열거해주기를 바라기보다 이 모호하고 광범위한 개념이 지금 우리 상황에서, 또는 내가 지금 다루는 이 문제의 맥락에서는 어떤 내용을 갖는가 하는 것을 정확히 짚어내는 게 중요한 겁니다.

그럼 이제 지난번에 문제제기된 지점에서 한번 살펴보면요, 발제 1에서 "우리는 통일운동이 민중운동이 될 수밖에 없음을 다시 한번 확인하게 된다"라는 내 문장을 인용하셨는데, 그 문장 자체는 『변혁적 중도론』 64면에 나옵니다. 원래 「분단체제의 인식을 위하여」 •라는 글에 실렸던 것이고요. 그런데 그 맥락을 보면 우리가 흔히 통일운동은 민중운동이다 또는 민중운동이 돼야 한다고 할 때 떠올리는 입장하고는 전혀 다른 겁니다. 그러니까 통일운동이 민중운동이 돼야 한다는 주장은, 반드시 다 그런 건 아니지만, 그 시절에 흔히 소위 PD적인 입장을 표현하는 것이었어요. 통일운동이 민중운동이고 계급운동이며 그것이 바탕이 되어서 그다음에 통일로 가야 된다는 입장인데, 여러분도 아시다시피 내 글 「분단체제의 인식을 위하여」에서 정면으로 비판한 입장 중의 하나입니다. 또다른 입장도 비판했지만요. 그래서 그 대목의 문맥에서는요, "그런데 이런 것들이 단순히 한반도 주민과 해외동포의 원만한 공생에 장애가 되는 것이 아니라 한반도 분단체제의 해소를 가로막는 최대 외부 요인들의 다른 일면이라는 점에서, 한반도 안팎에 걸친 국가형태의 변화와 이에 따른 국가기구의 민중장악력 약화는 통일운동이 떠맡은 핵심과제의 하나라 할 것이다"(64면). 민주주의, 민주화라는 얘기와 같은 것이죠. 그런데 이게 25년 전에 쓴 글인데, 민중운동이라는 말을 요즘도 쓰긴 쓰지만, 요즘 같으면 시민참여라는 말을 더 많이 쓸 거예요. 시민참여를 통해서 국가의 성격을 변화시키고 국가가 민중을 장악하고 탄압할 수 있는 힘을 약화시키는 것이 우리 통일운동에 대단히 중요하다, 이런 맥락에서 했던 말입니다.

백낙청 「분단체제의 인식을 위하여」(1992) [●]

정현곤 엮음 『변혁적 중도론』 63~64면

국민국가와 민족구성원 사이의 관계가 지금도 결코 단순한 것이 아님은 한반도 주민 누구나가 동일 민족 소속이면서 남 아니면 북 한쪽 국적의 소유자라는 사실 말고도, 중국·미국·일본·유럽·구소련 등 세계 각국에 살고 있는 '해외동포'들의 존재가 웅변해준다. '한민족공동체'는 현재 이미 다국적 공동체이며 통일 이후에도 그럴 것이다. 통일과정에서 해외동포의 역할에 대해 북한측은 일찍부터 남달리 강조해왔고 남한 당국 역시 최근에는 한결 적극적인 자세를 보이게 되었는데, 통일되면 다 귀국해서 살라거나 통일할 때까지만 열심히 도와주고 그다음에는 각자 자기식으로 살자는 것이 아니고 통일을 손잡고 이룩한 만큼이나 통일 후에도 더욱 보람 있고 풍성한 민족공동체 생활을 하자는 것이라면, 현존하는 국민국가 형태보다는 좀더 그에 걸맞은 국가체제가 고안되어야 할 것이다. 물론 이것이 순조로우려면 해외동포들이 체류 내지 소속하는 국가들 쪽에도 달라져야 할 바가 많다. 그 사정은 나라마다 다른데, 예컨대 재일조선인의 귀화 아니면 이등인간화를 강요하는 일본의 국가체제와 이념은 대표적인 장애요인이며, 일본보다는 소수민족(특히 흑인이 아닌 동양인)에 개방적인 편이지만 역시 인종주의와 대국주의가 팽배하고 반공주의의 총본산인 미국 사회 또한 당연히 바뀌어야 할 대상이다. 그런데 이런 것들이 단순히 한반도 주민과 해외동포의 원만한 공생에 장애가 되는 것이 아니라 한반도 분단체제의 해소를 가로막는 최대 외부 요인들의 다른 일면이라는 점에서, 한반도 안팎에 걸친 국가형태의 변화와 이에 따른 국가기구의 민중 장악력 약화는 통일운동이 떠맡은 핵심과제의 하나라 할 것이다.

이 점에서도 우리는 통일운동이 민중운동이 될 수밖에 없음을 다시 한 번 확인하게 된다. 남한에서의 그러한 민중운동은 실재하는 국민국가의 상대적 무게에 걸맞게 일차적으로 남한 민중 위주의 조직과 강령을 가질 터이나, 동시에 그것은 분단체제를 공유하는 남북한 민중의 연대와, 세계체제의 현 단계를 함께 사는 세계 각국의 민중, 그중에서도 공통의 지역적 이해와 문명유산을 지닌 동아시아 민중의 연대를 수용할 수 있는 성격이어야 할 것이다. 이러한 운동이 분단체제라는 당면현실에 대한 정확한 인식을 통해서만 가능할 것은 물론이다.

그리고 발제1에서는 이제는 발표자 자신을 포함한 다수가 분단체제의 개량에 별다른 불만을 느끼지 못하는 게 현실이 아닌가라고 하셨는데, 먼저 말씀드릴 것은 나는 분단체제의 개량에 반대한 적이 없는 사람입니다. 분단체제의 개량을 위해서 내 나름의 노력도 해왔는데, 다만 분단체제의 개량만으로는 만족을 못하겠다는 게 있고요, 그건 나의 주관적인 입장이라 할 수 있지만, 더 나아가서 이론적으로는 분단체제의 개량만으로 만족하다가는 개량도 못할 것이다, 조금 개량되다가 다시 퇴행하고 그럴 것이다 하는 생각이 담겨 있는 겁니다. 그래서 개량을 지지하는 것하고 개량으로 만족하는 것은 구별해야 된다고 봅니다.

『변혁적 중도론』의 77~78면에도 개량을 비판한 대목이 나와요. 그런데 그것도 원칙 차원에서, 개량하려면 극복을 지향해야 된다는 것을 고집한 거고요. 또 하나는 거기서『전태일 평전』에 나오는 낙서의 한 대목을 인용했는데요. 그 안에 있는 멋있는 말인데, 전태일이 "사람들의 공통된 약점은 희망함이 적다는 것이다"이런 말을 자기 노트에 썼는데, 그래서 말미에 가서 내가 "분단체제 논의가 좀더 활발해지면서 '희망하기' 공부에도 진전이 있기를 바란다"이렇게 끝을 맺었지요. 분단체제는 우리가 극복해야 되는 것이니까 괜히 개량한다고 해서 극복의 의지를 약화시키는 일은 없어야 되겠다, 그건 개량주의다 이렇게 몰아치는 것도 문제지만, 개량만으로 만족하는 것은 전태일 식으로 말하면 희망하기가 부족한 약점이 되는 것입니다.

여러분이 개량을 분단체제 말고 다른 사안에 한번 대입해서 생각해보시면 돼요. 예컨대 이명박 – 박근혜 시절에 비해서 지금 엄청 개량됐으니까 이만하면 됐지 뭘 더 바라, 난 불만 없어, 이렇게 말하는 사람 보면 얼마나 공감하시겠어요? 가령 세월호 진상 그만큼 규명했으면 많이 알려진 거 아니야, 그동안의 것으로 나는 만족해, 그런 사람들을 보면 이건 좀 아니다 금방 그러시지 않겠습니까? 그래서 개량이나 부분적인 진전을 우리가 우습게 봐서는 안 되지만 그걸로 만족하지 말고 끊임없는 불만을 가지고 사는 것이 중요하다고 생각합니다.

그다음에 발제2에서는 "분단체제론에서는 분단체제 극복과 연동되지 않은 남한 내부 개혁을 거의 불가능한 것으로 보고 있지만, 다수 시민들은 분단체제의 극복과 무관한 지점에서 남한 내의 개혁을 바라보고 있습니다"라고 하셨지요. 그런데 이것과 관련해서도 남한 내부의 개혁을 나는 반대한 적이 없고, 오히려 남한 내부의 개혁을 통해서만 한반도의 변혁이 가능하다는 입장이에요. 그런데 현재 대중의 정서에 대한 진단으로는 발제자의 이 말이 아마 맞을 거예요.

다만 내가 말하는 것은 남한 내부의 개혁이 중요하고 또 분단체제 안에서도 어느정도까지는 가능하지만 그게 한계가 있고, 분단체제가 해소되거나 최소한 완화되는 과정을 수반하지 않으면 남한의 내부 개혁에 한계가 있게 마련이고, 더군다나 우리 국민이나 시민들이 분단체제 그런 건 난 모르겠고 내부 개혁만 하겠다 전부 그렇게 돌아서면 아마 내부 개혁도 안 될 것이다 하는 것이 나의 문제제기입니다. 그러니까 발제자의 말은 대중의 정서에 대한 판단이지 이론적인 문제제기에 대한 이론적인 비판은 아닌 것 같아요. 다시 말하면 장기적 문제제기와 당장의 대중적 반응이라는 별개의 두 차원을 혼동하고 있는 것 같습니다.

이론비판을 할 때 남한 다수 시민들의 지지나 대중적 설득력을 판단기준으로 삼아서는 이론적 판단이 불가능하지요. 대중들이 이론적 판단을 하는 게 아니고, 또 여론조사가 대중들의 이론적 판단을 조사하는 게 아닌데 말이에요. 물론 나나 어떤 다른 사람이 변혁적 중도주의나 분단체제론을 내세우면서 이게 대중의 엄청난 지지를 받고 있다고 착각하거나 아니면 지금은 아니더라도 곧 그렇게 될 것이라는 낙관에 젖어 있으면 그때는 여론조사를 동원해서라도 그걸 꼬집어줘야죠. 그때는 정세판단의 차원에서 잘못을 저지른 것, 그 점을 지적해주는 거지요.

『변혁적 중도론』에도 나옵니다만, 96면에 나옵니다. 분단체제 극복은 물론이고 변혁적 중도주의도 선거구호는 될 수 없다는 이야기를 내가 하고 있습니다. 그러니까 비록 내 정치감각에 한계가 있지만 분단체제론이나 변혁적 중도주의를 내걸고 선거에 나가서 이길 수 있다거나, 이기지 못하더라도 상당수의 표를 확보하리라는 생각은 안 하고 있습니다. 다만 이런 주장은 했죠. 아시겠지만 변혁적 중도주의가 **아닌** 노선을 가지고는 우리 문제가 해결이 안 되고, 그런 해법 아닌 해법을 들고 나오는 정당이나 정파들에 대해서 우리 대중이 점점 더 냉담해지고 있다고 주장했는데, 나는 내 정세판단이 정확하다고 봅니다만 그것은 여러분들이 점검해보시기 바랍니다.

북한에서 시민참여형 통일은 가능한가

　세번째는 북한문제입니다. 북한이 공란으로 남았다 하는 지적도
있었는데, 이것은 문자 그대로 하면 전혀 사실이 아니죠. 분단체제론
이든 변혁적 중도론이든 늘 한반도 전체 이야기를 명시적으로 하고
있고, 남북한을 얘기하고 있기도 합니다. 그럼에도 불구하고 왜 이러
한 의문이 자꾸 발생하는가 하는 것은 나 자신도 한번 검토해볼 필요
가 있는 문제인 것 같습니다. 가장 흔한 질문은 2007년 당시 '2007 남
북정상회담 이후의 시민참여형 통일'이라는 강연을 했을 때 언급했
어요. 『어디가 중도며 어째서 변혁인가』라는 책에 실려 있습니다. 이
글의 제2절*이 바로 이 문제를 다루고 있습니다. 나중에 여러분들 기
회가 되시면 찾아보시길 바랍니다.

백낙청 「2007 남북정상회담 이후의 시민참여형 통일」(2007)*
『어디가 중도며 어째서 변혁인가』 192~94면

　제가 시민참여형 통일이라는 이야기를 하면 자주 받는 질문 중 하나가
북측에는 시민참여가 없는데 어떻게 시민참여형 통일이 가능하냐는 것입
니다. 북측에 우리 남쪽에서 말하는 의미의 시민참여라든가 우리에게 익
숙한 시민사회운동이 없는 것은 사실입니다. 또 그런 것이 없다고 할 때

시민참여에 한계가 지어진다는 것도 사실이겠지요. 하지만 시민참여형 통일이라는 것은 어디까지나 상대적인 개념이죠. 여태까지 우리보다 앞서 통일한 나라의 어느 경우를 보더라도 제대로 된 시민참여가 없었다고 할 때, 거기에 비해 우리 한반도의 통일은 저들보다 한결 높은 수준의 시민참여를 수반하는 통일이 될 수 있으며 되어야 하고 또 실제로 그렇게 되어가고 있다는 것입니다. 하지만 어디까지나 상대적으로 그렇다는 것이, 우리 남쪽에서만 하더라도 시민참여라 해서 모두가 똑같은 정도로 참여하는 건 아니잖아요. 또 열성이 있고 준비가 있는 사람들이 자기 의지를 더 관철하는 것이 참여민주주의의 원칙이라고 할 수도 있습니다. 남측에서 고른 참여가 아니듯이 남북간에도 꼭 대칭적인 참여가 실현될 필요는 없는 거지요. 남측 시민들이 북측보다 더 많이 참여해서 남쪽의 시민의식이 더 많이 관철된다면, 그건 일차적으로 남쪽 시민들 자신이 벌어서 이룩한 성과예요. 그러나 물론 남측 시민사회가 그런 시민참여를 할 때 남쪽만의 집단이기주의에 빠지지 않고 한반도 전체를, 북녘 주민들의 이익도 함께 배려하는 자세가 필요하겠지요.

그런데 북쪽에 우리가 말하는 의미의 시민참여가 없는 건 사실이라 하더라도, 북측의 사회가 유지되고 발전하는 과정에서 민간참여, 그것도 자발적인 민간참여가 없다는 뜻일 수는 없습니다. 우선 북측의 공식적인 입장은 당과 인민이 한치의 차이도 없이 움직인다는 것인데, 실제로 그런 측면도 아주 무시할 수는 없어요. 당국이 하는 일을 인민이 어떤 이유로든 자발적으로 지지해서 따르는 것도 참여의 일종이지요. 게다가 그렇지 않은 참여도 많이 있다고 생각합니다. 우선 쉽게 생각할 수 있는 것은 북에서 경제관리제도가 바뀌고 국가경제의 어려움이 겹치면서 배급체계가 옛날처럼 돌아가지 않게 되면, 주민 각자가 살길을 찾아서 움직이게 됩니다. 전에 없던 주민들의 이동도 생기고 여러가지 창의적인 경제행위도 발생하고 심지어는 불법행위도 많아지게 되는데요. 물론 가장 극단적인 불복행위는 탈북사태겠지요. 못 살겠으니까, 물론 탈북하는 사람들이 다 못살아서 나오는 사람만은 아닙니다만, 못 살겠어서 떠나온다는 것도 좀 예외적인 형태이긴 하지만 일종의 민간참여활동이라고 볼 수 있어요. 아무튼 생활상의 필요에 따라 다양한 민간활동, 민간참여가 존재하는 것이 분명합니다. 민간생활 실상의 변화라는 면에서 본다면 지금 북의 내부에 엄청난 변화가 진행되고 있지 않은가 짐작됩니다. 그래서 북은 전혀 변하지 않고 민간사회도 없고 시민참여가 없다, 완전히 철통같은 체제를 유지하고 주민들을 통제하고 있기 때문에 시민참여형 통일은 말이 안 된다는 주장이 사실은 묘하게도 북측 정권이 내놓은 체제선전, 즉 당과 인민 사이에 한치의 틈도 없다 하는 주장과 묘하게 맞아떨어져요. 그런 선전과 이쪽에서 특히 수구적인 분들이 북한 주민들은 완전히 세뇌가 돼서 변화의 여지가 전혀 없다고 하는 주장이 공교롭게도 상통하는 거예요. 저는 그것이 북측에서 나오는 주장이든 남쪽에서 하는 주장이든 사실과 다르다고 생각합니다.

한가지 더 말씀드릴 것은 북의 민주주의라든가 인권문제에서 대해서도 우리는 점진적·단계적 접근이 필요하지 않은가 하는 겁니다. 통일을 단번에 하지 않고 남북연합이랄까, 낮은 단계의 연방제랄까, 어쨌든 느슨한 결합형태를 거쳐서 한다고 했듯이, 남북한에 걸친 시민참여의 확대와 진전도 단계적으로 다양하게 이루어질 것이라고 내다보는 게 맞겠다는 겁니다. 남북연합이 언제 될지 모르겠습니다만, 남북연합이 이루어지기 이전과 이후는 남쪽 사회에서도 많은 차이가 나겠지만 북측 주민들의 민간참여 방식이나 수준에도 엄청난 차이를 가져올 것이라고 말하고 싶습니다.

이 글에서 제가 이렇게 말했어요. "제가 시민참여형 통일이라는 이야기를 하면 자주 받는 질문 중 하나가 북측에는 시민참여가 없는데 어떻게 시민참여형 통일이 가능하냐는 것입니다." 이게 아마 여러분들이 갖고 있는 의문이기도 할 거예요. 그리고 거기에 대해서 제 나름의 답변을 세 페이지에 걸쳐서 시도했는데, 이것을 여기서 다 읽을 시간은 없고, 우리가 북측에 시민참여가 없다고 할 때, 남한사회에서와 같은 조직화된 시민단체라든가 그런 시민참여가 없는 것은 사실이에요. 100퍼센트 없는지 아닌지 모르지만 별로 눈에 띌 만한 것이 없는 것은 사실입니다. 그러나 그런 시민참여가 없다고 해서 북한 민중들은 그냥 군중대회 나가서 박수나 치고 무조건 우리 장군님 또는 수령님 만세나 부르는 집단인가, 저는 그렇게 보는 것은 첫째 북한 인민을 너무나 깔보는 짓이고, 둘째 우리하고 DNA를 공유하는 동포를 너무 얕잡아보는 입장인 것 같아요.

북의 민간사회, 북의 인민생활에 그사이에 엄청난 변화가 일어나지 않았습니까? 그리고 배급체계가 무너진 지 벌써 20년이 넘었는데, 거의 각자도생하는 사람들이 많아졌거든요. 그런 생존이 인민의 창의력이고, 인민이 현실에 참여하는 방식이고, 세상을 바꿔나가는 길이고, 그밖의 여러가지 많지만 그런 것이 하나 있고요. 그러니까 지금 현실도 너무 우리 기준으로만 보지 않으면, 북의 인민들도 움직이고 있다는 사실이 하나 있고요. 또 하나는 지금 이 시점의 현실만 가지고 판단하지 말고, 가령 남북관계가 다시 풀리고 남북연합 같은 방향으로 나아가기 시작할 때는 더 달라지는 것이 많지 않겠느냐, 그리고 만약에 남북연합 같은 정치적인 타결이 이루어졌을 때는 북의 변화 속도가 훨씬 더 빨라지지 않겠느냐, 이런 차원에서도 볼 필요가 있다고 생각합니다.

　또 하나는 핵문제지요. 북이 저렇게 핵무장을 해서 남북연합은커녕 남북교류조차 가로막히고 있는데, 또 남한 대중의 반북 정서가 이렇게 심화된 상황에서 내가 말하는 한반도식 통일, 그걸 분단체제의 극복이라고도 하는데, 그건 공허한 담론이 되지 않았느냐 하는 의문이 있습니다. 그런데 내 입장에서는, 포용정책2.0이라는 것을 2010년경에 제시했는데요, 김대중 대통령 때 처음 제대로 완제품이 출시되고 그후에 조금 버전업이 되어서 노무현 대통령 10·4선언 때 1.5정도까지 왔다고 보는데, 어쨌든 1.0대 버전의 포용정책으로는 핵문제도 해결이 안 되고, 북의 개혁개방도 안 될 것이다 하는 게 그때부터 지금까지의 나의 주장입니다. 어떻게 보면 그 대목에서는 보수주의자나 현실주의자라는 사람들하고 훨씬 가까운 입장인데요. 그래서 『2013년체제 만들기』에 실린 「포용정책2.0을 향하여」(2010)라는 글 뒷부분에 가서는 이런 말도 합니다. "더구나 한반도문제가 비핵화라는 당면과제에 집중됨으로써"——지금은 훨씬 더 그렇게 됐지요——"남북연합을 위한 시민운동의 현실주의적 타당성이 오히려 더 확실해진다." 믿거나 말거나 그래요. "북이 완전한 비핵화에 동의하려면 이른바 체제보장에 대한 북측의 요구가 어느정도 충족되어야 할 터인데 평화협정 체결과 북미수교 그리고 대규모 경제원조가 더해지더라도 남한의 존재 자체가 위협으로 남을 수밖에 없는 사정을 앞에서 지적했다"(121면). 지금 북은 미국의 대북적대시 정책 때문에 자기들은 핵무장을 절대로 내려놓을 수 없고, 또 심지어 평화협정을 하더라도 그것만 가지고는 안 된다, 그것만 가지고 핵무기 절대 포기 안한다고 말하고 있습니다. 나는 거기까지가 사실이라 보고요. 북이 말하지 않는 또 하나는 설령 미국이 적대시 정책을 포기하더라도 북의

체제는 여전히 위험에 처해 있는데, 그 최대 위협요소는 남한의 존재라는 겁니다. 그 말은 북이 체면상 말하지 않지만, 북측 당국이 자기들 체제유지를 걱정할 때 이것도 당연히 고려사항이 된다는 겁니다. 그렇기 때문에 평화협정을 해주고 북미수교를 해준다고 해서 북이 안심하고 핵무장을 그만둘 이유가 그때도 없었고, 지금은 핵무기를 개발해서 갖고 있는데 그것을 버리는 일은 더군다나 없을 거라고 봅니다. 중요한 것이 "한반도의 재통합과정을 비교적 안정적으로 관리할 국가연합이라는 장치가 마련되어갈 때 비로소 북측 정권으로서는 비핵화 결단을 내리고 자체개혁의 모험을 감행할 그나마의 여건이 충족되는 것이다. 현실주의자라는 사람들이 아직은 이 대목을 심각하게 고민하는 것 같지 않다. 그러나 현 단계 시민참여형 통일과정의 핵심현안인 국가연합 건설작업과 북핵문제 해결의 현실주의적 인식 사이에 뜻밖의 친화성이 존재함을 불원간 확인할 수밖에 없으리라 본다"(121면) 하는 대목입니다. 불행히도 지금 나는 그것을 확인하고 있다고 생각하는데, 여러분은 어떠신지 모르겠습니다.

담론의 문학적 성격

마지막의 한가지는 정리한 분은 조금 덜 중요시한 건데, 차원이 다른 문제이기는 합니다. 뭐냐하면 나의 담론이 좀 '문학적 성격'을 갖고 있지 않느냐는 거지요. 사실 이건 사회과학 하는 분들이 내가 하는 말을 대수롭지 않게 받아넘길 때 잘 쓰는 말이에요. 문학평론가의 상상력을 발휘했다느니…(웃음) 꼭 그런 것은 아니고 지난번 논의에서는 문학적 성격이 있기 때문에 정서적인 감화력도 있어서 더 좋지 않냐 하고 지원해주는 발언도 있었던 모양인데, 나는 이 문학적 성격이라는 것을 조금 다른 차원에서 설명해볼까 합니다. 이것도 내가 전에 했던 이야기예요.

사실 분단체제론에서도 그렇고 담론 일반에서 문학적 성격이라는 게 대단히 중요하다고 봅니다. 첫째는 아까 담론이라는 것이 결국 읽고 생각하고 말하기라고 했는데, 읽고 생각하는 능력이라는 게 비평적 능력이죠. 넓은 의미의 문학비평적인 능력입니다. 그런 의미에서도 그렇고, 또 하나는 정서적 감화력을 중시해서 개념의 모호성을 초래하는 것이 문학성이 아니고, 말하자면 현실의 텍스트적인 성격, 이건 탈구조주의자들이나 해체론자들이 애용하는 표현입니다만, 현실의 '텍스트적' 성격을 인정하고 이에 적절히 대응하는 일이 문학적인 자세라고 봅니다. 그리고 이것은 모든 담론은 정치적인 것이다라는 얘기하고도 통한다고 봐요.

이에 대해서 『변혁적 중도론』 38면에 "사실 이는 분단체제뿐 아니라 모든 복잡한 사회현실에 해당하는 이야기로서, 개념에 상응하는 어떤 물체가 현실 속에 덩그렇게 자리잡고 있는 일이란 없다. (아니, 우리가 '평범한 물체'로 흔히 알고 있는 것조차 일종의 '복잡한 사회현실'이요 개념의 지시대상을 단순하게 설정할 수 없다는 점을 해체론자를 포함한 많은 사람들이 강조하고 있다.)"라고 쓴 바 있습니다. 그래서 해체론이나 포스트모더니즘 계열의 비평을 보면 문학작품뿐 아니라 철학논문이라든가, 심지어는 과학논문을 두고도 문학적인 분석을 합니다. 그게 얼핏 보기처럼 사실관계를 중립적으로 서술한 글이 아니라는 것이죠. 그래서 분단체제뿐 아니라 모든 사회현실이 이런 것이라는 것을 아는 것이 대단히 중요하고, 문학을 했다고 다 그렇게 되는 것은 아니지만 문학적 훈련을 제대로 받으면 이런 점에 민감해질 수 있다고 봅니다.

그런데 그렇다고 할 때, 그렇게 복잡한 인식을 갖게 되는 게 실천에 방해되는 것은 아닌가 하는 문제가 생길 수 있습니다. 물론 그런 복잡한 인식을 갖는다는 것은 현실에 대한 단순화된 인식에 따른 단순화된 실천노선, 그러니까 당장에는 화끈할 수 있어도 지속가능성이 없는 실천노선을 일단 방비해주는 것은 분명한데, 그렇다고 복잡한 인식에 탐닉해서 실행력이 약화되느냐 아니면 그날그날의 필요한 실천과 결합시킬 수 있느냐 하는 것은 실행주체들의 '지혜'에 달렸다고 봅니다. 지혜라고 한 것은 이게 지식과는 좀 다른 차원이고, 단순히 의지만의 문제가 아닌 면이 있지요. 내가 우리 시대를 이제 지혜의 시대라고 규정한 적이 있고, 그 첫번째 글 「지혜의 시대를 위하여」(1990)는 문학평론집 『민족문학의 새 단계』에 실었고, 「다시 지혜의 시대를 위하여」(2001)라는 글은 『한반도식 통일, 현재진행형』이라는 사회평론집에 실었을 겁니다.

정리해주신 네가지 쟁점에 대해서 말씀을 드리다 보니까 거의 시간이 다 됐습니다. 마치면서 한마디만 더 하면 내 글을 너무 많이 이것저것 인용하고 언급해서 조금 민망하긴 합니다만, 내가 첫날 얘기하기를 기왕 공부를 할 거면 빡세게 해야지 재밌다고 했는데, 여러분이 저의 글에 관심을 갖고 공부를 하실 거면 이것저것 더 읽어보시라 하는 얘길 하고 싶고요. 또 하나는 강연 같은 데서 분단체제와 변혁적 중도론, 포용정책2.0 같은 얘기를 하면 흔히 나오는 또 하나의 질문은 "참 좋은 말씀인데, 그게 가능할까요?" 하는 겁니다. 그럴 때 나는 "아, 물론 불가능하지요. 여러분이 전부 이렇게 이게 가능할까요 하고 앉아 계시면 그건 절대로 불가능합니다" 하고 대답하고는 합니다. 그래서 공부를 빡세게 하면서 이것을 남의 일로 보지 말고 자기

일로 삼고, 옳다고 믿으면 가능하게 만들려는 노력을 동시에 하는 것이 중요하겠다는 말씀을 드립니다. 긴 이야기 열심히 들어주셔서 감사합니다.

사회자 감사합니다. 이제 조금 쉬고 질의응답 시간을 가질 예정입니다. 다만 우리가 다른 모임과 좀 다른 것은, 지난주에 여기에서 나왔던 문제들에 대해 백낙청 선생님이 차분히 대답을 해주셨잖아요, 그다음에 다시 질의응답으로 따라가는 것이 조금은 새로운 형식인 것 같아요. 마지막에 말씀하신 것처럼 모든 지혜를 발휘해서 좀더 풍성한 토론이 될 수 있도록, 10분 동안 쉬겠지만, 머릿속으로 많은 생각을 해주시기 바랍니다.(웃음)

한반도에서 제대로 살아간다는 것

사회자 이런 방식으로 공부를 진행하는 것은 한번 뿌리를 뽑아보자 하는 의미가 있으니까 이해가 안 되거나 이견이 있다면 그냥 넘어가지 마시고 제기를 하셔야 그게 이번 공부모임의 취지에 더 부합한다고 생각합니다. 지금 답변을 다 해주셨지만 또다른 각도에서 물어보면 같은 문제가 다른 식으로 설명될 수 있는 부분도 많기 때문에 적극적으로 질문해주셨으면 좋겠습니다.

발언자12 의견이나 질문은 아니고, 분위기를 풀어가는 차원에서 한 말씀만 드리겠습니다. 북한이 공란으로 남을 수 있다는 지난번 모임의 얘기에 대해서 백선생님이 여러가지로 말씀해주셨지만, 하나 덧붙일 것이 우리 남쪽 사람들만 북한 사람들을 좀 이상한 사람들이라고 생각하는 게 아니라, 북한 사람들도 남쪽 사람들을 낯설어한다고 봅니다. 그런데 90년대 '고난의 행군' 시절에 남측에서 여러가지 민간단체나 정부 차원의 노력으로 지원을 많이 했고 그런 지원을 접하면서 북한 사람들도 남쪽에도 사람이 살고 있구나 이렇게 생각한다는 것이죠. 대북사업을 많이 해본 분들한테 들은 얘기들입니다. 가령 대한적십자사나 민간단체의 구호물품이 들어 있는 마대 같은 게 가면, 그 마대를 가지고 쇼핑백도 만들어 쓰고 심지어 창문 깨진 걸 막는 데 쓴다고 하는데, 남한에서 오는 물자라는 것이 영향을 많이 끼친다고 합니다. 남한 주민을 미제의 앞잡이로 악마시하지 않게 되는 그런 것들이 굉장히 중요한 변화로, 북한에 대해서 말할 때 꼭 얘기해야 되는 것이 아닌가 하는 생각이 듭니다.

사실 말하고자 싶었던 것은 제가 북한 사람들을 처음 만났을 때의 얘기였어요. 제가 개성공단을 두번 가봤는데 2005년 전후였어요. 학교 행사로 제가 좇아가게 됐습니다. 안내원 여러 사람이 버스에 같이 탔는데, 제 옆에 젊은 북한 안내원이 와서 얘기를 했는데 이 친구가 처음부터 바로 왜 남쪽에는 미국 군대를 그냥 두느냐, 당장 쫓아내야 한다, 이런 식으로 얘기를 해요. 겁이 좀 나더라고요.(웃음) 나중에 북한 사정을 잘 아는 동행한테 저 안내원이 왜 나한테 와서 저런 얘기를 하느냐, 내 뒷조사라도 해서 날 파악하고 저러느냐 했더니, 웃으면서 저 안내원이 대학 나온 지 얼마 안 돼서 완전히 교과서대로 얘기를 한 거래요. 그러니까 걱정하지 말라고 하더군요.

사회자 사실 남쪽에서의 북한 인식 문제나 북쪽에서의 남쪽 인식도 엘리트층부터 보통 사람까지 다양하게 나타날 것 같은데, 그런 모든 질문들을 백낙청 선생님 혼자 감당하실 일은 아닌 것 같아요. 이런 질문은 평소에 북한과 자주 교류를 하시거나 북한 관련 연구를 하시는 손종도 선생님이나 김성경 선생님께서 소화해서 얘기를 해주시면 더 풍부한 논의가 될 것 같다는 생각이 듭니다.

발언자5 발언을 시키는 게 이런 방식이군요.(웃음) 우리가 북쪽을 대단히 타자화해서 보는 것과 마찬가지로 북쪽도 남쪽에 대해서 제대로 아는 부분은 별로 없는 것 같아요. 아까 백낙청 선생님이 남한이라는 존재 자체가 북쪽에 대단히 위협이 된다는 말씀을 하셨는데, 사실 제가 북을 다니면서 그런 부분을 대단히 많이 느끼게 됩니다. 인도지원 단체들이 북에 가면 북쪽에서는 노동당 산하에 있는 민족화해협의회(민화협) 사람들이 나옵니다. 저희가 그쪽 사람들을 '참사'라고 부르는데, 그 참사들만이 남쪽 사람들을 공식적으로 상대할 수 있어요. 반면 북한의 협동농장이나 병원의 고위직들은 남쪽 사람들과 공식적인 의견 교환이나 의사 결정을 할 수 없는 상황이었습니다. 그런데 민화협이라는 기구에서 일하는 사람들의 숫자가 많지 않아서 과거 저희들도 많은 애로를 느끼곤 했습니다.

발언자4 저는 북한에 대해 공부를 하지만 북한에는 아직 한번도 못 가봤어요. 제가 북한의 젊은 세대 관련된 글을 하나 쓴 적이 있는데, 끝까지 읽으면 북한을 비판하는 내용이 아닌데, 여하튼 그 글 때문에 방북할 기회가 한번 있었는데도 그쪽에서 거부하는 바람에 못 갔습니다. 저는 사실 북한에 있는 사람들보다는 북한 언저리에 있는 사람들을 많이 만난 것 같아요. 아까 백선생님 말씀 들으면서 여러 생각이 들었는데, 북한 사람들의 변화도 말씀하셨잖아요. 제가 원래 연구하는 영역은 중국지역에 있는 불법이주자로서의 북한인들에 대한 것이에요. 특히 북한 여성들을 많이 만나서 이야기하는데, 조중 국경 지역에 가서 북한 여성들을 만나보면 살기 위해서 여러가지 적극적인 행위성이 너무나 강력하게 발현돼 있기 때문에 굉장히 적극적인 모습들을 많이 보여요. 그래서 우리가 생각하는 분단체제의 민중들에 있어서 여성이라든가 아니면 다양한 행위주체성 같은 것도 같이 고려해볼 필요가 있지 않을까, 특히 북한의 맥락에서는 그런 큰 변화가 많이 보이는 것 같아요. 최근에 북한의 변화를 추동하는 사람들은 여성이나 젊은 세대의 모습들이 많은 것 같고요.

그다음에 아까 얘기를 들으면서 백선생님이 계속 담론이라는 말씀을 하시고, 저도 담론 담론 얘기를 많이 했었는데 사실 우리가 여기에 모여 담론을 얘기하는 것이 어떤 의미가 있을까라는 좀 근원적인 생각을 해보게 됐습니다. 그래서 분단체제론이라는 담론, 그리고 그 담론을 기반으로 한 전략이나 전술 혹은 운동이라는 것을 얘기했을 때 어떤 위치성, 어떤 맥락으로서 저희가 할 수 있을 것인가 이런 생각을 해보게 됐습니다. 그런 부분도 함께 얘기하면 좋을 것 같습니다.

사회자 한두분 더 이야기를 듣고 또 말씀을 듣겠습니다.

발언자13 백낙청 선생님 글을 모두 열심히 읽지 못했습니다만, 『2013년체제 만들기』를 읽으면서 논리적인 것 이전에 굉장한 열망, 통일에 대한 열망, 그런 정동이 와닿는 것을 느꼈습니다. 여러분이 지난 시간에 지금 남한사회 사람들의 의식이 특히 정서적으로 많이 달라졌다고 비판해주셨는데요. 개인들 차원에서 민족공동체라는 의식이 희박해졌기 때문에 공동체를 복원 가능하게 만들 방법이 있을

까 고민하면서 읽었습니다. 저는 사실 문학공부를 하는 입장에서 지난 시간에 참고논문으로 알려주신 「통일운동과 문학」도 읽고 왔는데, 오늘 뜻밖에 제가 건진 것은 담론 일반에서 문학적 성격이 굉장히 중요하다는 말씀이에요. 요즘 문학연구라는 것도 소설을 대상으로 하는 게 아니라 문화론적으로 접근을 하다보니 공부 고민이 많이 해결되는 것 같아서 오늘 잘 왔다는 생각이 듭니다.

분단체제가 생산한 문학과 관련해서 질문을 한개 드리자면, 난민이라고 불러야 될 만큼 탈북 이후 열악한 상황에서 남한에 정착해 소설을 쓰고 있는 작가들이 작품을 내기도 하는데, 다 읽어보진 않았지만 탈북민 문학에 대해서 선생님이 어느정도 관심을 갖고 계신지 궁금합니다. 문학연구 하는 제 입장에서는 분단체제를 사유하기 위해서는 그런 문학을 좀 봐야 되겠다는 생각을 갖게 되었습니다.

사회자 이쯤 하고 백선생님 말씀을 들어봐야겠습니다. 이야기는 처음에 북한 사람들이 남한 사람들을 어떻게 생각하느냐에서 시작했는데, 점점 번져서 탈북자 문학까지 가게 되었네요. 어쨌든 북한이라는 실체에 대한 느낌들을 조금씩 얘기해주신 것 같아요. 혹시 중간점검해서 보탤 말씀이 있으시면 보태주시고 그런 뒤에 다음 얘기로 넘어가죠.

백낙청 이 자리가 북한연구 아카데미는 아니잖아요?(웃음) 나는 북한을 2004년 금강산에 처음 갔고, 2005년부터 6·15공동선언실천 남측위원회 대표를 맡으면서 평양도 한 댓번 가긴 했는데, 횟수도 그렇게 많다고 할 수 없고, 몇만명을 앞에 놓고 연설을 해본 적은 있지만 만나서 대화한 사람들은 뻔해요. 북한이 의전에 엄격합니다. 그래서 단장으로 가면 주로 단장이나 부단장들하고 얘기해요. 실무자들은 자기네들끼리 술도 먹고 얘기를 많이들 하지만요. 그래서 북한 사람들에 대해서 제가 말할 수 있는 게 많지 않고, 또 북한에서 나온 문학도 많이 읽지는 못했어요. 「통일운동과 문학」이라는 글을 보면 당시에 새로 풀려나온 북한문학, 북한의 혁명고전이라는 것들 있죠.『피바다』 같은 작품에 대해서 그때 읽고 생각을 쓴 적은 있습니다만, 그외에는 별로 많이 못 봤어요. 탈북민 문학도 본 게 몇편 안 돼요, 그러니까 거기에 대해서 제가 말씀드릴 게 별로 없어요.(웃음)
　통일 열망을 얘기하셨는데, 우리 세대쯤 되면 좌익이든 우익이든간에, 그러니까 좌파적 성향의 통일 열망이든 우파적 성향의 통일 열망이든 통일 열망을 대개 가지고 있어요. 얼마나 강하냐 하는 것은 차이가 있지만. 지금 태극기, 성조기 들고 나오는 노인들 있죠? 그 사람들도 자기 식으로는 굉장히 통일 열망이 강한 사람들입니다. 그러니까 우선 나는 이게 통일 열망으로 해결될 문제가 아니고, 민족통일보다는 분단체제 극복을 얘기하는 입장입니다.

그런데 분단체제 극복이라고 하면 같은 민족이니까 꼭 한 나라를 이뤄 살아야겠다는 것과는 좀 다릅니다. 1945년 당시는 일제식민지 노릇하다가 풀려나면서 당연히 독립국가 세우려고 했고, 그 독립국가라는 건 당연히 통일된 국가지 분단국가가 아니었는데 그걸 못했잖아요. 그래서 지금도 통일 그러면 흔히 그때 못했던 그 과업을 하고 싶다고 생각하는 사람도 있고, 또 대중의 머릿속에도 그런 식의 통일이 자리잡고 있습니다. 그렇기 때문에 젊은이들을 상대로 여론조사를 하면 통일에 관심 없다는 의견이 많이 나오죠. 왜냐하면 젊은 친구들 입장에서는 1945년 하면 석기시대 같은 옛날이고, 또 지금 북한하고 통일한다는 건 되지도 않을 것 같고, 돼봤자 득도 없을 것 같고, 전혀 실감 안 나는 얘기란 말이에요. 그래서 통일에 관심이 없다든가 또는 통일이 자기한테 이로울 게 없다고 생각한다는 여론조사 결과가 많이 나오는 것도 당연하다고 봅니다. 그렇게 된 책임은 옛날식 통일개념을 지금도 주야장창 얘기하는 사람들에게도 많이 있다고 봐요.

그런데 분단체제 극복이라고 하면 같은 민족이니까 하나의 국민, 단일형 국민국가로 통일돼서 살아야 한다는 얘기가 아니고, 지금 분단된 결과, 또 그 분단이 오래되고 거의 체제화되면서 우리가 이러저러한 문제를 안고 있기 때문에 이것을 해소하려면, 남북 각기에서 내부 개혁도 필요하지만 그것만 가지고는 안 되고, 한반도 전체에 걸쳐 있는 분단체제를 해소해야 된다는 입장이거든요. 그렇기 때문에 해소된 상태가 단일형 국민국가일 수도 있지만, 나는 사실 그것은 가능성도 낮고 꼭 바람직하냐 하는 것도 문제일 것 같아요. 세계적인 추세에도 안 맞고요. 그러니까 연방제 얘기도 나오고, 또 연합제 얘기도 나오고. 6·15공동선언에서는 남쪽의 연합제 안과 북쪽의 낮은 단계의 연방제 안에 서로 공통점이 있다 이렇게 얘기했는데, 지금 현실에서 나는 낮은 단계의 연방제가 아니라 낮은 단계의 연합제에서 시작해서 조금씩조금씩 나아가는 길밖에 없다고 보고요. 그 종착점은 단일민족국가는 아닐 거예요. 북은 아직도 민족적인 동질성 같은 게 강하지만, 남쪽은 이미 거의 다민족국가가 되어 있잖아요. 사실은 다문화국가, 다인종국가죠. '다문화'는 일종의 돌려말하기지요. 그렇기 때문에 그것을 점진적으로 합치면서 그때그때 가장 합리적인 길을 찾아서 단계적으로 나아가다보면 그 결과는 단일형 국민국가는 아닐 거라고 봅니다.

그렇지만 그런 과정을 안 거치면 우리 삶은 나날이 황폐해질 수밖에 없고 일시적인 개량은 있을 수 있지만 오래가지 못하고 반전을 겪게 마련입니다 가령 우리가 2007년 당시만 해도 한나라당이 집권한다고 해도 한국 민주주의가 그렇게까지 망가지겠냐, 한국의 민주화는 확실히 되어 있다 이렇게 생각한 사람이 많았지만, 나는 그때도 그렇게는 얘기를 안 했어요. 남한의 민주화라는 게 어디까지나 남한만의 민주화였기 때문에 그 민주화 자체에 한계가 있고, 이것은 분단체제가 극복되거나 완화되지 않는 한 언제든지 반전될 수 있는 거라고 했는데, 이명박 대통령이 아주 본때를 보여줬죠. 그리고 박근혜 대통령이 한술 더 떠가지고 완전히 종결자 역할을 하다가 스스로 종결을 당하고 말았는데,(웃음) 어쨌든 분단체제라는 것은 그런 것이기 때문에 이것을 놔두고는 우리가 제대로 된 삶을 살 수 없다, 그래서 분단체제를 극복하면서 그야말로 한반도 전체에 걸쳐서, '일류국가'라는 표현이 아니고 '일류사회'라는 표현을 쓴 적이 있는데, 일류사회를 건설해보자고 주장했고, 저의 현재 열망은 거기에 맞춰져 있습니다. 나이도 있다 보니까 통일 열망이라 말하는 것과 겹쳐지는 면이 있긴 있습니다만, 저는 흔히 말하는 통일 열망과는 다른 차원의 소망을 갖고 있다고 말씀드립니다.

수많은 통일 중에 어떤 통일?

사회자 사실 변혁적 중도론과 관련된 논의들을 우리가 쭉 하는데, 제가 보기에 계속 문제로 남는 게 이 분단이라는 문제를 어떻게 현실인식의 장으로 가지고 오느냐, 그럴 필요성이 있느냐 하는 것 같아요. 계속 그 문제가 반복적으로 제기되고 백낙청 선생님도 계속 그 문제에 대해 말씀해오고 있는데, 오늘 토론에서 또다른 식으로 문제가 제기된다든지 아니면 어떤 새로운 인식이 있다든지, 또 추가적인 질문이 있으면 더 이야기를 들었으면 합니다.

발제자2 지난번에 발제를 하면서 선생님께서 여러번 받으신 질문을 되풀이해서 해명하게 해드리는 것에 대해서 죄송한 마음이 들었는데, 그렇게 하길 잘했다는 생각이 들어요.(웃음) 친절하게 말씀해주셔서 많이 배웠습니다. 선생님께서 서두에서 이 자리가 자기점검의 기회가 됐으면 좋겠다는 말씀을 하셨고 저 역시 자기점검을 많이 해봤는데요. 확실히 분단체제 문제에 대해서 외부자적이고 방관자적인 입장에 서 있었다고 실감이 들었던 게, 저는 제주도에 살고 있으니까 북핵문제가 나올 때 저도 모르게 안심하게 되더라고요.(웃음) 여기는 무사하겠지 하는 생각이 먼저 들면서, 그런 것을 볼 때 여전히 나의 안전, 백낙청 선생님이 과거에 비판하셨던 소시민의식이 내 안에 많이 있는 게 아닌가, 그래서 말씀하신 "희망함이 적다"라는 전태일 열사의 말이 가슴에 많이 와닿았습니다.

그런데 아까 들으면서 궁금했던 것이 있는데, 요새 젊은 세대를 상대로 통일에 대한 여론조사를 해보면 반응이 나쁘다는 말씀을 해주셨는데 저도 그렇게 생각하거든요. 제가 1학년들 글쓰기 수업을 하면서 공대 학생들하고 얘기해봤는데 학생들이 이러는 거예요. "저희 살길은 통일밖에 없는 것 같아요." 토목공학과였는데,(웃음) 지금 이렇게 실업자가 많은데 통일이 돼야만 저희는 살길이 있어요, 그러더라고요. 이게 뭐냐면 '통일대박론'이라고 박근혜정부에서 얘기했던 그런 식의 통일론, 북한이라는 나라를 우리의 기회로 여겨서 자본의 돌파구로 삼으려고 하는 입장은 여전히 내부에서 강력하게 힘을 발휘하고 있다는 생각이 들었거든요.

아까 선생님께서 북한 인민들을 무시하는 것은 DNA를 공유하는 우리 동포들을 무시하는 처사다, 그 내부에서 엄청나게 많은 변화가 일어나고 있다는 말씀을 해주셨는데 저도 동의하고요. 얼마 전에 헤이즐 스미스가 펴낸『장마당과 선군정치』라는 책을 봐도 그렇고. 북한 내에서 시장화에 대한, 아까 한분의 말씀처럼, 여성들과 젊은 세대들이 추구하는 사회개혁 같은 움직임이 있다고 했을 때, 북한 내에서 벌어지고 있는 사회개혁의 희망이라고 할까 그게 남한사회에서 '통일이 대박'이라고 하는 것과 맞아떨어지는 면이 있지 않을까 생각해봤습니다. 지난번 토론에서 분단체제론에서 북한이 공란으로 남아 있다고 한 것은 북한에 이런 식의 분단체제 극복에 대한 상을 공유할 수 있는 세력이나 그런 꿈을 꿀 수 있는 세력이 있어야 손바닥이 마주친다는 느낌이 나는데 그게 없다보니까 우리 한국사회에서 소수의 사람들이 이런 생각을 가지는 것만으로 과연 실현될까, 좀 추상적이지 않나 하는 의문이 들었던 거고요.

제가 분단체제론을 공부하면서 들었던 또 하나의 의문이 있습니다. 분단체제가 엄존하는 한 남한사회 내부의 개혁도 한계가 있을 수밖에 없다는 것에는 적극 동의하거든요. 그런데 좀더 시야를 넓혀 보면 다른 나라도 마찬가지지 않나 하는 의문이 들어요. 예를 들면 유럽의 독일이나 그리스라고 했을 때 그 나라도 자본주의 세계체제 속에서 계속해서 복지정책이 후퇴하고 있거든요. 신자유주의가 되면서 계속 개별 국가가 세계체제의 압박에서 자유로울 수 없다는 제약을 느낀다는 것이죠. 남한이 겪는 제약은 세계체제가 분단체제를 통해서 발현된다고 말씀하시지만 세계체제를 통해서 다가오는 압박과 분단체제가 주는 압박, 이런 이중의 압박이라는 생각이 듭니다. 백선생님께서는 분단체제를 극복하는 것을 매개로 세계체제도 변화가 올 수 있다고 말씀하셨는데, 지금 한국에서 느끼기에 매개라기보다는 이 두가지가 같이 다가오고 있다는 느낌이 들어서 그런 것에 대해 어떤 전략을 가져야 될까, 이런 고민도 들고요.

백낙청 두가지가 같이 다가오고 있다고 느낄지 모르지만 같은 차원의 문제는 아니고요. 옛날식으로 말하면 세계체제, 세계자본주의가 갖고 있는 것이 기본모순입니다. 그게 기본인데 이것이 여러 나라에서 작동할 때 각기 다르게 작동하잖아요. 그런데 분단이 안 된 나라에서 작동하는 방식하고 분단이 된 나라에서 작동하는 방식이 많이 다르다는 게 분단체제 개념이거든요. 그러니까 별개의 두가지 압력이 동시에 온다기보다는 기본적으로 그건 세계자본주의의 압력인데, 이것이 한국에서 독특한 방식으로 나타나고, 한국에서 나타난 독특한 방식을 파악하려면 북한을 아우르는 분단체제를 보지 않으면 안 된다, 그것이 가령 그리스에 나타나는 방식, 스페인에 나타나는 방식과 다른 점이라는 거죠.

그리고 젊은이들 중에 물론 통일대박에 대한 기대감을 갖는 사람들도 꽤 있겠지만, 나는 그런 건 피상적인 거라고 봐요. 물론 토목공학도의 경우에는(웃음) 생업하고 관련된 거니까 또 다르겠지만요. 흡수통일이 되면 우리가 대박 터뜨리니까 좋겠다, 그런 생각은 누구나 할 수 있는 것이지만 그것은 현실에 대한 깊은 검토나 성찰에서 나온 입장이라기보다는 그냥 떠들다가 그렇게 되면 좋겠네 하는 거지요. 절대로 그렇게 되지도 않고요. 통일뿐 아니라 다른 어떤 일도 그냥 그렇게 되면 좋겠네 하는 사람들의 힘으로 되지는 않아요. 그래서 통일문제에 대한 여론조사 같은 것에서 젊은이들의 반응을 볼 때도 요즘 젊은이들은 통일에 관심 없대, 이런 말을 하는 사람들은 대개 젊은이들을 비판하고 얕보는 태도를 가지고 얘기를 하는데, 나는 이제 그러지 말자는 거예요. 왜 그들이 그럴까? 분단체제로 인해서 이렇게 못살게 됐는데 분단체제가 어떤 현실이고 그것이 어째서 그들에게 이런 삶을 가져왔는가를 알려주고, 거기서 벗어나는 길로 이러저러한 방안이 있는데 그중에 어느 것이 낫겠느냐, 이렇게 묻지 않고 불쑥 통일 좋아, 싫어? 그러니까, 아이 난 모르겠어, 그냥 관심 없어 그러는데, 그게 오히려 건강한 면도 있다는 얘기지요. 그렇게 묻는 사람의 잘못이 크다는 거예요.

서울대 통일평화연구소에서 해마다 통일의식조사라는 걸 하는데, 거기 그런 게 나와요. 최근엔 통일 지지가 좀 올라갔습디다. 그런데 그것보다도 질문을 그렇게 하지 말라는 게 내가 처음부터 얘기한 건데, 뭐 말 안 듣죠.(웃음) 당연히 안 듣죠. 나는 가령 "통일을 한다면 어떤 방식이 좋다고 생각하십니까" 해서 "단박에 통일, 무슨 국가연합을 거친 단계적 통일, 아니면 연방제 통일" 이런 식으로 질문을 한다든가, 아니면 "느슨한 연합제라도 만드는 것을 통일이라고 생각하십니까" 이런 식으로 질문을 해야 맞다고 봐요. 그런데 그게 일이 복잡하기도 하지만 그렇게 묻는 것 자체가 어떤 이념을 개입시키는 것이 다 이렇게들 생각하는 것 같아요. 그냥 누구나 아는 통일이라는 말을 가지고 좋으냐 싫으냐, 이렇게 간단하게 묻는 것이 더 과학적이라고 생각하는데 그게 과학적이 아닌 거예요. 통일이라는 말을 누구나 다 같이 해석하고 있지 않잖아요?

분단체제론의 한가지 함의는 남과 북의 주민들 다수는 동포관계지만, 이미 그것은 동포이기 때문에 통일을 해야 한다는 것이 아니고, 분단체제가 나쁘기 때문에, 남쪽 인민에게도 나쁘고 북쪽 인민에게도 나쁘니까 이것을 극복해야 된다는 그 이야기예요. 또다른 일면은 우리가 비록 두개의 국가로 나뉘어, 두 국가의 지배하에 살고 있지만 혈통을 공유하고 있다는 문제와 별도로 분단체제라는 공통의 정치체제 속에 속해 있다, 그런 의미로 같은 식구라는 거예요. 그렇게 따지면 북한의 핵문제도 북의 문제일 뿐 아니라 우리 자신의 문제입니다. 우리도 만든 거예요. 핵을 만드는 데 우리가 일조를 한 겁니다. 제일 큰 책임자는 물론 북측의 당국과 그것을 개발한 기술자들이겠고, 그에 버금가는 책임자는 나는 미국이라고 봐요. 미국이 그렇게 야만스러운 결과로 몰아가는 면이 있어요. 그렇지만 우리 역시 그것에 책임이 있다는 겁니다.

북한의 인권문제도 마찬가지입니다. 북한의 열악한 인권에 대한 일차적인 책임은 평양 당국에 있지만, 분단체제라는 범한반도적 현실을 인정한다고 하면 여기에 연루되어 있는 모든 행위주체자들에게 책임이 있는 겁니다. 그중에서도 큰 책임을 져야 할 메이저플레이어가 나는 미국이라고 봐요. 미국의 트럼프가 지난번에 방한해서 북을 규탄했지만, 북한인권 개선을 제일 막은 사람이 누구예요? 우선 제재를 해서 못살게 한 것도 있지만, 어느 독재체제건 외부의 압력이 강하면 강할수록 그 독재권력이 강화되지 약화되지 않습니다. 그렇게 수십년 동안 북의 체제를 강화해준 주체가 미국이고, 그것은 외국이기도 하지만 분단체제라는 관점에서 보면 체제의 주된 플레이어 중 하나예요. 또 하나의 주된 플레이어는 남한입니다. 남한이라고 해서 통째로 다 같은 책임을 지는 건 아니고, 남한 당국의 책임이 있고 수구세력의 책임이 있지만, 어쨌든 나도 분단체제의 일부에 해당하는 대한민국의 한 시민으로 있는 이상, 내가 박근혜를 찍었든 안 찍었든 남한사회가 잘못된 데 대한 책임이 있는 것이고, 그보다는 정도가 덜하지만 북한이 잘못 가는 데 대해서도 책임이 있는 거예요.

지금 북한의 인권문제를 얘기할 때 소위 진보진영의 딜레마가 그거 아니에요? 그것에 대해 아무 말도 안 하고 있으면 너네는 왜 이중기준을 갖느냐, 이중 척도냐, 남한의 인권문제는 떠들면서 왜 북한 인권문제는 안 떠드느냐. 요즘은 더러 떠들기도 합니다만, 옛날에 안 건드릴 때 답변은, 떠들면 떠들수록 더 악화되고, 남북관계가 악화되니까 북한인권에 도움이 안 된다는 것이었는데 그것도 일리가 있지만, 북한하고 남한이 두개의 별개 국가다 이렇게 설정하고 나면 결국 할 수 있는 일은 남한의 소위 진보진영이 북한 인권문제를 어느정도 얘기할까 '간을 맞추는' 고민밖에는 할 게 없어요. 얼마만큼 나가는 게 적절할지, 이만큼 나가면 너무 나가는 거고, 그보다 덜 나가면 욕

먹고….

그런데 분단체제론의 관점에서 보면 북한의 인권문제가 분단체제의 소산이다, 그렇다면 분단체제에 가담하고 있는 모든 행위주체자들이 책임을 져야 하는데, 다만 모두 똑같이 책임이 있다고 하면 그것은 아무도 책임이 없다는 얘기가 되니까, 그중에서 책임의 경중을 가린다면 북한 당국이 일차적인 책임이 있다고 하는 것은 너무 나가는 것도 아니고 너무 안 나가는 것도 아닌 거지요. 그 책임의 정도를 정확하게만 가려낸다면요. 어디까지가 김정은정권의 책임이고 어디서부터 얼마만큼은 미국의 책임이고, 얼마만큼은 한국의 책임이고, 얼마만큼은 기타 열강의 책임이고, 이런 식으로 책임소재를 가리는 것의 정확도가 문제가 되는 것이지, 남의 나라에 나쁜 놈들이 있는데 욕을 요만큼만 할까 저만큼 할까 하는 문제하고는 차원이 달라지는 거죠. 그래서 아까 분단체제론이 북핵문제 해결하고도 사실은 무관하지 않다고 했듯이, 인권문제에 대해서도 당당하고 편안한 마음으로 다룰 수 있는 길이기도 하다는 생각입니다.

분단체제론은 실용주의?

사회자 시간이 거의 다 되어가고 있는데 한두분 정두 이야기를 듣고 정리하겠습니다.

발언자3 오늘 이야기가 나오지 않았던 문제에 대해 질문을 던지고 싶습니다. 지난 모임 때 민중에 관한 이야기를 하다가, 백낙청 선생님께서 90년 전후까지는 민중이라는 말을 많이 썼는데 그 이후로는 시민이라는 말을 애용하게 되었다고 말하신 분이 계셨습니다. 방금 이루어진 백낙청 선생님의 발표에서도 민중보다는 시민이라는 용어가 빈번하게 나왔던 듯합니다. 그런데 저는 80년 전후에 민중이라는 말이 쓰이던 맥락과 지금의 시민이라는 말이 쓰이는 맥락은 다소 다르다고 느낍니다. 민중운동이라고 하면 화염병을 던지고 명동성당 앞에서 연좌하다가 경찰에게 잡혀가는 빡센 운동이 머리에 그려지는데, 시민운동이라고 하면 양복 입은 NGO들이 고상하게 성명을 발표하는 일 정도가 연상이 되기 때문입니다. 그래서 '민중'을 이야기하던 시절보다 '시민'을 이야기하는 지금이 정치적으로 연성화된 것이 아닌지 의심스럽습니다.

이번에 『창비주간논평』의 「'촛불'이 한반도 평화를 만들어낼까」(2017.9.13)를 읽으면서도 같은 생각을 했습니다. 그 글에는 고리 원전에 대한 이야기가 한 문단으로 실려 있었습니다. 저는 고리 원전 사태가 문재인정권이 고리 원전 5, 6호기를 완전히 중단시키겠다는 공약을 파기한 거라고 생각합니다. 다만 이 정권은 자신의 공약을 번복하면서 숙의라는 제도를 도입했습니다. 그러자 환경단체를 포함한 몇몇 NGO들은 환영했고, 실제로 숙의 과정에 참여하기도 했습니다. 저는 그렇게 자신의 주장을 온전히 내세우지 못하는 것이 '시민적'인 운동이라고 생각했습니다. '민중적'인 운동이라면 원전을 반대한다고 일관되게 싸워야 했겠죠. 그런 의미에서 저는 여전히 시민이라는 용어 대신 민중이라는 용어가 필요하다고 생각합니다. 그리고 절차적 민주주의, 직접적 민주주의만을 강조하는 태도는 포퓰리즘에 가까워질 위험성도 있지 않을지 여기 계시는 선생님들께 여쭤보고 싶습니다.

발언자6 저는 지난 시간부터 계속 의문을 제기한 것이 과연 공허함의 실체가 뭘까라는 거였습니다. 분단체제론을 들으면서 현실에서 뭐가 빠져 있는 걸까, 80년대 경험이 있으니까 제가 그렇다고는 얘기를 못하고, 요즘 젊은 학생들은 말이죠 하면서 질문하고는 했지만, 저 스스로도 공허하다라는 생각이 듭니다.(웃음) 예를 들어서 우리가 분단체제라는 것을 고려한다는 것은, 받아들이진 않아도 고려한다는 것은, 남북한이 언젠가는 합쳐지거나 앞으로는 몰라도 적어도 과거에는 한 뿌리였다는 것을 인정하는 것에서 시작하는 게 아닌가 싶은데요. 요즘 학교에서 젊은 학생들이 얘기하는 걸 보면 애초에 그것을 인정하고 시작하는 것 같지 않다는 거죠. 그러니까 본래 같은 나라가 헤어져서 50~60년 되면 다른 나라가 될 수 있는 것이고, 그냥 성가신 이웃일 뿐이지 우리가 꼭 한 뿌리였다는 것을 공유할 필요가 있느냐 이런 생각, 그런 면에서 의외로 상당히 실용적인 태도가 나오는 게 아닌가 싶습니다. 그러니까 한 뿌리라는 것을 그다지 생래적으로 받아들일 생각이 별로 없기 때문에 도움이 되면 도움되는 만큼, 꼭 그것이 자본의 논리가 아니더라도, 어떻게 보면 지극히 민중적인 요구로 우리한테 도움이 되면 도움되는 만큼 협력하고 도움이 안 된다면 군이 협력할 필요가 있느냐, 그러니까 분단이라는 말 자체를 군이 수용할 필요가 있느냐 하는 관점의 차이가 있지 않나라는 생각이 듭니다. 그런 면에서 우리 세대도 젊은 사람들한테 약간은 편승하고 있는 것이지만 분단이라는 것을 어떻게 인식시켜야 되고, 그렇다면 어떻게 실용적으로 접근해야 되느냐를 고민해야 한다고 생각합니다.

그런데 의외로 백낙청 선생님이 말씀하는 거랑 젊은 친구들의 태도에서 약간의 유사성을 발견했는데, 저도 처음에 선생님 글을 보면서 일단 열정을 느꼈죠. 그런데 오늘 분명히 말씀해주신 것은 그런 의미의 통일 논의가 아니라 분단으로 생기는 문제들이 워낙 많기 때문에, 분단이 해결되지 않으면 절대로 이 문제들이 해결되지 않기 때문에 분단을 극복해야 된다는 말씀이죠. 저는 그 측면이 대단히 실용적인 접근이다, 그런 면에서 반갑다는 거죠. 그러니까 통일에 대한 열정을 어떻게 전달해야 하나 하는 데서 저 역시 공허함이 있었는데, 말씀을 들으니 대단히 반갑다는 생각이 드네요. 그러면서도 젊은이들과 차이가 있다면 젊은이들은 애초에 분단이라는 것을 전제하고 보지 않기 때문에, 실용적으로 도움이 되는 것 중심으로 움직이려는 것 같고요. 선생님이 보시는 실용성이란 것은 우리가 지금 비용을 치르고 있다, 비용을 줄이는 것이 실용적으로 도움이 된다, 네가 힘든 것도 분단과 관련이 있다, 이런 측면의 실용성이 있지만 분명히 분단을 기본적으로 전제하느냐 그렇지 않느냐의 차이는 있는 거 같아요.

그렇다면 결국 우리가 분명히 인정해야 될 것은 분단의 인식에 대한 기본적인 차이를 그 실용성을 가지고 어떻게 접근할 것이냐. 어쩌면 요즘 젊은이들이 비용을 못 보고 있는 것은 현재의 어려움이 너무 많아서, 당면한 어려움이 그 구조적 문제를 가리고 있어서 그런지도 모르겠고요. 이런 문제가 조금 완화된다면 구조적인 비용문제를 천착할 수 있을지도 모르겠는데. 하여간 그 실용성 측면의 접점을 찾아보는 시도를 해봐야 되지 않을까라는 실마리를 하나 잡았달까 그런 생각이 들었습니다. 제가 잘 이해한 것인지 모르겠습니다.

백낙청 네, 반갑고 고마운 말씀입니다. 분단체제론이 어렵고 공허하다고 생각되기도 하지만 나는 이게 가장 실용적인 접근이라고 생각하고 있거든요. 그런데 실용이라는 것도, 당장 먹기에 곶감이 달다는 그런 실용이 있고요, 좀 중기적으로 나한테 유리한 실용이 있고, 당장에도 유리하고 중기적으로도 이득이 가면서 더 길게까지 더 큰 실용으로 이어지는 것이 있지 않습니까? 나는 분단체제의 해소·극복 과정이라는 게 그런 단기·중기·장기적 실용을 다 갖춘 거라고 봐요. 그 대신 우리가 그 작업을 지혜롭게 해야죠. 당장에 할 수 있는 개량이나 개혁은 그것대로 하고 좀더 중기적으로 할 수 있는 개혁도 하고 그러면서 분단체제를 점차적으로 극복하자는 것이지요. 그러니까 이미 남북의 재통합은, 말은 통일이라고 합니다만, 점진적으로 할 뿐 아니라 단계적으로 한다는 데까지 6·15선언 때 이미 합의했습니다. 17년 전에 이미 합의된 사항이에요. 그래서 그런 식으로 장기적인 문제로 해결해간다, 그런 실용적인 접근을 제안하고 주장하고 있지요.

남북이 한 뿌리이기 때문에 무조건 한 나라를 이루고 살아야 된다는 것은 지금은 세계적으로 보편성을 인정받기 어려운 주장입니다. 그리고 또 국내에서도 한 뿌리라는 것을 실감 못하는 사람들이 잘 동조를 안 하는 것이고요. 지금 세계적으로 보면 민족 하나마다 국가 하나씩 가져야겠다고 하는 것 때문에 얼마나 많은 전쟁이 일어나고 유혈사태가 벌어지고 있습니까? 물론 한반도의 경우는 결국 남북이 한 뿌리라는 것이 한 80~90퍼센트는 진실이거든요. 그것이 누가 잊어버렸다고 해서 변하는 사실은 아닙니다. 다만 그것이 100퍼센트 사실이고 누구나 100퍼센트 동의해야 한다는 고집을 가지고 우리의 장래를 설계해서는 안 된다는 것이죠. 그러나 분단체제가 나쁜 체제가 된 이유 중의 하나도 한 뿌리인 민족을 본인들이 원하지 않는데 남들이 와서 갈라놨기 때문인데, 그 갈라놓은 상태를 유지하기 위해서 독재를 해야 되고 외국에 의존을 하게 되고, 그래서 분단체제의 비자주성과 반민주성이 발생한 거거든요. 그렇기 때문에 한 뿌리라는 것도 우리가 고려해야 할 중요한 사안이긴 한데, 한 뿌리라는 것을 근거로

한 국가를 이뤄야 된다 하는 논리는 성립하지 않는다, 그런 정도의 이야기입니다.

그리고 앞서 민중에 대한 여러가지 이야기가 나왔는데 한마디로 말하면 나는 민중이라는 말을 포기한 적이 없습니다. 최근 글에서도 민중이라는 말 많이 써요. 그런데 맥락에 따라서 어떤 때는 시민이라는 말이 더 적절할 때가 있고 어떤 때는 민중이 더 적절한 때가 있고, 또 경우에 따라서는, 국민이라는 말이 사실 문제성이 있는 단어지만, 국민을 써야 될 때가 있고요. 아까 통일운동은 민중운동일 수밖에 없다 하는 그 발언을 지금 시점이라면 시민참여운동으로 바꾸겠다는 것은 그 사안에 한해서 그렇다는 겁니다. 그건 더 길게 설명할 필요가 없고요.

그런데 민중과 시민이 약간 대립되는 개념처럼 쓰이게 됐다는 지적은 맞습니다. 언제부터의 현상인가 하면, 80년대 그러니까 87년 6월항쟁 이전까지는 소위 운동권이나 급진운동권 쪽에서는 시민이라는 말을 안 썼어요. 그러다가 6월항쟁이 일단 성공하고 87년체제가 성립되면서 새로운 공간이 열리지 않습니까? 그때 시민단체라는 것이 처음 생깁니다. 경실련(경제정의실천시민연합)이 처음 생겼고, 그전에 여연(여성단체연합)이라는 단체가 있었지만 당시의 여연은 말하자면 재야운동단체였지 오늘 같은 시민단체가 아니었어요. 지금은 대표적인 시민운동단체의 하나지만요. 경실련이 먼저 생기고 몇년 후에 참여연대가 생기고, 그래서 소위 민중운동과 구별되는 대표적인 시민단체들이 되었는데, 이게 한국의 아주 특수한 상황이죠. 독재시대에 시민이란 말을 운동권에서도 좋아하지 않고 정부에서도 시민단체를 용인하지 않던 그런 상황이 끝나면서 생긴 새로운 현상인데, 이 시민단체라는 조직은 자기들은 종래의 재야단체와 다르다는 것을 강조했고, 그것이 활동영역을 넓히는 길, 운신의 폭을 넓히는 길이기도 했고 그들 특유의 정체성을 확립하는 길이었어요.

그러나 개념상으로 보면 민중에 시민 아닌 사람이 어디 있으며, 시민들도 특정한 그룹의 시민이 아니고 다 일반시민이라면 그게 민중인데, 6월항쟁 이후 한국사회의 특수한 사정으로 인해서 독특한 성격의 단체들만이 시민단체라는 이름을 쓰게 되고, 그래서 민중단체와 시민단체가 구별됩니다. 그리고 나는 이것이 어느정도는 활동가들의 편의주의와도 관계가 있다고 봐요. 서로가 따로따로 노는 게 편한 거예요. 시민단체하고 민중운동단체가 어떤 식으로든지 서로 접근해서 하나의 커다란 시민운동이랄까, 시민운동 겸 민중운동을 만드는 일이라고 할까 하는 것이 너무 힘들고 그 개념 정리도 복잡하니까 그냥 당신들은 민중운동 하시고 우리는 시민운동 합시다, 이렇게 된 거지요. 민중운동단체들 입장에서도 그래요. 시민운동가들이 하는 것들을 자기들이 할 능력도 없고 그들과 함께 뭘 해보기도 껄끄러우니까 우리는 민중운동이고 너희는 시민운동이다 그러는데, 사실은 이것이 87년체제 아래 우리 운동이 지닌 큰 한계 중의 하나죠, 시민운동과 민중운동의 분리.

시민과 민중이 뉘앙스는 다르지만 근본적으로 같은 개념이에요. 촛불혁명 과정에서는 국민과 시민이라는 것을 주로 강조하지 민중은 그렇게 강조가 안 됐습니다만, 그것은 그 상황에서, 박근혜정권에 반대하고 탄핵하고 물러나라 그럴 때 국민의 이름으로 하는 게 제일 편리하고 효과적이잖아요. 헌법에도 있고요. 또 예를 들면 광주민주항쟁 때, 지금 보면 그게 민중운동이고 반체제운동이라고도 볼 수 있는데 사람들이 태극기를 들고 나왔단 말이에요. 어떤 사람들은 광주에서 한국군이 그렇게 자기 나라 국민을 쏴 죽이는데 태극기 들고 나오는 게 뭐냐 하기도 했어요. 하지만 태극기를 들고 나가는 건 우리를 쏘지 말라는 얘기고, 우리를 쏘는 너희는 정말 군대도 아니고 나라도 아니다 그 얘기였단 말이에요. 촛불항쟁 이후로 나는 민중과 시민의 개념을 다시 정리해서 그 상통성을, 물론 뉘앙스가 다르니까 그때그때 상황에 따라 달리 쓰더라도, 기본적으로 같은 개념이라는 것을 이제 다시 정립할 때가 되지 않았나 하는 생각입니다.

사회자 저도 마지막 얘기를 듣고 결론에 상당히 동의하면서 제 경험을 간단히 말씀드리면 80년대에는 사실 노동운동이나 농민운동을 지칭할 때 민중운동이라는 말을 썼지만 거리에 나와서 시위할 때는 "민주시민 여러분들" 이렇게 외치면서 시위를 했어요. 그런데 저는 그 전통이 지금까지 왔다고 봐요. 우리가 87년 민중항쟁 때도 그렇고 모든 촛불시위 과정에서도 대부분은 민주시민으로 호명을 했거든요. 그러니까 한국운동의 특수한 역사성들이 있는데, 그 부분을 어떻게 해결할지는 남겨진 과제가 아닐까 생각이 되고요.

한 말씀만 더. 분단체제 얘기를 들으면서 오늘 아침부터 기분이 안 좋았던 일이 하나 있었는데, 트럼프가 방한 후에 돌아가서 북한을 테러지원국으로 재지정을 했잖아요. 그런데 저는 그게 기분 나빴다기보다는 그에 대해서 한국정부가, 공식적인 입장은 아니지만 논평으로 나간 게, 북한을 테러지원국으로 지정한 것이 북핵문제에 도움이될 거라고 한 발언이 인용돼서 보도된 거예요. 그게 기분이 안 좋죠. 저는 정부가 대미관계에서 그런 식의 입장을 취할 수 있다는 것까지도 이해하지만, 촛불혁명으로 태어난 문재인정부가 우리가 만들어낸 새로운 역동성을 남북관계에서 어떻게 끌고 갈 것이냐 하는 점에서 좀 우려스럽고, 이 발언 때문에 앞으로 어떤 일이 일어날지 상당히 걱정이 돼요. 사실 그런 부분들의 역동성을 어떻게 관리해야 될 것인가는 우리의 책임이 아닌가 하는 측면에서 생각하면 머리가 복잡한데, 우리가 할 수 있는 일은 그렇게 많지 않아서, 이렇게 공부라도 열심히 하면서 의식을 모아갈 필요성에 대해서 논의한 자리가 조금 위안은 됐던 것 같습니다.

다음 모임에서는 이런 문제의식을 계속 이어가는 한편 좀더 구체적인 얘기를 하게 될 것 같아요. 여기서 나왔던 전략전술적 의미와 관련된 것, 남북관계에 대한 이야기, 지난 30년 동안의 변화 과정에서의 정치적인 변화라든지, 남북관계의 변화를 설명하는 방법들에 대해서 변혁적 중도주의가 어떤 역할을 하는지 그런 부분에 집중해서 토론을 할 수 있을 것으로 생각됩니다. 오늘 수고해주신 모든 분들께 감사드리고요, 다음번에도 적극적인 참여 부탁드리겠습니다.

제2부

분단체제
극복을 위한
모색

참가자   강경석 김성경 김명환 김하림 김학재 박윤영 박종호 백낙청
         백영서 손종도 염승준 염종선 윤동희 이기정 이남주 이은지
         이일영 이정숙 이종현 이지영 이하림 전성이 전철희 정주아
         한영인 황정아

사회자(백영서) 안녕하세요, 오늘 사회를 맡은 백영서입니다. 벌써 세번째 모임이네요. 사전에 공지해드린 대로 오늘 공부모임의 읽기자료는 『변혁적 중도론』 중 정현곤 「서장: 변혁적 중도의 실현을 위하여」(2016), 유재건 「한반도 분단체제의 독특성과 6·15시대」(2006), 김종엽 「분단체제와 87년체제의 교차로에서」(2013), 이승환 「분단체제 변혁의 전략적 설계를 위하여」(2016)입니다. 오늘도 먼저 준비돼 발제를 듣고 토론을 시작하도록 하겠습니다.

포용정책2.0과 시민참여형 통일

발제 저는 문학평론을 하고 있습니다. 제 또래 중에서는 비교적 진보적인 편에 있을 거라고 생각하는데, 정치사회에 관심이 조금 있는 편이지만 북한문제에 대해서는 큰 관심을 가진 적은 없습니다. 그렇게 살아온 일반적인 사람으로서 글을 읽으면서 '이것은 무슨 뜻일까?'

혹은 '이건 내 생각과 다른데?'라는 부분을 솔직하게 정리해보는 수준으로 말씀드리겠습니다.

변혁적 중도주의와 분단체제론은 담론이라는 말이 나왔습니다. 담론이란 현실을 총체적으로 설명하기 위해 동원된 가설일 것입니다. 가설은 공리와 달리 자족적으로 증명되지 않습니다. 담론의 성패는 얼마나 현실을 풍부하게 설명하고 실효성 있는 실천방향을 제시할 수 있느냐에 따라 결정됩니다. 이번에 읽은 네편의 글은 변혁적 중도주의에 입각하여 한국사회를 분석한 것들입니다.

정현곤 선생의 글은 네가지 질문에 답하는 형식으로 이루어져 있습니다. ① 왜 변혁적 중도주의냐, ② 왜 분단체제론이냐, ③ 왜 포용정책2.0이냐, ④ 왜 2013년체제론이냐.

①과 ② 부분에서 필자는 변혁적 중도주의와 분단체제론을 정의합니다. 그에 따르면 변혁적 중도주의는 사회의 개혁이 아니라 변혁을 추구합니다. 그런데 변혁을 위해서는 "광범위한 국민통합"(12면)에 기반을 둔 거대한 운동이 필요합니다. 따라서 변혁을 달성하려면 역설적이게도 중도노선을 택해야 되는 겁니다. 한편 분단체제론은 국제적인 시각으로 분단현실을 바라보자는 문제의식의 소산입니다.

③과 ④ 부분에서 필자는 김대중 – 노무현 정권의 포용정책이, 국가연합을 인정하는 '시민참여형 통일'로의 지향을 흡수해 버전업되어서, 포용정책2.0이 되어야 된다고 말합니다. 이승환 선생의 글도 이 문제에 대한 겁니다. 참고로 백낙청 선생은 포용정책2.0을 실현하는 2013년체제를 논구했는데요, 정현곤 선생은 박근혜가 대통령에 당선되면서 그 구상이 현실에서는 무색해져버렸다고 평가하고 있습니다.

이 대목에서 제기할 수 있는 문제는 두가지입니다. 첫째로 연합제가 그나마 실현가능한 통일방안일 수는 있겠다는 생각은 듭니다. 그

런데 지금 북한의 현 체제를 인정하면서 통일하자는 주장이 현재의 남한 사람들에게 광범위한 지지를 얻기는 조금 힘들 거라는 생각이 들었습니다. 북한체제에 대한 반감이 아시다시피 굉장히 크잖아요? 지금의 상황에서도 연합제는 통일운동의 궁극적 목표는 아니겠죠. 잠정적인 목표로서 우리가 이야기할 수 있는가에 대한 생각이 들었습니다. 둘째로 시민참여형 통일이라는 말이 약간 공허하다는 느낌도 좀 들었습니다. 시민단체와 운동단체가 주도하는 민간교류가 중요하고, 그게 더 많이 필요하다는 말씀은 저도 전적으로 동의합니다. 그런데 현실은 민간교류의 규모나 방법 자체가 남북한의 정책에 따라 통제되는 상황입니다. 그렇다면 정부가 제한한 한도에서만 교류가 이루어질 수 있는데, 이것이 '시민참여형' 통일이라고 명명할 정도일까라는 의문이 들었습니다.

다음으로 유재건 선생의 글은 분단현실이 세계질서에 끼치는 영향을 논합니다. 이에 따르면 냉전체제는 미·소의 패권을 공고하게 만들었습니다. 냉전이 끝난 후 미국의 이데올로기적 패권은 약화됐습니다. 하지만 한국은 유일한 분단국가로서 냉전체제의 상흔을 간직하고 있습니다. 분단체제는 탈냉전시대까지도 이어져서 미국의 이데올로기적 패권을 정당화하는 데 기여해왔습니다. 그래서 분단체제의 폐기는 현재의 억압적인 세계질서를 타파하기 위한 실천이 됩니다. 이렇게 분석함으로써 필자는 통일보다 복지나 평화 같은 '구체적'인 과제들에 골몰하는 최장집 선생 같은 분들을 비판합니다. 필자에 따르면 여타의 경제·사회적 문제를 해결하기 위해서라도 미국 중심의 세계질서에 맞서는 저항이 필요합니다. 그분이 지적하듯 '북한문제'는 거의 항상 남한과 미국을 우경화시키는 데 기여해온 이슈였습니다. 따라서 남북한의 평화체제 구축이 억압적인 질서에 맞서는 저항이 될 수 있다는 필자의 주장에 저도 공감했습니다.

하지만 필자의 분석에는 다소의 과장이 포함되어 있다는 느낌도 들었습니다. 필자는 냉전이 끝나면서 미국이 이데올로기적 정당성을 상실했다고 진단했습니다. 월러스틴의 분석이기도 하죠. 그런데 미국이 21세기에도 세계를 호령한 것은 오직 군사력의 우위 때문이었다는 겁니다. 이데올로기적 정당성이 다 없어졌는데 말입니다. 그런데 미국이 이데올로기적 정당성을 얻지 못한 상황이라면, '분단체제'가 미국의 패권적 이데올로기를 지탱하고 있다는 평가는 약간 어불성설이 되는 측면이 있다고 생각합니다. 저는 개별적으로 볼 때 필자의 분석은 타당하다고 생각합니다. 미국은 여전히 세계적인 패권을 자랑하고 있지만, 그 패권을 지탱하는 힘은 더이상 이데올로기적 정당성에서 나오지 않습니다. 그렇다면 분단체제가 만들어낸 이데올로기라고 하는 것도, 미국 중심의 세계질서를 간접적으로만 지원하고 있는 셈입니다.

그래서 저는 한반도의 긴장 완화가 미국 중심의 세계질서에 치명타를 입힐 것이라고는 생각하기 어렵습니다. 미국은 일찍이 조지 부시 때 북한을 '악의 축'으로 규정했죠. 그러나 2000년대 이후 미국정부가 직접적으로 싸운 대상은 아프가니스탄, 이라크, 레바논, 팔레스타인, 베네수엘라, 요즘은 IS 이런 데입니다. 만약 한반도 상황이 안정된다면 미국은 가공할 군사력으로 다른 '악의 축'을 찾아내서 새로운 전장을 만들 수도 있을 겁니다. 물론 남북한의 화해와 통일이 현재의 세계체제에 얼마간 균열을 가할 가능성은 있습니다. 하지만 그것이 미국 중심의 세계질서를 타파하기 위한 가장 효과적인 전술인지는 따져봐야 한다고 생각합니다. 한국에서 노동자 인권, 복지, 민주주의 같은 이슈가 실현된다면, 그것도 그 자체가 국제적인 규모의 억압구조를 누그러뜨리는 데 기여하는 것이고, 미국이 세계 각지에서 벌이는 전쟁을 규탄하는 반전운동도 제국주의에 균열을 가하는 행동이라고 저는 생각합니다. 그런데도 노동, 복지, 민주주의, 페미니즘, 반전 같은 여러 부문별 쟁점들보다 분단체제의 극복이 가장 중요한 이슈라고 이야기하려면 저 같은 젊은 세대에게는 좀더 부연이 필요하지 않을까 하는 생각이 들었습니다.

흔들리는 분단체제와 그 이후

김종엽 선생의 글은 87년 이후의 한국정치사를 개괄합니다. 필자는 민주화 이후 한국에서 "분단체제를 침식하고 불안정화하는 동시에 그것의 발전방향이 분단체제에 의해서 심각하게 제약되는" 경향이 있었음을 지적합니다. 그리고 이것을 백낙청 선생의 용어로 "흔들리는 분단체제"라고 한다고 이야기합니다(138면). 이 분석에서 87년 이후 한국에서 주요한 정치적 세력은 진보와 보수입니다. 필자는 분단체제를 약화시키려는 집단을 진보, 그것을 강화시키려는 세력을 보수로 간주합니다. 여기서 민주당부터 군소 진보정당까지는 진보가 되고, 신한국당에서 자유한국당으로 이어진 유구한 세력이 보수로 통칭됩니다. 이런 구별법을 차용하면 보통 '진보'세력의 단결을 촉구하고, 선거철마다 그나마 당선될 확률이 높은 민주당 후보에게 표를 던지자는 결론에 이르게 됩니다. 그런데 현재의 한국에서는 민주당에 너무 실망한 나머지, 당선될 확률이 전무한 사민주의 정당의 후보에게 표를 던지는 사람이 5~10퍼센트 정도는 됩니다. 그렇다면 오늘날 민주당을 지지하는 것이 충분히 '변혁적'이냐는 의문이 생기는 것은 자연스럽습니다. 이는 과거의 선거국면들에서 손호철 등이 백낙청의 '비판적 지지'를 비판하면서 제기했던 논점이기도 합니다.

민주당에 대한 문제를 삼았지만, 김대중—노무현 정권이 북한문제에 한해 '진보적'이었다고 평할 수는 있습니다. 하지만 문재인정부가 이 문제에 있어 얼마나 전향적인 모습을 보였는지 저는 의심스럽습니다. 이것이 문재인정부의 능력이나 의지 부족으로 생긴 문제라고는 생각지 않습니다. 현재 세계질서에서 한국의 외교적 영향력은 극히 제한되어 있습니다. 북한과 미국의 치킨게임은 날로 심화되는 형편입니다. 중국이 간접적으로나마 북한을 지원하고 있다면, 이 대립은 G2의 대리전이기도 합니다. 저는 현 상황을 이미 싸움의 판돈이 너무나 커져서 북한, 중국, 미국 중 어느 나라도 쉽게 물러설 수 없는 상황이라고 봅니다. 이런 정세에서 남한의 외교적 입지가 줄어들고 '코리안 패싱'이 생기는 것은 얼마간 필연적인 것입니다. 노무현정부가 동북아균형자론을 제출했듯이 문재인정부도 균형외교를 말하고 있습니다. 그런데 결정적인 국면에서는 친미 쪽으로 기우는 모습을 보였고 앞으로도 그럴 것이라고 봅니다. 이 상황에서 정부가 '한반도 운전자론'을 가지고 한반도 평화정책을 뚝심있게 밀고 나갈 수 있을까 이런 의문이 좀 생겼습니다.

앞서 저는 중국과 미국을 경쟁하는 제국주의적 열강이라고 전제했습니다. 그와 달리 중국을 미국 패권에 도전하는 세력으로 간주하거나, 중국사회로부터 신자유주의의 폐해를 벗어난 체제의 단초를 찾아내려는 시각도 존재합니다. 『창작과비평』 2016년 가을호에 실린 백낙청과 데이비드 하비의 대담 「자본은 어떻게 작동하며 세계와 중국은 어디로 가는가」에서 백낙청 선생은 이런 시각들에 꽤 호의적인 입장을 보였습니다. 한편 최근 트럼프의 아시아 순방을 평가하는 이혜정 선생의 글 「미국 외교의 멜트다운」(『창비주간논평』 2017.11.15)을 보면, "외교적 멜트다운(meltdown)"을 강화시키고 있는 미국과 "신형 국제관계를 도모"하는 중국을 대비시킵니다. 저는 이것을 낡은 패권을 수성하려는 썩은 제국주의 미국과 유연하게 새로운 지역질서를 모색하는 중국을 대비하고 있다는 뉘앙스로 읽었습니다.

저는 이런 판단이 다소 위험할 수 있다고 생각합니다. 창비가 중국에 대한 책도 많이 냈죠. 그 책들에서 창비가 중국사회의 억압적 성격을 간과한 적은 없다고 알고 있습니다만, 가령 여기 유재건 선생의 글에도 나왔듯이 미국의 패권에 맞서는 '동아시아의 창조적 대응'을 주문하는 것은, 중국의 민중도 아니고 시진핑이 통제하는 정부와 우호적인 관계를 맺자는 주장과 크게 달라 보이지 않습니다. 저는 현재의 중국을 미국과 다를 바 없는 패권국가라고 생각합니다. 이것이 개인적인 판단만은 아닐 겁니다. 지난 10년간 한국의 반중정서는 엄청 심화됐습니다. 제 세대에게 중국은 천박한 문화·정치적 수준을 가지고 주변국들에 야만적 폭력을 행사하는 골목대장 정도의 이미지로 남아 있습니다. 제 동년배들과 이야기를 나눠봐도 그렇게 생각하는 이들이 많고, 중국의 소수민족 탄압, 미세먼지, 사드 제재 등을 다루는 기사의 논조나 댓글을 봐도 대체로 그런 이미지가 강한 것 같습니다. 저는 중국정부에 대한 남한 사람들의 반감이 여러 면에서 타당하다고 봅니다. 오늘날 미국 중심의 세계체제에 맞서는 동북아의 협력을 주장하는 것은, 또다른 패권세력인 중국과 일본의 정당성을 추인할 수 있으며 최악의 경우에는 21세기판 동북아공영권 같은 것에 근사해질 수 있지 않을까 하는 생각이 들었습니다.

마지막으로 제가 변혁적 중도주의를 오래전부터 공부하지 않고 짧은 시간에 보고 발제문을 정리한 입장에서 보면, 분단체제가 한국사회에서 혹은 세계체제에서 여전히 중요한 문제라는 점을 지적하고, 진보운동이 단순히 눈앞에 보이는 현실을 개혁하는 것뿐만 아니라 세계적인 변혁을 목표로 삼아야 한다는 것 등을 계속 일깨워주는 것은 큰 의미가 있다고 생각합니다. 그런데 제 세대의 감각으로 봤을 때, 방금 전에 말한 중국의 문제 등에 대해서는 다소간 현실과의 이물감을 느끼는 부분이 있습니다. 다른 분들의 더 좋은 생각이나 혹은 제가 오해하는 부분에 대해서 고쳐주실 게 있으시면 토론과정에서 좋은 이야기가 나오길 기대해보겠습니다.

포용정책2.0과 변혁적 중도주의에 대한 일반적 인식

토론 정리: 황정아

발언자1 발제자는 국가연합이 현재 남한 사람들에게 광범위한 지지를 받기 힘들다고 했는데, 북한의 입장에서도 남한의 존재 자체가 위협인 상황에서 국가연합을 받아들일 수 있을지 의문이다. 현실적인 면에서 보자면 북한이 독자적으로 어떤 세력 균형을 맞출 준비가 되어 있어야 국가연합을 수용하지 않을까.

발언자2 국가연합 구상의 역사를 살펴볼 필요가 있다. 그전까지는 흡수통일 일색이다가 60년대부터 북한이 연방제를 주장했는데, 이는 정치통합을 피하고 체제의 자율성을 확보하면서 교류협력하기 위한 것이었다. 노태우정권의 한민족공동체통일방안에 포함된 국가연합안은 궁극적인 통일, 곧 하나의 헌법을 갖는 하나의 국가로 가는 '단계'에 불과했으나, 김대중정부에서는 국가연합 자체가 남북관계의 후퇴를 막고 복잡한 문제들을 안정적으로 관리하기 위한 강력한 제도로서 제안된 것이었다.

발언자3 흡수통일 가능성을 완전히 부정할 수는 없겠지만, 전쟁이나 강한 압박을 통해 흡수통일을 유발할 수는 없다. 김대중–노무현 정부의 통일방안과 변혁적 중도론 사이에는 긴장이 있었는데, 가령 김대중정부는 교류만 강조하고 문제를 복잡하게 만들 통일 논의는 하지 말자는 쪽이었다면 포용정책2.0 제안은 남한의 존재 자체가 위협이므로 북한이 교류협력을 중단하지 않도록 견인하기 위해서는 국가연합의 건설이 중요한 목표가 되어야 한다는 입장이었다.

발언자4 발제에서는 국가연합을 목표라고 했는데 그보다는 분단체제 극복의 초석이라고 해야 맞을 듯하다. 변혁적 중도론은 '중도층'으로서의 시민을 강조하지만 시민의 정체성이 세대와 지역 등에 따라 매우 다변화된 상황에서 '중도'라는 규정이 적용될 수 있을지 의문이다. 변혁적 중도론이나 2013년체제 담론에서 결국 무게중심은 민주당에 쏠리지 않았는가? 하지만 민주당을 통한 '중도'는 기껏 이산가족상봉같이 휴머니즘에 호소하는 정도에 머물지 않는가? 현 정부도 마찬가지로 보인다.

발언자5 포용정책2.0이 말하는 국가연합은 북한에는 현 체제를 파트너로 인정할 테니 제도적 장치를 만들어 논의를 열자는 뜻이며, 남한에는 이 제도적 장치를 통해 북한에 의한 안보위협으로부터 자유로워지는 상태를 확보하는 제안이다. 목표냐 과정이냐 하는 문제와 관련해서는, 목표가 정해져 있지 않다는 구성적 목표의 개념에 가까운 의미, 그리고 점진적이라는 의미에서의 '과정'이라 할 수 있다.

발언자3 발제자가 분단체제론이나 변혁적 중도론에서 말하는 실천전략이 민주당 지지로 이어진다는 인상을 받았다고 했는데 구체적으로 어디서 받았는지 궁금하다.

발제자 원로모임의 민주당 지지 같은 데서 받은 선입견일 수도 있겠다는 생각이 든다. 김종엽 선생의 글에서 분단체제를 완화시키려는 진보진영과 그것을 유지·강화하려는 보수진영의 양자대립을 말하고 있는데, 그런 구도에서 보면 결국에는 언제나 집권가능한 세력을 지지하게 될 것이라는 생각이 든다.

발언자6 선입견이나 인상을 일단 배제하고 말한다면, 민주당정권의 태도를 비판할 준거점을 변혁적 중도론이 제공해주는지를 살펴야 하는 것 아닐까. 만일 그렇다면 오히려 변혁적 중도론의 효능감이 증명되는 셈이다.

발언자7 '중도세력'에 대한 정의를 혼란스럽게 여기는 듯한데, 중도=민주당이라기보다 중도=촛불시민으로 볼 수 있다. 광범위한 군중으로 구성된 촛불시민은 민주당 지지자들로만 이루어지지도 않았고 과거처럼 노동계급 중심 같은 구성도 아니었다.

발언자1 국가연합이 북한을 파트너로 인정하는 것이라 했는데, 현실적으로 그렇게 하는 순간 남한에서 북한에 대한 적대감도 더 높아질 가능성이 있다. 북한 인정이 단기적인 현실적 요구일 수는 있으나, 북한정권은 인권문제를 포함하여 여러모로 역사의 '죄인'이라 할 수 있기 때문에 그 체제를 인정하는 일이 장기적으로는 역사의 후과를 받을 수도 있지 않을까.

발언자5 '인정'이라 해서 모든 걸 다 인정한다는 게 아니며 동시에 이후의 변화를 추동하는 면을 포함한다.

발언자1 그렇다면 거꾸로 북한이 체제 변화를 감당하면서까지 국가연합을 받아들일지 의문이다.

발언자3 실제로 북한이 변화하기가 더 힘들어진 게 사실이다. 그런데 가령 6·15선언이 제대로 실현되었다면 북한체제가 무너졌을 가능성이 더 많았을 거라는 판단도 있다. 체제 인정이란 도덕적 승인이 아니라 비폭력적으로 점진적인 변화를 더 많이 가져오는 방식이다. '중도'란 타협적이거나 대충 덮고 가자는 식이 아니라 오히려 매우 예민한 문제들을 외면하지 말자는 것이다. 중도세력도 객관적으로 현존하기보다 이런 방식이 옳다고 생각하는 사람들이 모일 때 비로소 만들어진다.

발언자1 유연함이 필요하고 현실적 방도가 필요한 것은 분명하다. 다만 역풍을 맞지 않으려면 인권 등 '가치'에 대한 지향을 굳건히 할 필요가 있다는 것이다.

발언자5 분단체제론에서는 인권문제 역시 여러 당사자가 상호 연루되어 있고 각각의 책임이 다르다고 본다.

발언자1 역사적 분석으로는 설득력이 있지만 전략적으로 가해지는 공격을 피할 수 있을까.

발언자8 발제자의 비판에 공감이 간다. 변혁적 중도론, 분단체제론 등에 대한 설명방식이 과도한 듯하다. 분단체제에 대한 입장을 중심으로 진보와 보수를 분류할 수 있나? 박근혜의 통일대박론을 보면 보수도 통일에 대한 전향적인 태도를 보일 수 있지 않은가? '안보국가' 역시 너무 큰 개념이라 폭넓게 적용할 수야 있겠으나, 세월호참사도 안보국가의 문제라고 보는 등 너무 거칠기도 하다. '시민참여'와 관련해서도 시민단체 중에 진보의 비중은 얼마나 되는가. 태극기단체도 시민단체 아닌가. 분단체제론의 중요성을 입증하기 위해서는 그 이론 없이도 우리 사회가 설명이 되는지 시도해보아야 한다. 분단체제론을 동원하지 않고도 설명이 되면 필요 없는 이론인 셈이다.

발언자9 오늘 토론하는 변혁적 중도론에 관한 텍스트들이 좀 어려운 이유는 무언가를 숨기고 있어서가 아닐까. 미국 중심의 세계체제를 적대하는 것 같기도 하고 또 아닌 면도 있고, 중국 친화적이라는 발제자의 의구심에도 공감이 간다. 미국에 비판적이라면 어느정도인지 명확하게 밝힐 필요가 있다. 80년대에 사회주의라는 말을 숨겼던 것과 비슷한 면이 느껴진다.

발언자2 과도한 양극체제를 넘어서기 위해서는 반드시 최대연합이 있어야 한다. 세계의 여러 국가들의 국내정치 지형에서 일반적으로는 좌나 우보다 가운데가 더 크지만 한국에서는 역사적으로 그렇지 않은 상황이 더 많았다. 따라서 변혁적 중도론이 하나의 방향을 제시해주고 있다고 본다. 그리고 분명하게 지향해야 할 가치와 관련해서는 평화지향을 말할 수 있다. 다른 여러 나라들의 역사를 살펴보면 대개는 직접적인 전쟁과 안보 문제가 해결되면 이 문제도 사라지고 해소되는 경향이 있지만 우리에게 '평화'는 여전히 지속되는 과제이다.

발언자3 변혁적 중도론은 '최대연합'의 추구인데 그것이 민주당 지지로 받아들여지는 듯하다. 실제로는 민주당 지지를 표방한 적이 없다. 오히려 연합정치를 해야 급진정당에게도 가능성이 생긴다는 입장이었다. 뭔가 '숨긴다'는 지적과 관련해서는, 제시된 자료에서 자본주의 세계체제 비판을 중점적으로 혹은 본격적으로 논한 글이 드물었던 게 이유일 수도 있겠다.

발언자4 분단체제론에서는 미국발 자유주의 시장경제가 억압의 조건이면서 해방의 조건이라서 그런 모호함이 나오는 것 같다. 박근혜에 대한 분노도 자유시장이 제대로 작동하지 않은 데 대한 분노 아니었나. 제시된 글이 자본주의 문제를 천착하지 않고 탐(貪)·진(瞋)·치(癡) 극복 같은 철학적·윤리적 차원으로 건너뛰는 게 아닌가 싶다. 그래서 숨기는 게 있다고 느껴지는지도 모른다.

발제자 발언자4가 앞서 지적한 사항, 그러니까 국가연합을 목표라 한 점, 청년층을 비롯한 대상을 다소 일반화했다는 점 등에 대해서는 인정한다. 발제에서 충분히 세밀하게 논의를 전개하지 못한 것 같다. 다만 변혁적 중도론이나 분단체제론을 두고 담론의 공허함을 지적한 데에는 이견이 있다. 나는 발제에서 담론이란 원래 가설이라는 점을 강조하고자 했다. 맑시즘이나 페미니즘을 비롯한 거대담론들이 전부 무용하다고 주장할 것이 아니라면, 담론이 얼마나 현실을 정확하고 풍부하게 설명할 수 있는지를 따져봐야 한다. 그리고 사회변혁 운동을 하기 위해서도 항상 거대담론은 필요하다고 생각한다.

그리고 발제에서 민주당 지지 문제를 단순하게 처리했다는 지적에 대해서는 동의한다. 나는 변혁적 중도론과 분단체제론을 정초한 분들이 대부분 민주당 지지자일 것이라고 지레짐작했는데, 그 짐작이 검증되지 않은 것일뿐더러, 만약 그렇다고 하더라도 이 담론들 자체가 민주당 지지를 내포한 것이라고 말할 수는 없을 것이다. 중국문제와 관해서도 이야기해보겠다. 내가 생각할 때 한국사회에서 이전

시대보다 반미 아젠다는 약해지고 반중 정서는 증가했다. 내 세대에는 중국이 한국에 압력을 행사하는 제국주의국가라는 인식이 널리 퍼져 있다.

정리자 종합

1) '국가연합' 제안이 갖는 함의와 실현가능성을 두고 여러 이야기가 있었다. 북한에 대한 인정이 무엇을 뜻하며 현재와 미래에 바람직한 정치적·역사적 (혹은 윤리적) 결과를 갖는가 하는 문제도 집중적으로 논의되었고, 그럴 때 인권과 평화라는 가치 지향을 어떻게 유지할 것인지가 초점이 되는 것 같다.

2) 중도 개념에 대한 이해 역시 쟁점이 되었다. 개념적 모호함뿐 아니라 현실적으로 대다수의 시민을 호명하고 '최대연합'을 추동할 가능성 여부에 관한 의문들이 제기되었다. 집권(가능)세력과의 관계도 의혹의 대상이 되었다.

3) 분단체제론과 변혁적 중도론이 자본주의 세계체제에 어떤 입장을 갖는지, 특히 현재 미국과 중국에 대해 어느정도로 비판적인 태도를 취하는지 더 분명히 할 필요가 있다고 지적되었다.

4회차 공부모임

사회자 (백영서) 창비담론 아카데미 네번째 모임을 시작하겠습니다. 오늘도 참석해주신 여러분 반갑습니다. 시작하기에 앞서 텍스트에 집중해서 공부의 수준을 높이자, 그리고 상호토론을 열심히 해서 활기차게 진행하자, 이런 방향 제시를 먼저 하겠습니다. 그럼 백낙청 선생님이 준비하신 말씀을 듣는 것으로 시작하겠습니다.

'묵이지지' 하는 공부

백낙청 여러분 반갑습니다. 지난번에 내가 한 50분을 꼬박 혼자서 얘기했을 거예요. 그래서 다음번엔 안 그러겠다고 약속했는데, 안 그러도록 노력은 하겠습니다.(웃음) 이번 발언 요지문은 사실 지난번보다 더 길어요. 그렇지만 이렇게 자세하게 써서 아예 배포해드리는 게 빨리 진행하는 데 오히려 나은 면도 있을 것 같아서 좀 길게 썼습니다. 그리고 어떤 얘기는 저번에 한 말의 되풀이 같아서 하고 싶지 않았는데, 좀 해야 될 것 같아요. 왜냐하면 아직까지도 우리가 대화하는 방식이나 공부하는 방식에 대해서 충분히 교감이 안 되지 않았나 하는 느낌을 3회차 토론의 정리문을 보고 느꼈습니다.

처음부터 우리가 담론의 내용을 학습하는 것도 중요하지만 담론하는 방식을 공부해보자고 얘기했는데, 거기에 관해 몇마디 더 하고 출발할까 합니다. 토론이 제대로 되려면 누구를 비판할 때, 또는 어떤 입장을 비판할 때, 상대를 특정할 필요가 있습니다. 1회차와 달리 3회차 토론에서는 여러 사람의 글을 다루지 않았습니까? 그런데 그글들이 다 똑같지가 않거든요. 또 그들과 나하고도 어떤 이는 생각이 좀더 가깝고, 또 어떤 이는 더 멀고 그렇지요. 따라서 자신이 누구의 발언을 말하는 거고 그런 발언 중에서 어떤 대목을 염두에 둔다는 걸 특정해가면서 토론해야 생산적인 토론이 되는데, 그렇지 않은 경우가 많았던 것 같습니다.

그리고 발제문 같은 것을 준비하실 때는 기왕이면 인용할 때 페이지 수도 포함을 시켜주면 좋겠어요. 현학적으로 논문 쓰듯이 각주를 달 필요는 없습니다. 그냥 본문 속에 괄호 치고 누구 글의 몇면, 그러면 쉽게 찾아볼 수 있잖아요. 그게 어떤 맥락에서 한 말인지도 확인할 수 있고요. 그리고 이번에 여러 사람 글을 같이 읽자고 한 것은 그들이 다 똑같은 얘기를 하는데 그걸 몇배로 확장하자는 뜻이 아니고, 각기 다른 얘기 하는 것을 서로 대조하는 것 자체가 공부가 되지 않을까 하는 취지였던 거죠.

지난번 토론 중에 한분이 분단체제론의 중요성을 입증하기 위해서는 그것 없이 설명되는지 시도해보아야 한다 했는데, 어떤 담론이나 이론적인 틀을 우리가 점검할 때 쓰는 아주 적절한 방법이죠. 그걸로 설명되는 건 어느 선까지이며, 또 그것 없이 설명 안 되는 건 또

뭔가. 대개 담론 중에서 우수한 담론이라는 것은 남의 담론을 변환해서 여기 편입을 하면 잘 설명이 되는데, 역으로 다른 담론에 환원이 잘 안 되는 것, 그게 바로 한 등급 높은 담론일 겁니다.

아주 타당한 이야긴데, 기왕에 그런 입장을 취했으면 실은 좀더 구체적인 검증을 할 필요가 있어요. 분단체제론의 어느 대목이 사실 분단체제론 없이도 얼마든지 설명되는 건데 굳이 분단체제론을 끌어들일 필요가 있는가 하는 지점이라거나, 또 어떤 대목은 다른 사람들이 달리 설명하려고 하는데 분단체제에 대한 인식이 빠져 있기 때문에 설명이 불충분하다든가, 이런 걸 짚어보는 것이 우리가 해내야 할 공부인 것 같습니다.

그리고 읽기자료들이 들어 있는 이 책 『변혁적 중도론』에 나온 글들은, 뭐 다 그런 건 아니지만, 우리 학계 풍토에서는 굉장히 솔직하게 실명을 거론해가면서 비판을 많이 했어요. 나 자신도 그랬고, 유재건 교수의 글도 그렇고, 또 이승환 같은 분의 글을 봐도 그렇죠. 내게 찬동해서 거명된 것 빼고 다소간의 비판을 한 이름들을 열거해봤는데, 흔히 하는 말로 기라성 같은 분들이죠. 강정구, 김세균, 정대화, 이종오, 김동춘, 권혁범, 송주명, 임지현, 남구현, 민경우, 최장집, 구갑우, 이대훈. 이런 이들이 각기 정도가 다르고 내용이 다르게 비판의 대상이 되었습니다. 그러니까 이런 것은 읽는 사람이 그럼 누가 더 옳은가, 내 생각은 어느 편인가 하는 것을 점검하기에 참 좋은 자료죠. 이런 자료를 좀더 활용하셨으면 좋겠다는 얘기고요.

그다음에 이건 약간 '거룩한 말'처럼 들리겠지만, 공부라는 건 서로 배우고 가르치는 과정이기 때문에 공부하는 사람들 간에는 갑을 관계가 없습니다. 첫 시간에 발제자 한분이 '내가 갑이다' 그랬는데 그건 반 농담으로 하신 말씀이고, 또 하나는 지금 우리나라 학교에서 교사 노릇 하면서는 교사가 갑이고 학생이 을이니, 그걸 뒤집어서 말씀을 해보신 건데요. 그런데 우리 교육이 잘못돼서 그렇지 사실은 서로 배우고 서로 가르치기 때문에 갑을관계가 없는 게 진짜 공부라고 봐요. 여러분도 발언하실 때 굳이 '내가 을이다'라고 생각하실 필요도 없지만, 내가 누구한테 갑질하는 건 아닌가 이것도 한번 생각을 해보시기 바랍니다. 그러니까 배우려고는 하지 않고 가르치려고만 하는 것이 꼰대질이고 갑질이죠.

하지만 혼자 알고 남을 가르치지 않는 것도 우리가 청기와장수 심보라고 하는 건데, 우리 전통에는 '학불염(學不厭) 교불권(敎不倦)'이라는 말이 있죠. 배우기를 싫어하지 않고 가르치기를 게을리하지 않는다는 뜻입니다. 이 말은 맹자의 말씀에서 어조사 하나씩만 빠진 건데, 맹자의 출처는 공자입니다. 공자의 『논어』 「술이(述而)」 편에 원문이 이렇게 되어 있습니다. "묵이지지(默而識之), 학이불염(學而不厭), 회인불권(誨人不倦)." 그러니까 공자가 내가 자랑할 수 있는 게 있다면 나는 '배우기를 싫어하지 않고 가르치기를 게을리하지 않는다'라고 한 말씀인데, 그중 뒤에 두 구절 '학이불염'이 학불염(學不厭)이 됐고, '회인불권'을 교불권(敎不倦)으로 보통 씁니다. 제가 서울대학교 문리대 있을 때도 동숭동 문리대 교수휴게실에 걸려 있는 액자가 '학불염, 교불권'이었어요. 우리 동양에서 공부하는 사람들의 이상이랄까 지표가 그런 것이었는데, 『논어』 「술이」 편의 원문에서 빠진 그 첫번째 구절도 좀 음미할 필요가 있지 않나 싶습니다. 묵이지지(默而識之), '識'은 식이라고 읽으면 알 '식', 지로 읽으면 기록할 '지'가 되죠. 흔히 '표식'이라고 하면서 '식'으로 읽는데 그건 잘못된 것이고요, '도로표지판' 할 때처럼 그 경우에는 '식'이 아니고 '지'로 읽는 게 옳아요. 그런데 제가 임형택 선생한테 여쭤봤더니 '묵이지지'라고 보통 읽지만 어떻게 보면 '식'도 맞을 것 같다고 하셨어요. 무엇을 가르치고 배우기 이전에 혼자 스스로 조용히 '지지'라고 하면 뭘 마음에 새기는 것이고, '식지' 그러면 혼자 아는 것인데, 그냥 지식 이전에 자기 마음을 비우는 거죠. 그래서 묵이지지, 곧 '잠잠히 마음속에 새김'은 나를 앞세우기보다 인식의 대상을 향해 마음을 여는 마음공부에 해당한다고 봅니다.

이제 여러 사람의 글을 좀 특정해가면서 읽고 비판하고 검증하십사 하고 여러분께 주문하는 김에, 이번 들머리 발언에서는 내 식으로 그런 개별적 읽기를 한번 해보겠습니다.

다른 차원의 '중도' 개념

『변혁적 중도론』에서 정현곤씨 글은 책의 '서장'이죠, '엮은이의 말' 같은. 본격적인 논문은 아닌데 그래도 이런저런 내용에 논평을 하기도 했습니다. 글 자체를 보면 약간 왔다갔다 한다 그럴까, 혼란스런 면이 없지 않은 것 같아요.

시작하면서 두번째 단락에 "변혁적 중도론은 분단체제를 그 '변혁'의 대상으로 한다."(7면) 이건 내가 늘 강조하는 중요한 지적입니다. 왜냐하면 변혁과 중도는 같은 차원에 넣으면 상충하는 것이고 그걸 끌어 붙이는 것은 일종의 말장난이 되는 거지만, 변혁과 중도가 적용되는 차원이 다르기 때문에 그것이 모순되지 아니한다, 이게 제가 지난번에도 말씀드린 건데, 그걸 잘 특정해줬어요. 이렇게 첫밭에 못박은 것이 좋은 출발인데, 다음 단락에 가면 이런 말이 나옵니다. "분단체제에 입각한 실천노선으로서의 변혁적 중도주의는 남한사회의 관점을 채택하게 된다"(8면). 남한사회의 관점을 채택한다는 말이 참 모호한 말이죠. 그러니까 틀린 말이라고 할 수는 없지만, 혼란을 자초하는 면이 있습니다.

이것을 내 식으로 바꿔서 더 엄밀하게 말한다면, "분단체제론에 입각한 실천노선으로서의 변혁적 중도주의는 한반도 체제의 변혁을 위한 남한사회의 중도주의 노선을 채택하게 된다" 이렇게 말하는 게 정확할 것 같은데, 그러지 않다보니까 당장에 3차모임의 발제에서도 "그(정현곤)에 따르면 변혁적 중도주의는 사회의 개혁이 아니라 변혁을 추구"한다는 발언이 나왔지요. 이렇게 말하면 변혁과 개혁이라는 각기 다른 차원에 해당되는 개념들이 다시 뒤섞여버리는 결과가 되고, 그건 일정부분 정현곤씨가 자초했다고도 할 수 있습니다.

또 정현곤씨가 내가 그동안에 쓴 글이나 입장을 정리해서 소개하고자 하는 욕심이 좀 지나쳐서 탐·진·치 이런 말을 엮은이의 말에 끌어넣다가 한 발언자로부터 이런 지적을 받았어요. "자본주의 문제를 천착하지 않고 탐·진·치 극복 같은 철학적·윤리적 차원으로 건너뛰는 게 아닌가 싶다."

내가 정현곤씨의 글을 다시 읽어보니까 그런 말을 들을 소지가 약간 있더라고요. 이 책의 제목인 '변혁적 중도'라는 말을 정현곤씨가 주로 쓰는데, 책 제목이라는 건 원래 너무 길지 않고 뭔가 더 독자들을 끄는 맛이 있어야 되기 때문에 '변혁적 중도주의론'이라고 하는 것보다 '변혁적 중도론'이 더 좋습니다. 그런데 사실은 우리가 무슨 정치노선·실천노선을 얘기할 때는 대개 '주의'라는 말을 넣죠. 그래서 나는 변혁적 중도주의론이라 하면 실천노선이고, 그게 불교적인 중도하고의 관계는 결코 단순치 않은데, 그 연관을 짓는 것이 그것대로 얻는 바가 있다고 생각해서 그 연결을 시도하기도 했습니다. 그런데 정치노선으로서의 중도주의와는 차원이 다르죠. 다른 차원의 불교적 중도론을 다소 급격히 끌어들임으로써 비판을 자초한 일면이 있다. 그래서 「2013년체제와 변혁적 중도주의」 제2절(87~91면)*의 좀 더 자세한 논의를 토대로 여러분이 판단해주셨으면 좋겠다는 겁니다. 탐·진·치라는 것하고 자본주의의 연결이 너무 무리한 것인지, 아니면 그렇게 보는 것도 자본주의 세계체제를 이해하는 데 꼭 나쁘지는 않다는 판단이 드시는지 말이지요.

백낙청 「2013년체제와 변혁적 중도주의」(2012) *

정현곤 엮음 『변혁적 중도론』 87~91면

변혁적 중도주의에 나오는 '중도'는 원래 불교 용어다. 유교에서도 중용지도(中庸之道)의 줄임말로 쓰기는 하고, '중용'의 개념도 크게 다른 것은 아니라 본다. 어쨌든 유(有)와 무(無)의 두 극단을 아울러 넘어선 공(空)의 경지가 중도인데, 물론 공 자체에도 집착하지 말아야 참된 중도가 된다. 공을 깨쳤답시고 아무 데나 '공'을 들이대는 태도는 '공'에 대한 또 하나의 집착이며 진정한 중도가 못 되는 것이다. 이런 태도를 유식불교(唯識佛敎)에서는 '악취공(惡取空)'이라 규정하고, 그런 부류를 '악취공자(惡取空者)'라 부른다고 한다. 다시 말해 중도는 진리가 텅 비었음을 설파하면서도 자기에 대한 집착은 그대로 안고 있는 것(我有法空)이 아니라 나와 법이 다 빈(我法兩空) 자리로서, 일상생활에서 탐(貪)·진(瞋)·치(癡)를 여의는 수행 및 현실 속의 보살행을 떠난 '공 타령'과는 무관한 것이다.

'공'이 아닌 탐·진·치 여의기를 말하더라도 구체적인 정치·사회 현실과 동떨어진 초역사적 과제를 설정한다는 혐의는 여전하다. 사실 욕심내는 마음과 성내고 미워하는 마음 그리고 어리석은 마음 등 삼독심(三毒心)은 모든 인간, 아니 모든 중생이 안고 있는 문제로서 이를 제거하는 공부는 어느 시대에나 어렵다. 그 점을 인정하면서도, 우리가 속한 자본주의 세계체제에서는 그것들이 체제 운영의 원리가 되어 있다는 사실을 통찰하는 것이 중요하다. 이에 대해서는 「통일시대·마음공부·삼동윤리」에서도 언급한 바 있지만(『어디가 중도며 어째서 변혁인가』 294~96면), 여기서 잠시 부연하고자 한다.

탐심(貪心)으로 말하면, 자본주의가 인간의 탐욕을 긍정하고 이를 사회

발전의 동력으로 삼고 있음은 누구나 인정한다. 이때 개인적 차원에서는 탐욕스럽다고 보기 힘든 기업가도 얼마든지 있으나 '이윤의 무한추구'라는 체제원리를 경시하고 성공하는 경우는 소수의 예외에 머물기 마련이라는 점이 중요하다. 아니, 개인 차원의 금욕과 자기희생마저 '성공'의 도구, 곧 탐심에 의한 체제 운영에 복무하는 방편이 되는 체제인 것이다.

진심(瞋心) 곧 성내고 미워하는 마음으로 말하더라도, 끊임없이 경쟁자들을 도태시켜야 자기가 살아남는 것이 자본주의의 작동원리다. 물론 살벌한 경쟁이 발전을 자극하기는 하고 실제로 자본주의의 엄청난 성취가 그에 기인하기도 한다. 그러나 이는 놀이나 운동경기 또는 학문과 예술에서와 같은 ── 물론 이들 활동도 자본주의의 발달과 더불어 승자독식의 경향이 강화되게 마련이지만 ── '선의의 경쟁'과는 본질적으로 다르다. 심지어 아무런 개인적 증오심 없이도 남을 꺾어야 하고 내게 돌아오는 이익이 없으면 꺾인 이들을 거들떠보지 말아야 하는 것이 체제의 원리인지라, 용서와 나눔, 보살핌 같은 마음작용은 그 자체가 경쟁에서 승리의 도구가 되지 않는 한 예외적으로만 살아남는다.

치심(癡心)과 관련해서는 자본주의 이외의 '대안이 없다'(TINA, There Is No Alternative)라는 명제야말로 어리석음의 극치에 해당한다고 같은 글에서 말했지만(『어디가 중도며 어째서 변혁인가』 295~96면), 이데올로기의 지배가 이렇게 전면화되는 것이 자본주의시대 어리석음의 핵심이다. 하기는 인류역사의 사회치고 그 나름의 이데올로기에 지배되지 않은 예가 없었고, 적어도 과학의 발달과 지식의 보급 면에서 자본주의 근대가 역사상 가장 계몽된 시대라는 반론도 가능하다. 하지만 문제는 개개인이 얼마나 똑똑해졌느냐가 아니라, 바로 '계몽'과 '과학'의 이름으로 과학적 지식이 아닌 참 깨달음의 가능성 자체가 부인되는 것이 근대적 지식구조의 특징이라는 점이다. 불교에서는 지혜의 광명에서 소외된 중생의 경지를 '무명(無明)'이라고 하는데, 이런 '무명의 구조화'가 과학적 진실마저 이데올로기로 만드는 것이 자본주의시대이다.

자본주의 일반의 이런 현상은 분단체제의 매개를 거칠 때 더욱 심각하고 저열한 형태로 나타난다. 가장 눈에 띄는 것이 아마도 성냄과 미워함의 위력이지 싶다. 분단된 상대방에 대한 증오가 오히려 사상적 건전성의 담보가 되고, 사회적 약자와 소수자에 대한 배려마저 배척의 대상이 되기 일쑤다. 툭하면 나오는 '친북좌파' 타령이 그런 것이다. 게다가 불우한 이웃에게 남는 양식을 퍼담아주는 일은 우리 민족 전래의 아름다운 풍속이건만, 북녘의 굶주리는 어린이와 동포들에 대한 인도적 지원조차 '퍼주기'라는 딱지를 붙여 가차없는 공격의 대상으로 삼곤 한다.

이런 상황에서 탐심의 작동은 거칠 것이 없어진다. 자본주의의 구조화된 탐심에 대한 민주적 견제장치로서 선진국에서는 상식화된 것들조차 사회주의 또는 공산주의로 매도되기 일쑤고, 개인적 탐욕의 적나라한 발동은 '자유민주주의'와 '시장경제'의 이름으로 옹호된다. 오늘의 한국이 세계적인 경제대국의 반열에 오르고도 천민자본주의의 딱지를 떼지 못하는 이유이기도 하다.

동시에, 자본주의 세계체제보다 역사가 훨씬 짧고 성격이 특수한 분단체제마저 그것 외에는 대안이 없는, 마치 자연스럽게 주어진 생활환경인 듯 여기는 치심이 만연해 있다. 한편으로 분단체제가 그 나름의 지구력이 있고 자칫 폭발할 위험이 상존하는 현실인데도 남쪽 사회의 집단적 탐욕과 증오심을 발동하여 휴전선을 멋대로 폐기할 수 있는 것처럼 생각하는 것 또한 '무명'의 위력을 보여준다.

이러한 독심들의 위세는 북녘에서 또 그곳 특유의 탐·진·치가 기승을 부리고 있기 때문에 더욱 이겨내기 힘들다. 분단된 쌍방의 상호의존적 적대관계와 이에 따른 분단체제의 자기재생산 능력이 바로 그런 데서 나오는 것이다. 예컨대 북측 당국의 적대적·호전적 발언과 때때로 이루어지는 도발적 행위는 남쪽 사회에서 증오심의 위세를 끊임없이 북돋는다. 심지어 이른바 도발행위의 증거가 박약한 경우에도 '북의 체제는 나쁘다, 따라서 모든 나쁜 행동은 북의 소행이다'라는 논리 아닌 논리의 도움으로 쉽게 넘어간다. 이것이 '미 제국주의와 남조선의 친미사대주의자들은 나쁘다, 따라서 우리의 모든 불행은 그들 탓이다'라는 북녘 특유의 치심과 상보관계에 있음은 더 말할 나위 없다.

그러므로 마음공부가 순조롭기 위해서도 탐·진·치의 위세를 보장하고 키워주는 분단체제부터 타파해야 한다. '변혁적 중도주의'의 변혁대상이 분단체제인 것도 그 때문이다.

여기서 불필요한 혼란을 막기 위해 '중도' '중도주의' '변혁적 중도주의' 등 개념들의 상호관계를 잠시 정리해보는 것이 좋을지 모르겠다. 정치노선으로 흔히 표방되는 중도주의 내지 중도노선·중간노선은 불교적 중도와 전혀 다른 차원의 개념이고 내용상으로도 거리가 멀다. 다만 그것이 '변혁적 중도주의'가 될 때에는, 현실정치의 노선임에도 불구하고 원래의 중도에 다시 가까워지는 것이다. 중도의 '공'이 '악취공'이 되지 않으려면 지금 이곳에서의 탐·진·치 극복작업과 결합해야 하는데, 오늘날 한반도의 경우 그러한 마음공부는 분단체제의 변혁을 지향하는 정치적 실천을 수반할 수밖에 없기 때문이다.

남북연합은 어떻게 가능한가

그다음에 남북연합 이야기를 여러 사람의 글이 언급하고 있고 또 지난번 토론에서 많이 거론된 것으로 아는데, 발제 중 '연합제가 그나마 실현가능한 통일방안일 수는 있다. 한데 북한체제를 인정하면서 통일을 하자는 주장이 현재의 남한 사람들에게 광범위한 지지를 받기는 힘들 것으로 보인다'라는 내용이 있습니다. 그런데 나는 지난번 2회차 들머리발언에서 "남한 다수 시민들의 지지나 대중적 설득력을 판단기준으로 삼아서는 이론적 판단이 불가능하다"라는 얘기를 했지요. 더구나 그게 '그나마 실현가능한' 방안이라면 그것만이라도 실천해볼 생각을 해야지, 처음부터 '될까요?' '뭐 안 될걸요' 이렇게 말하는 것은 온당한 접근법이 아닌 것 같아요. 저번 시간에 이미 얘기했는데, 그런 나의 지적이 잘 안 먹힌 것 같습니다.(웃음) 물론 여론의 동향에 대한 그때그때의 판단은 '구체적 현실에 대한 구체적 분석', 저번에 얘기했듯이 레닌의 유명한 표현입니다만, 이것은 우리가 레닌주의자가 아니라도 새겨둘 만한 발언이죠. 구체적 상황을 구체적으로 분석하다보면 '그럼 현재 여론의 동향은 어떤가' 이것도 알아야 되는데, 그건 공부인(工夫人)으로서, 우리가 진리탐구를 한다는 사람으로서 감안할 하나의 요인이고, 그 이상으로 그걸 갖고 계산하는 것은 정부 당국자나 정당 전략통의 몫이지 공부인의 몫은 아니라고 생각합니다.

'변혁적 중도주의'를 선거구호로 내세울 일이 아니라는 것은 자타가 공인하지만 누가 이걸 선거구호로 내세운다거나, 이걸 가지고 당장에 현실정치에서 뭘 해보겠다고 할 때는 "아, 당신이 여론을 잘 몰라서 그러는데, 안 될 거요"라는 말이 타당한 비판이지만, 원래 그런 차원의 얘기가 아니었지요. 그뿐만이 아니라 정현곤씨는 끝에 가서 상당히 의미심장한 물음을 던집니다. "변혁적 중도주의라는 것은 그 것이 무엇으로 표현되든지 간에"——꼭 변혁적 중도주의라고 우리 가 부르지 않더라도 말이지요——"현실에서는 움직이고 있는 실체이 다." 그렇게 말합니다. 그래서 "그렇다면, 대중들은 그 속에 있는데 전략가만 모르는 것이 아닌가"(30면)라고 하죠. 전략가, 또 이론가도 포함될 수 있죠. 그와 관련해서는 발언자7이 "중도=민주당이라기 보다 중도=촛불시민으로 볼 수 있다"고 한 주장도 참고가 될 듯합 니다. 「큰 적공, 큰 전환을 위하여」(2014) 56면을 보면, 나 자신도 변혁 적 중도주의를 구호로 들고 나가서 '장사'를 할 건 아니지만, 이건 촛 불혁명 이전에 쓴 이야기로 촛불 이후에 더욱 그렇게 됐다고 보는데, 이미 우리 국민들이 아직 변혁적 중도주의를 하겠다 이런 건 아니지 만 변혁적 중도주의 아닌 것을 들고 나온 데 대해서는 굉장히 냉담한 반응을 보인 것 같아요. 그건 아니다 하는 것을 국민들이 벌써 몇년 전부터 직관적으로 느끼고 있었고, 촛불혁명을 경과하면서 더욱 분 명해졌다고 봅니다. 그러니까 사실 이런 걸 모아내는 게 이론가의 책 임이고, 연구자의 책임이고, 전략가의 책임이겠죠.

한반도는 유일하게 남은 냉전의 고도?

그다음 유재건 교수의 「한반도 분단체제의 독특성과 6·15시대」 (2006)라는 글인데, 이건 나온 지가 10년 이상 된 글이에요. 이런 경우 에 우선 한가지 공부거리가 되는 것은 10년이 지나면서 어떠어떠한 결함이 드러났다거나, 또는 그럼에도 불구하고 유효한 논지가 있는

가. 결함만 드러나고 유효한 논지가 없는 글이라면 그런 걸 책에 실은 엮은이가 잘못한 거죠.(웃음) 그런데 그렇지 않다고 하면, 이런 것을 가려보는 것도 공부의 일부인 것 같습니다.

유재건은 우리가 '냉전'에 대한 기존의 통념에서 벗어나면 "한반도 분단체제는 냉전의 낡은 유물이 아니라 그 본질적 면모를 고스란히 구현하고 있는 체제"이며 "후진성의 징표가 아니라 오히려 유럽 냉전의 해체로 그 존재이유가 더욱 뚜렷해진 것일 수도 있다."라고 합니다(115~16면). 분단체제가 그렇다는 거죠. 흔히 한반도 분단이 세계 냉전의 유일한 잔재라든가, 우리가 '냉전의 고도(孤島)'로 남아 있다는 이야기를 하는데, 그런 냉전관하고 유재건이 얘기하는 냉전관은 본질적으로 다른 겁니다. 그래서 "분단체제의 극복으로 이해된 통일은 세계적 차원의 억압체제에 대한 일대 타격이자 자본주의 세계체제의 지배세력과의 싸움의 일환"(120면)일 가능성을 제시합니다. 이는 충분히 숙고할 주장이고, 그것이 사실이라면 우리의 많은 고정관념을 깨주는 주장인데, 우리가 뭔가를 비판할 때 남의 말을 정확하게 인용해서 비판하지 않고 살짝 바꿔서 비판하기 편하게 만드는 경향이 있어요. 가령 발제에서도 "한반도의 긴장 완화가 미국 중심의 세계질서에 치명타를 입힐 것이라고는 생각하기 어렵"다고 했는데 유재건씨가 '치명타'라고는 안 했잖아요. 또는 "미국 중심의 세계질서를 타파하기 위한 가장 효과적인 전술"이 맞냐는 의문에 대해서도, '가장' 효과적이라고 하면 여러가지 효과적인 전술 중에서 그게 최고라는 이야기인데, 원문에서 그런 얘기는 안 나왔고요. 또 한반도에 사는 사람 입장에서는 그런 세계사적인 의의도 있다는 걸 알면 됐지, 그게 세계에서 **가장** 효과적인 전술인지 아닌지는 큰 문제가 아닌 것 같아요.

유재건은 이런 얘기도 합니다. "오늘의 세계 상황은 미국 패권의 쇠락이 다른 패권국가의 등장으로 이어질 가능성이 보이지 않는 가운데 미국 패권의 안정기에 고착된 정치적·경제적·이데올로기적 지배구조에 균열이 나타나고 있는 시점"(126면)이라고요. 이것은 가령 과거에 네덜란드의 헤게모니가 끝나면서 영국 헤게모니 시대가 열렸고, 영국의 헤게모니가 쇠퇴하면서 독일하고 미국이 각축을 하다가 미국이 영국의 헤게모니를 계승했는데, 그런 식으로 중국이 그다음 타자냐, 또는 중국이 언제 패권국이 될 거냐, 그 과정에서 전쟁이 일어날 거냐 하는 식으로 생각하는 것과는 기본적으로 다른 발상입니다. 그러니까 자본주의 세계체제라는 것이 그동안에는 그래도 어느정도 질서정연한 패권국가의 교체를 통해서 수백년간 유지돼왔는데 이제는 그런 것을 기대하기 어려운 시대에 왔다, 어떻게 보면 더 혼란스러운 시대가 왔다고도 할 수 있는 거죠.

그런데 유재건씨가 이 얘기를 한 게 10여년 전인데, 중국이라는 나라가 지금처럼 G2다 어쩌고 할 만큼 떠오르기 전에 한 얘기인데, 중국의 국력이 엄청나게 커진 시점에도 이런 상황인식이 유효한 것인지, 그리고 "중국과 미국을 경쟁하는 제국주의적 열강"으로 간주하는 관점은 유재건 식의 그러한 거시적 판단과 어떻게 연결되는지, 단순히 한국이 중국과 미국 가운데 어느 쪽과 얼마만큼 더 친할까라는 논의에 머무는 것은 유재건의 문제의식과는 동떨어지는 것 같습니다. 더욱이나 발제에서 "지난 10년간 한국의 반중정서는 심화"됐다, "제 세대에게 중국은 천박한 문화·정치적 수준을 가지고 주변국들에 야만적 폭력을 행사하는 골목대장 정도의 이미지로 남아" 있다는 식의 반론은 논의의 차원이 좀 안 맞는 것 같아요. 진단 자체가 얼마나 정확한지도 따로 검토해볼 일이죠. 그리고 중국에 대한 인식도 시시

각각으로 변합니다. 만약 사드 문제에 대한 보복이 풀리면 골목대장 이미지에도 많은 변화가 올 수 있는 거니까요. 여론에 대한 진단이 맞냐 틀리냐 하는 문제도 있지만, 내가 거듭 얘기하지만 여론의 동향 으로 판단할 문제가 있고, 또다른 차원에서 판단할 담론 차원의 문제 가 있다는 것을 우리가 공부할 필요가 있습니다.

분단체제와 87년체제의 관계

그다음에 김종엽씨의 글인데, 비교적 최근의 글입니다. 2012년의 양대 선거를 겪은 뒤에 그는 "총선 패배, 그리고 이어진 대선 패배는 많은 이들의 인지적 배경을 87년체제로부터 분단체제로 옮겨놓았 다"(135면)라고 했습니다. 이 말은 그전까지 87년체제 중심으로만 생 각해온 사람들이 2012년 선거에 패배하고 나서는 '아, 분단체제라는 것도 있구나', 다시 말해서 현상을 설명하는 데 분단체제라는 개념 이 빠지면 부족하구나 하는 인식을 갖게 됐다는 주장이에요. 그래서 "우리가 처한 상황(을) (…) 제대로 파악하기 위해서는 분단체제와 87년체제라는 이중의 틀을 통해 사태를 파악할 필요가 있다. 즉 분단 체제가 87년체제 속에서 관철되는 방식과 87년체제가 야기한 분단체 제의 구조적 변화를 내적으로 연계해서 사고해야 한다"(137면)고 주 장합니다. 조효제 교수와의 대담에서 내가 그런 얘기를 했었죠. 김종 엽 교수가 원래 87년체제의 두 구성요소로서 하나는 정치적 민주화, 또 하나는 경제적 자유화 이 두가지를 얘기했습니다. 나는 그 87년체 제라는 개념이 참 좋고 김종엽 교수의 분석이 타당한 면이 많은데, 한국사회를 분석하려면 거기에 한가지 요인이 더 들어가야 된다고 했습니다. 남북관계의 발전 여부 말이지요. 사실 6월항쟁의 중요한 동력의 하나가 자주와 통일 주장이었잖아요. 그런 것도 있고, 그후에 남북관계의 발전 또는 후퇴가 정치적 민주화나 경제 자유화에 중요한 변수로 작용하기 때문에 세가지 요소를 놓고 분석해야 된다고 주장했는데, 김교수가 이 글에서는 그런 주장을 상당히 수용한 것 같아요.

결론에서 김종엽은 내가 쓴 「2013년체제와 변혁적 중도주의」*를 원용하면서, 기존의 중요 노선들이 모두 "흔들리는 분단체제가 부과하는 인지적 복잡성을 감당하지 못한다"(157면)는 취지를 전달하고, 취지를 전달한다는 건 그게 나의 취지인데 김종엽씨가 동의해서 소개한 것 같아요, 그러고서 이렇게 말합니다. "변혁적 중도주의가 어떤 용도를 갖는다면, 우선 앞의 네가지 노선"──사실 그 글을 읽어보신 분은 알겠지만, 나는 여섯가지를 번호까지 붙여서 1번, 2번, 3번, 4번, 5번, 6번 했는데, 김교수 보기에 2번, 3번은 노선도 아니고, 말하자면 전쟁불사니 뭐뭐 하는 거죠. 그래서 1번, 4번, 5번, 6번이 의미있는 노선이라고 생각해서 네가지만 거론했는데──"그리고 그것과 연계된 사회운동세력 및 정치집단들이 각자의 맹점을 정정하고 서로의 과제를 연계하며 협동할 수 있는 인지적 틀 형성에 기여하는 데 있을 것이다"(157면)라고 평가를 해주었습니다. 김교수는 고맙게도 그 대목에서 나한테 동조를 해주었는데, 여러분이 동조할지 말지는 각자가 대조해보셔야죠. 그런데 기존의 노선을 1번부터 6번까지 쫙 늘어놓고 하나하나 이렇게 쳐내가니까, 어떤 이들은 그렇게 이놈 자르고 저놈 자르고 그러면 누구하고 변혁적 중도주의를 하겠다는 거냐 이렇게 반문한 분이 예전에도 있었고, 이 모임에서도 아마 그런 정서가 표현된 적이 있는 것 같아요. 그런데 「큰 적공, 큰 전환을 위하여」57면에서 내가 해명을 시도했습니다만, 내가 쳐내는 것은 광범위한 중도세력을 형성하는 데 방해가 되는 단순노선들이지 사람이 아니다, 말하자면 제대로 된 통합을 하는 데 도움이 안 되는 노선을 하나씩 하나씩 제거하면서 변혁적 중도주의가 이런 과제를 달성할 수 있는 것이라고 주장한 거니까, 1·2·3·4·5·6 **노선**을 하나씩 배제했다고 해서 그런 주장을 하는 **사람들**을 제거한 거라고 볼 일은 아니지요. 다만 그 1·2·3·4·5·6보다 변혁적 중도주의가 더 적당하다는 주장이 맞냐 틀리냐 그건 여러분이 판단해보시기 바랍니다.

백낙청 「2013년체제와 변혁적 중도주의」(2012) •

정현곤 엮음 『변혁적 중도론』 92~93면

그러면 변혁적 중도주의의 구체적 내용은 무엇인가? 이 질문에 대한 답을 찾는 방식도 『중론』에서 빌려옴직하다. 곧, 무엇이 '공'이며 '중도'인지 그 내용을 직접 일러주려 하기보다 무엇이 아닌지를 깨우쳐나감으로써 중도에 이르는 방법이다. 변혁적 중도주의 역시 우리 주변에서 흔히 만나는 이념과 어떻게 다른지를 밝혀가다보면 저절로 그 길이 보이지 않을까 한다.

1) '변혁적' 중도주의기에 '변혁'이 빠진 개혁노선 내지 중도노선과 다르다. 변혁이라도 그 대상은 분단체제이므로 국내정치에서의 개혁노선과 얼마든 양립 가능하다. 다만 분단체제의 근본적 변화에 무관심한 개혁주의로는 변혁적 중도주의라는 '중도'에 이르지 못한다.

2) 변혁이되 전쟁에 의존하는 변혁은 배제된다. '변혁'이라는 낱말 자체는 전쟁, 혁명 등 온갖 방식에 의한 근본적 변화를 포괄하지만, 오늘날

한반도의 현실에서 그런 극단적 방법은 불가능하다. 그래서 변혁적 '중도주의'인 것이다.

3) 변혁을 목표로 하되 북한만의 변혁을 요구하는 것도 변혁적 중도주의가 아니다. 남한도 변하고 한반도 전체가 같이 변하지 않으면서 북측만 변하기를 기대하는 것은 비현실적일뿐더러, 남한사회 소수층의 기득권 수호에 치우친 노선이지 중도주의가 아닌 것이다.

4) 북한은 어차피 기대할 게 없으니 남한만의 독자적 혁명이나 변혁에 치중하자는 노선도 변혁적 중도주의가 아니다. 이는 분단체제의 존재를 무시한 비현실적 급진노선이며, 때로는 수구보수세력의 반북주의에 실질적으로 동조하는 결과가 되기도 한다.

5) 그렇다고 변혁을 '민족해방'으로 단순화하는 노선도 분단체제 극복론과는 다르다. 이 또한 분단체제와 세계체제의 실상을 무시한 비현실적 급진노선으로서, 수구세력의 입지를 강화해주기 일쑤다.

6) 세계평화, 생태친화적 사회로의 전환 등 전지구적 의제를 추구하며 일상적인 실행 또한 게을리하지 않더라도, 전지구적 기획과 국지적 실천을 매개하는 분단체제 극복운동에 대한 인식이 결여되었다면 변혁적 중도주의와는 거리가 있으며, 현실적으로도 소수파의 한계를 넘어서기 힘들다.

김종엽씨는, 사실은 촛불혁명 후에 여러 사람이 제기한 문제인데, 87년체제의 한계로 '권위주의적 발전주의체제'인 '박정희체제'가 여전히 관철되고 있음을 지적하고 "박정희체제의 시도는 분단체제하 남한의 발전주의"(148면)라고 규정하기도 합니다. 이는 촛불혁명 과정에서 더욱 중요해진 논의인데, 제가 쓴 『창작과비평』 2017년 봄호의 글 「'촛불'의 새세상 만들기와 남북관계」 제3절이 "'박정희 모델' 넘어서기'라고 되어 있습니다. 그 논의도 참고해서 한번 대조해보시기 바랍니다.

3부의 읽기자료로 제시한 글 중에 김종엽의 저서 『87년체제와 분단체제』는 촛불항쟁을 직접 다룬 유일한 경우입니다. 그런데 이것을 방금 얘기한 저의 「'촛불'의 새세상 만들기와 남북관계」 논의나 2017년 9월 13일자 창비주간논평 「'촛불'이 한반도 평화를 만들어낼까」라는 글도 촛불에 관한 건데, 그런 것들과 한번 대조해보세요. 김종엽 교수가 나하고 여러 면에서 많이 동조하고 설명도 해주지만, 또 어떤 대목에서는 나하고 생각이 꽤 다릅니다. 그런 걸 한번 짚어보면 재미있을 것 같아요.

시민참여형 통일의 본질

마지막으로 이승환의 「분단체제 변혁의 전략적 설계를 위하여」, 이승환은 통일담론의 계보에서 6·15공동선언 제2항의 선행단계로서 1988년 문익환·허담의 4·2남북공동성명을 지목하고, 그러니까 이것은 그동안의 북의 연방제 통일론을 수정하도록 만든 최초의 문건이랄 수 있는데, 다시 말해 연방제 통일을 한꺼번에 할 수도 있고 단계적으로 할 수 있다 하는 것으로, 처음으로 단계적인 합의통일의 가능성을 김일성이 받아들이게 만든 계기로 보는 거지요. 그리고 분단체제론 및 변혁적 중도주의론을 그 연장선상에서 자리매김합니다. 나도 그 점에 대해 동의하는데, 배포해드린 문건에서 한마디 덧붙인 것은 더 거슬러 올라가면 해방 직후의 몽양 여운형 선생, 뭐 몽양뿐 아니고 김규식이라든가 몇몇 분들의 좌우합작운동이 있었잖아요. 그러다가 대한민국 수립 이후에는 이승만의 북진통일론이 공식 노선이 되는데, 그것에 반대해서 평화통일을 주장하다 사법살인을 당한 조봉암 같은 흐름도 있었다는 겁니다. 통일과 관련해서 물론 공산당이나 북쪽을 편들다가 희생된 사람들이 많지만 중도적 평화통일을 추구한 별개의 흐름이 있었고, 돌이켜보면 그게 정말 핏자국이 선연한 전통입니다. 그러니까 이제 와서 우리가 함부로 '통일은 이제 그만두고 평화운동이나 하자' 이렇게 얘기하는 것은 그런 전통을 너무 무시하는 거라는 생각이 들어요.

이승환씨의 글에서 평화국가론과 한반도식 통일론을 대비한 게 제3절인데, 최근 김상준 교수 등이 '한반도 양국체제론'을 '분단체제론'의 대안으로 제기하는 현 시점에서… 양국체제론이라면 남과 북이 각기 별개의 국가로서 평화롭게 공존하면서 살아야지 분단체제 극복 그러면서 통일을 얘기해봤자 전혀 평화에 도움이 안 된다는 논리예요. 남북이 두 국가로 평화롭게 따로 살면 되지 않느냐는 거지요. 사실은 갑자기 나온 이야기가 아니고, 이승환씨가 비판한 참여연대의 평화국가론이라든가 최장집 교수의 논의가 다 그 흐름의 앞에 있습니다. 어쨌건 요즘에 이게 또 새로운 이름을 달고 나오는데, 이 시점에서 이승환의 논의가 새삼 음미할 가치가 있는 것 같습니다. 이와 관련해서 이일영 교수의 칼럼 「'양국체제'는 실현가능한가」(『경향신문』 2017.12.14)를 참조할 필요가 있는데, 이 칼럼은 양국체제론을 주장하는 칼럼은 아니고 오히려 그 문제의식은 분단체제론에 더 가까운 것 같습니다.

이승환은 평화국가론이 "평화의 문제를 국가의 문제, 특히 '안보국가의 해체'라는 근본문제로 제기했다는 점"(210면)을 평가하지만,

"어떻게 안보국가를 통제, 해체할 수 있는가"(212면)라는 결정적 물음에 답을 못 준다고 비판합니다. 이승환이 안보국가를 남북이 공유하는 문제로 설정하는 점도 돋보입니다. 흔히 안보국가를 말하는 사람들이 남한만 가지고 얘기를 하는데, 남한과 북한이 다 안보국가이고, 또 그 점에서 상부상조하는 면이 없지 않죠. 그래서 3절 이하는 이 문제를 "분단체제론을 동원하지 않고도 설명"하려는 각종 사례가 어째서 분단체제론만큼의 설명력도 못 갖는지를 논증하려는 시도인 셈입니다.

"안보국가에 대한 시민 통제의 필요성을 증명하는 상징적 사건이 바로 세월호참사이다"(213면)라는 이승환의 주장의 경우, 세월호 침몰사고가 안보국가라서 일어났다고 말했다면 이것은 안보국가론의 '너무 거친' 적용이고 견강부회가 되겠죠. 그러나 그냥 사건사고가 아니고 '참사'가 된 세월호**사건**이 "시민 통제의 필요성을 증명하는 상징적 사건"이라고 말하는 것은 나는 큰 무리가 없다고 봐요.

남북연합과 관련된 북한 측의 반응이나 현실적 처지를 감안해야 함은 당연합니다. 이때 흔히 제기되는 질문이 핵무장 등 북의 강경노선이 있고, 또 저번 모임 때도 언급했지만 북측의 '시민사회의 부재,' 시민사회가 없는데 무슨 시민참여형 통일이 가능하냐 이런 것이 있고요. 또 북의 인권상황 같은 문제들이 제기됩니다. 그런데 이승환은 핵문제야말로 남북연합의 필요성을 일깨우는 사안으로 봅니다. 인용하면 "아무리 느슨하다 하더라도 남북의 국가연합 같은 안보국가 규율의 장치(안보국가를 규율하는 장치), 즉 평화공존을 규율해나갈 장치의 마련 없이는 북한이 비핵화에 나서기 어려울 것"(219면)이라는 겁니다. 이건 저도 주장해온 바입니다.

그다음에 시민사회의 부재도 이승환은 오히려 남북연합의 필요성을 더 부각시킨다고 주장합니다. "제3당사자인 남한 시민사회와 달리"——이 제3당사자라는 말은 내가 만들어낸 말입니다. 남북관계에서 북한 당국, 남한 당국이라는 두 당사자가 있고, 거기에 남한 시민사회라는 제3당사자가 있다는 주장인데요——"북한의 시민사회가 제4당사자로서 적극적 의미에서 북한 안보국가의 통제에 나서지 못하는 상황에서는"——이건 현실적으로 북에 남한 같은 시민사회가 없다는 주장에 동의하는 거죠. 그러나 그럴수록——"남북 사이의 협약체제가 북한 안보국가의 통제에 가장 주요하고 핵심적인 기제가 될 수밖에 없다"(217면) 이렇게 주장합니다. 북한 인권문제를 분단체제론의 관점에서 접근할 필요성은 지난번 들머리발언과 토론과정에서 좀 설명한 바가 있는데, 여러분이 동의할지는 얘기해볼 문제지만, 한 발언자가 말했듯이 인권문제가 그토록 심각한데 북한을 '인정'하다가 '역풍'을 맞을 수 있다거나 "북한정권은 인권문제를 포함하여 여러모로 역사의 '죄인'이라 할 수 있기 때문에 그 체제를 인정하는 일이 장기적으로는 역사의 후과를 받을 수도 있지 않을까" 염려하는 것은 토론의 방향을 잘못 잡은 것이라고 봅니다. 남한이나 미국에는 '역사의 죄'가 없고 남한에서 양민으로 살면 '죄'와 무관한 삶인지를 논증한 뒤에, 북한 당국 같은 '죄인'을 어떤 식으로 '인정'하면 어떤 '역사의 후과'를 받을 수 있는지를 따져봐야 되겠죠.

　나는 북한 인권문제에 대한 일차적인 책임이 평양 당국에 있다는 점은 의심의 여지가 없지만, 지난번에도 말했듯이 그다음 책임자는 미국이라고 봐요. 바로 어제인지 오늘인지 트럼트가 또 그런 소리를 했던데, 북한 당국이 자기 나라 국민을 굶어죽이면서 핵무기 만든다 어쩐다 했는데, 북한 인민들이 조금이라도 먹고살까봐 제재하고, 하여간 굶어죽으라고 최대한으로 압박하는 게 누굽니까? 이런 내 말은 일종의 정견발표처럼 들릴 수도 있습니다만, 사실 나는 이걸 우리 국민들이 하나의 상식으로 공유해야 된다고 봐요. 그러면 역사의 죄인을 꼽을라 치면 북한의 지도자들 외에 트럼프도 꼽아야 되고, 부시도 꼽아야 되고, 오바마도 거기 들어가고, 또 거기에 적극 동조했던 이명박─박근혜도 들어가고, 그다음에 이명박─박근혜를 내가 찍었든 안 찍었든 그 정권하에서 그들을 대통령으로 만든 질서 속에서 살아온 나도 책임이 조금은 있지 않나 돌아보는 게 분단체제론의 아주 중요한 대목이라고 나는 봅니다.

그리고 '시민참여형'이라 해서 남북연합 추진을 당국 없이 할 수 있다는 것이 아니고, 오히려 이승환의 말대로 "시민참여의 통일과정을 수용하고 이를 촉진하는 정부를 만들어내는 것은 시민들의 책무이자 시민참여가 이루어야 할 핵심적인 목표의 하나이기도 하다"(223면). 시민참여형 통일과정이라고 하면 흔히 남북교류에 시민들이 얼마나 참여하느냐 하는 걸로 좁혀서 생각하는데, 그게 아니고 여기 말대로 "시민참여의 통일과정을 수용하고 이를 촉진하는 정부를 만들어내는 것"이 바로 우리 "시민들의 책무이고 시민참여가 이루어야 할 핵심적인 목표의 하나"라고 이승환씨가 주장하고 있는 겁니다. 내가 보기에는 그런 의미로 남한의 촛불혁명은 분단체제 극복을 위한 '시민들의 책무'를 훌륭하게 수행한 꼴입니다. 물론 남북이 국가연합 준비작업을 재개하기까지는 길이 먼데, 북이 지금은 체제유지가 최우선 목표라서 통일 얘기, 남북연합은커녕 대화도 쉽게 안 하려고 하고 있지만, 장기적인 목표로서 적화통일을 이루는 완전통일이 북의 입맛에 제일 맞는 것이겠지만 그건 가망성이 없다고 보고요. 그럴 때 6·15공동선언에서 북쪽에서 제기한 '낮은 단계의 연방제', 그리고 남쪽에서 말하는 연합제가 있는데, 그중에서는 그나마 실현가능한 방안이 연합제일 것 같고, 지금 상황에서 다시 시작한다고 하면 연합제도 '낮은 단계의 연합제'에서 시작하는 것이 맞다는 게 내 생각입니다.

지난번하고 비슷하게 긴 이야기를 했네요.(웃음) 끝으로 한두마디만 더 하겠습니다. 첫 시간부터 공부를 하려면 빡세게 해야 재미가 난다 그랬는데, 지금 절반을 넘어선 시점에서 여러분이 '이 공부는 빡세게 안 하면 제대로 안 되겠구나' 하는 생각이 들었다면 저는 절반의 성공은 거뒀다고 봅니다. 그런데 빡세게 하기 위한 하나의 방법으로 처음에 내가 제기한 것은 뭘 참조하라는 각주가 있으면 그것도 다 찾아보시라고 그랬는데, 그걸 다 찾아보려고 하면 끝이 없을 터이므로 애초의 독서목록에 안 들어간 논저로『어디가 중도며 어째서 변혁인가』라는 2009년의 내 저서를 천거합니다. 변혁적 중도주의에 관해서는 가장 집중된 논의를 담은 책이라고 할 수 있습니다. 그다음에 『2013년체제 만들기』는 책이 처음 나왔을 때는 제목 덕에 좀 팔리다가 '2013년체제 만들기'에 실패했기 때문에 지금은 제목 때문에 더안 팔리는 책이 됐습니다만, 이번 정현곤씨 글이 실린 책의 덧글에서 내가 말했듯이, 이것을 조선시대에 있던 일종의 상소문으로 보면, 그 시절에는 국왕에게 상소문을 올리는데 지금은 주권자가 국민이니까 국민들한테 상소문을 올렸다가 주권자가 안 받아들인 상소문이에요. 그렇다고 해서 옛날의 훌륭한 선비들이 올렸던 상소문이 국왕이 가납(嘉納)하지 않았다고 해서 아무 가치가 없어졌는가, 그렇지는 않죠. 그런데 내가 올린 상소문이 그 정도의 가치를 갖는지 안 갖는지는 여러분이 판단할 일이지만, 제목에도 불구하고 한번 읽어볼 필요는 있을 것 같아요. 특히 그 제2부는 이른바 '포용정책2.0'이라고 해서 남북관계 얘기를 많이 하고 있습니다. 그리고『백낙청 회화록』

6~7권은 여러가지 잡다한 내용이니까 그건 관련성이 깊은 항목들을 읽어보시라고 권장합니다.

마지막으로 첫머리에 했던 '묵이지지'라는 말로 되돌아오는데, 글공부도 마음공부하고 불가분의 관계에 있다, 이런 말을 하면 또 뜬금없이 마음공부를 들먹이는가 이렇게 생각하는 분들도 많지만, 마음공부가 좁은 의미로 참선이나 하는 그런 것이 아니고, 옛날 교과서의 수신(修身), 조행(操行) 이런 게 아니고, 더 넓게 이해하면 사실은 마음공부를 위해서도 일정한 글공부가 있어야 되고, 글공부에서도 마음공부가 된 사람이라야 글을 제대로 볼 수 있는 것 같아요. 남의 글을 또는 남의 말을 알아들으려면 공자님 말씀대로 일단 '묵이지지' 하는, 고요한 마음으로 마음속에 그것을 새기고, 그때부터 지식을 학습하고 학습한 지식을 또 남에게 가르치고 이런 과정이 시작되는데, 이 아카데미 모임이 그런 공부를 하는 자리가 되었으면 하는 바람입니다. 고맙습니다.

분단체제론에 대한 세간의 오해

사회자 네, 지난번에는 한시간을 넘긴 걸로 아는데, 이번에는 한시간이 조금 못 돼서 얘기를 끝내셨습니다. 바로 한두분 질의를 받고 잠간 쉬었다가 서로 질의도 하고 토론하는 식으로 진행할까 합니다. 말씀하신 것 중에서 다른 의견이 있다거나 또는 설명을 더 요구할 게 있으시면 말씀해주시길 바랍니다.

발언자10 북한이 이렇게 가난하고 고립된 나라가 된 것은 대북압박을 끊임없이 해왔던 미국의 책임이 크다, 그것은 우리 국민들이 공유하는 상식이 되어야 한다는 말씀을 하셨는데, 제가 잘 기억이 안 나지만 선생님의 책에 미국의 브루스 커밍스 교수가 서문을 쓴 게 있지요?

백낙청 영어 번역본 말하는 거지요?

발언자10 네, 선생님의 『흔들리는 분단체제』를 영역한 거예요, UC 버클리에서 나온 거죠.● 그 책의 서문으로 제가 기억하는데, 커밍스 교수가 백낙청 교수는 이렇게 한국의 분단체제를 잘 분석하면서도, 미국의 책임 얘기를 많이 하지 않는다는 취지의 얘기를 썼습니다. 그러니까 미국에 책임을 돌리기보다는 우리 내부의 어떤 주체적인 역량의 부족으로 인해서 분단이 되고 전쟁이 나고 참화가 벌어졌던 걸 더 강조한다는 얘기인 것 같았는데, 언뜻 들으면 지금 하신 얘기하고 커밍스 교수의 지적이 모순되는 것처럼 느낄 분들도 있을지 몰라서 그 설명을 좀더 해주시면 좋을 것 같아요.

백낙청 우선 미국의 책임에 대해서, 한국의 분단을 처음 가져온 것은 엄연히 미국의 책임이에요. 미·소의 공동책임이라고 할 수도 있지만, 그건 미국이 주도권을 쥐고 한 거고 소련이 따라온 거죠. 그 점에 대해서는 의문의 여지가 없고요. 그 얘기는 제가 몇번을 했을 겁니다. 그런데 분단체제라는 것을 강조하다보니까, 체제라는 것은 사회

● Paik Nak-chung, *The Division System in Crisis: Essays on Contemporary Korea*, translated by Kim Myung-hwan et al. with the collaboration of the author, with a foreword by Bruce Cumings, University of California Press 2011.

내부에 뿌리를 갖고 재생산능력을 갖는 거 아니에요? 그래야 체제가 되는 거 아닙니까? 그러니까 모든 것이 공산주의자가 나쁘고 북한이 나빠서 그렇다 하는 논리로도 설명이 안 되지만, 미국이 애초에 한반도를 분단시킨데다가 지금도 오로지 미제국주의자들 때문에 통일이 안 되고 있다고 하는 논리에도 비판적인 입장을 취한 거예요. 그러다 보니까 우리 내재적인 원인, 체제로서의 성격을 더 강조하게 된 건데, 커밍스 교수는 미국의 양심적인 지식인으로서 자기 나라 비판하는 것을 자신의 중요한 사명으로 알고 있으니까, 그이만큼 내가 미국 얘기를 많이는 안 하지만, 하여간 미국의 책임에 대한 얘기를 안 한 게 아니지요.

　또 근래에 와서는 내가 좀더 그걸 해야겠다는 생각이 들었는데, 저번에 분단체제론이라는 게 '문학적인 성격'이 있다는 얘기가 나와서, 분단체제가 일종의 텍스트다, 그러니까 분단체제라는 물건덩어리가 있어서 그 절반은 남한이고 그 절반은 북한이고 그런 게 아니고, 여러 세력들이 작동하고 있는 어떤 현상으로 읽어야 하는데 그 메이저플레이어 중 하나는 미국이라는 생각이거든요. 그래도 제일 중요한 양대 세력을 꼽으라 하면 역시 남한하고 북한이죠. 그렇지만 미국은 버금가는 중요한 플레이어라고 생각하는데, 그건 제가 앞으로 좀더 강조해야겠다는 생각이 듭니다.

발언자11 분단체제론을 비판하는 흐름을 보면, 그게 비판일 수도 있고 오해일 수도 있는데, 양 측면에서 얘기를 하는 것 같아요. 분단체제론을 비판하면서 이건 통일지상론이다, 이건 한물간 얘기 아니냐, 이렇게 몰고 가는 논의가 하나 있는 것 같습니다. 또 하나는 분단체제론은 세계체제론의 아류다, 이렇게 비판하는 흐름이 있는 것 같아요. 첫번째 흐름은 별 언급할 바가 없고요. 두번째 흐름은 유재건 선생 글을 읽으면서 생각해볼 수 있을 것 같습니다. 이게 10년 이상 된 글인데, 당시는 그냥 예사롭게 읽고 넘겼는데, 지금 다시 보니 굉장히 새롭고 자극을 주는 점들이 있어요. 분단체제론과 세계체제론이 연계된 부분이 있습니다.

제가 개인적으로 분단체제론과 세계체제론의 연계에 대한 문제의식을 갖게 된 것은 외환위기를 겪으면서입니다. 외환위기를 경제학자들이 예측도 못하고 사후적으로 해석하는 것도 어려워했거든요. 세계 안에서 있으면서, 그 세계적인 계기들에 대해서 굉장히 무관심하고 잘 몰랐던 거죠. 지금도 크게 달라지지 않았다고 보는데요. 지금 핵문제 같은 것들 때문에 경제정책까지도 크게 제약을 받아요. 그런데 이런 중대한 계기들에 시야를 확장해서 생각하려고 하는 노력들이 별로 없다는 생각이 들어요. 저 개인적으로는 유재건 선생 글을 보면서 '이건 10년도 더 전에 쓴 글인데 대단하다'는 생각이 들고, 지금 봐도 상당히 응용할 부분, 음미할 부분이 많다고 생각돼요. 어떤 이들은 분단체제론이 세계체제론을 그냥 베낀 거 아니냐는 식으로도 얘기하는 것 같습니다. 선생님께서는 어떤 계기로 세계체제에 관한 부분들을 사고하셨는지 여쭙고 싶습니다.

백낙청 세계체제론을 그대로 베낀 게 아닌 게, 월러스틴이 세계체제 분석을 여러모로 잘하고 거기서 많이 배우고는 있지만, 이 양반이 한반도에 대해 얘기할 때 보면 전혀 세계체제론자 같지가 않아요.(웃음) 건국대학교 통일인문학연구단에서 월러스틴 교수와 나를 초청해서 얘기할 때도 내가 그분의 문제점을 지적했고요(「급변하는 동북아시아와 한반도 통일」(2012), 『백낙청 회화록』 6권 참조). 그러니까 거기에서는 한국의 상황을 팔레스타인과 이스라엘에 갖다 대더라고요. 그래서 그건 좀 가당찮다는 얘기를 했지요.(웃음)

내 글 중에 하버마스에 대한 비판이 있어요. 『흔들리는 분단체제』에 있는 「독일과 한반도 통일에 관한 하버마스의 견해」(1996)라는 글이죠. 거기 보면 월러스틴이 멀쩡하게 세계체제론을 전개해놓고 한국에 대해서는 좀 무식한 얘기를 한다고 지적한 적이 있습니다. 그러니까 내가 월러스틴의 세계체제론에 많은 것을 빚지고 있는 것이 사실이고 그게 잘못이라고 생각하지는 않지만, 오히려 분단체제론은 월러스틴의 세계체제 분석에서 중요하게 빠져 있는 대목을 채워주는 그런 공헌을 했다고 생각을 하지요. 그때 내가 하버마스 얘기를 하다가 월러스틴을 비판한 게 『뉴레프트리뷰』에 나왔는데, 월러스틴이 내게 팩스를 보냈어요. 자기의 무지를 지적해줘서 고맙다고, 곧 한국에 올 테니까 한번 만나자고. 그전에도 뭐 아는 사이였지만요. 그런데 그후에 보더라도 제대로 고쳐진 것 같지는 않더라고요. 어쨌든 월러스틴하고의 관계는 그렇고요.

또 하나의 비판은 바로 분단체제론이 벗어나고자 했던 단순통일론, 통일에 대한 단순한 노선이죠, 자꾸 그걸로 몰아붙이는 거예요. 평화국가론을 주장하는 사람도 그렇고, 최장집 교수도 요즘 그런 글을 별로 안 쓰는 것 같지만, 내내 통일 얘기하는 사람들은 단순한 민족통일 얘기를 하는데 그건 평화에도 도움이 안 되고 통일도 안 된다는 주장이었어요. 그게 바로 내 주장이었는데도 말이에요. 그런데 통일을 생각하지 말고 평화만 하자 하는 얘기를 하기 위해서는 분단체제론도 내용이 별로 다를 바 없는 통일지상론이라고 몰아붙여야지 그 말을 하기가 편하잖아요. 그래서 그런 전략을 취하곤 하는데, 나는 그런 비판에 대해서는 이분들이 묵이지지 하고 나서 남을 가르치려고 들면 좋겠다는 생각을 하죠.

공허한 분단체제론?

사회자 네, 잠시 휴식시간을 가졌고 다시 시작하겠습니다. 어느 분이 먼저 얘기를 하실까요? 편한 대로 말씀해주시면서 다른 분들 생각은 어떤지 의견을 주고받으면 좋겠습니다.

발언자12 우선 질문 좀 드리고 싶습니다. 선생님 말씀 뒷부분에 "남북이 국가연합 준비작업을 재개하기까지는 길이 먼데" 이렇게 말씀을 하셔서요. '재개'라는 표현이 매우 색다르게 다가왔습니다. 재개라고 하셨는데, 이전에 했던 어떤 것을 국가연합 준비작업이라고 생각하셨는지 하는 것을 여쭙고 싶고요. 또 하나는 "재개하기까지는 길이 먼데"라고 하셔서, 그러면 국가연합 준비작업을 하려면 필요한 조건들은 어떤 것이 있다고 생각하시는지 듣고 싶습니다.

백낙청 그건 내가 바로 대답하는 게 좋겠네요. 재개하려면 우선 대화부터 재개해야 되는데 그것조차 안 되고 있으니까 갈 길이 멀다고 그랬고요. 대화가 시작돼도 그게 굉장히 험난할 것 같아요. 왜냐하면 흔히 북이 말 안 듣는다는 걸 탓하는데, 나는 북이 대화에 응하더라도 미국이 이런 일을 해내기에는 너무 무능한 것 같아요. 그러니까 트럼프가 미쳤냐 안 미쳤냐는 문제를 떠나서 미국 행정부도 의회도 이런 복잡한 일을 해내기엔 너무 무능한 것 같은데, 다행히 미국은 워낙 큰 나라니까 한국이 세게 밀어붙이면 죽어라고 반대하지도 않을 것 같아요. 그래서 앞길이 멀다는 것은 누구나 공감하실 테고. 재개라고 하면 그러면 언제는 하고 있었느냐는 뜻일 텐데, 남북연합이라는 것을 딱 내걸고 우리 당국이 준비한 적은 없지요. 김대중 대통령은 원래는 '김대중의 3단계 통일론', 대통령 되기 전까지는 그런 구상이 있었지만 대통령 되고 나서는 오로지 남북의 화해·협력·교류 그 이상 이야기하는 것은 정치적으로도 부담이 됐어요. 그리고 나중에 떨어져 나갔지만 JP와 같이하고 있는 정부에서 남북연합 얘기는 도저히 나올 수가 없는 거였죠. 퇴임 후에는 다시 남북연합 얘기를 하셨어요. 그리고 1단계 통일이라는 표현도 그분이 썼고요.

그래서 6·15공동선언을 낼 때에도 남쪽의 연합제, 북에서는 낮은 단계의 연방제라는 말을 썼는데, 사실은 북이 원래의 연방제에서 많이 양보하고 끌려온 겁니다. 연방제라는 말을 북은 포기 못해요. 왜냐하면 김일성 주석이 썼던 표현이니까. 그래서 낮은 단계라고 수식어를 써서 남한 노선에 접근해온 거고요. 임동원 장관의 회고록 『피스메이커』를 보면, 김정일이 실제로 '김대통령이 하신 말씀과 내 생각이 똑같다' 그랬던 것으로 기록돼 있어요. 하지만 그건 그런 방향의 선포지 남북연합의 구체적인 준비라고 할 수는 없죠. 6·15로 그 '준비의 준비'가 시작된 셈이죠.

그런데 2007년의 10·4선언에 가면, 거기서도 남북연합이라는 말은 안 쓰지만, 아주 느슨한 연합기구에 해당하는 조처들이 많이 마련됩니다. 우선 총리회담을 정례화하기로 했잖아요? 그리고 정상회담은 정례화는 안 했지만 수시로 만나자고 그랬어요. 그전까지는 남북의 고위급회담이라고 하면 이쪽의 통일부장관하고 저쪽의 카운터파트하고 만났는데, 그게 총리로 격상이 되었고, 경제회담 때는 재경부 차관이 나가던 것을 경제부총리가 나가기로 됐습니다. 그게 정례화되고 그러면 벌써 연합에 조금 접근하는 거죠. 만약에 그런 과정이 다음 정부에서 계속됐다고 하면 남북연합… 우리가 남북연합을 너무 어렵게 생각할 필요가 없습니다. 그러니까 이런 걸 조금 더 제도화하자 그러면 그게 아주 낮은 단계의 연합이 되는 거고, 그런 게 조금씩 진전이 되면서 우리가 남북연합이라고 선포를 하자 그러면 되는 거예요. 남북연합은 남한 북한 다 자기 국가로서 군대를 가지고 있고 외교관계도 다 갖고 있는 거죠. 그러니까 그게 사실 그렇게 어려운 작업이 아닌데, 중단이 돼서 대화 자체를 하기가 어렵게 됐지만, 다시 한다 그러면 나는 그런 작업이 '재개'되는 것이다 이렇게 보고 있습니다.

발언자8 지난번 세미나에 대해서 질문이 좀 있어서 말씀을 드리고자 합니다. 제가 중간중간에 물의를 일으켰던 그 발언자입니다.(웃음)

백낙청 좋은 말씀 많이 하셨던데요 뭘.(웃음)

발언자8 자수해야 될 것 같아서요.(웃음) 첫 시간에 이 공부방식이 좀 잘돼야 된다고 지적하셔서 일단 반성하고 넘어갔는데, 뒷부분에 읽기자료 중에 이승환 선생 글에 대해서 걸리는 것이 있어서, 그것에 대한 약간의 보완적 발언이랑 질문이 있어 말씀드리는 건데요. 사실 첫 시간부터 계속 말씀드렸던 건데, 오래간만에 이런 공부를 해서 그런 건지 모르겠지만 하여튼 뭔가 공허하다라는 의심이, 그러니까 확신이 안 드는 상황이 계속 있어서요. 공허하다면 뭔가 현실에 대한 비약이 있는 거 아니냐, 아니면 뭔가 소홀하게 넘어가고 있는 거 아니냐, 그걸 찾아보면 우리가 이 담론들에 대해서 정확히 판단할 수 있을 것이라고 생각해요. 물론 그 카운터팩트를 동원한다는 게 사회과학 방법론에 없는 건 아니긴 하지만, 여기서 저는 스스로 자문자답을 해본 겁니다. 그러니까 참고자료들을 읽고 그럼 분단체제라고 하지 말고 '한미체제'라고 하면 어떨까 하고 저 혼자 자문자답을 해봤습니다. 대체로 국내정치도 미국과의 관계에 상당히 영향을 받으니까 한미체제로 설명할 수 있지 않을까, 이런 식으로 연관성이 있을 만한 다른 걸 한번 붙여서 그걸로도 충분히 우리 현실이 설명된다면 굳이 자꾸 공허하게 느껴지는 분단체제를 얘기할 필요가 있을까 하는 생각이 들었던 것이거든요.

그런데 깊이 생각을 안 해본 것입니다만, 한미체제 가지고 생각을 해보니까 대략 80년대 초까지는 워낙 권위주의체제 아래서 미국의 직접적인 영향을 받아서 그런지 상당부분이 설명이 되는 것 같은데, 적어도 87년 이후에는 설명이 안 되더라고요. 그런데 이런 식으로 이 개념의 정밀성, 그다음에 현실적인 어떤 결합에 대해서 우리가 고민을 많이 해봐야 되지 않을까라는 생각이 여전히 들고 있는 거고요.

그다음에 뒷부분에 물의를 일으켰던 안보국가 얘기인데요(웃음), 그러니까 안보국가라는 대체로 동의할 수 있을 만한 큰 틀을 가지고 얘기하면 어떤 문제든 다 설명된다, 그런데 우리는 보통 그렇게 얘기하지 않죠. 무능한 정부가 그랬다 할 수도 있고, 전혀 다른 차원의 얘기지만 뭔가 좀더 적합한 설명방식을 찾아야 되지 않을까라는 생각입니다. 그러니까 분단체제론에 대해서 동의하기 어렵다는 차원이 아니라, 따져보면 대체로 그렇게 연결시켜서 얘기하는 게 적합할 것 같다는 생각이 들면서도, 설명방식이 좀더 정밀할 필요가 있다는 생각이 듭니다. 그래서 제가 '거친 표현'이라든가 과대한 개념을 가지고 과잉해석한다 이런 얘기를 했다가 그날도 약간의 문제제기를 받기도 했거든요.

오늘 말씀 중에 여론동향에 대해서 일정한 거리를 둘 필요가 있다는 점에 대해서는 적극 공감하면서도, 어떤 사회과학 이론도 시대를 초월해서 존재하지는 않는다고 하지 않습니까? 그러니까 그 얘기는 결국 잔파도처럼 흔들리는 여론동향에 의해서 결정되는 건 아니지만, 사회과학 이론이나 체계에 대한 고민이라는 것은 여론이 움직이는 그 저류에 흐르는 어떤 것에 의해서 만들어져야만 사회과학적 적실성, 현실성, 유효성을 갖는 거고 설득력도 갖지 않을까요? 당연히 그래야 현실적인 행동력도 가질 수 있을 것이겠고요.

그렇다면 백선생님 말씀은 사실은 여론동향에 대해서 일정한 시차와 격차를 좀 둘 필요가 있고, 그리고 다른 방식으로 표현한다면 좀더 지식인적 차원의 논리적 정합성을 천착할 필요가 있다는 얘기로 이해할 수 있을 것 같은데요, 그런데 그 여론의 저류에 어떤 게 있는지를 더 집요하게 들어가봐야 되는 게 아니냐 하는 게 제 생각입니다. 예를 들어 정현곤 선생 글의 맨 뒤에 나오는 것처럼, 그건 선생님도 말씀을 하셨지만요, "대중들은 그 속에 있는데 전략가만 모르는 것이 아닌가" 이게 사실 그런 게 아니겠냐는 거죠. 그러니까 흔들리는 대중의 어떤 잔파도에 일희일비하고 왔다갔다 하는 것은 적당하지 않다 하더라도 동향에 대해서는 더 심도있게, 본질과 어떤 관계가 있는지 더 집요하게 봐야 하는 게 아닌가 하는 그런 생각이 들었습니다.

백낙청 물의를 일으키신 건지는 모르겠지만, 일으켰다면 아주 잘 수습하고 계시는 것 같은데요.(웃음) 한미체제 얘기하신 거, 그게 바로 내가 첫 시간에 제의했던 공부방식입니다. 다시 말해서 분단체제론이 공허하다 싶으면 그럼 내가 아는 공허하지 않은 설명법은 뭘까 하는 것을 떠올려서 그것을 검증해보는 거예요. 이게 분단체제론보다 정말 설명력이 더 있는가 하고요. 아까도 말했지만 두개의 코드가 있을 때 하위코드는 상위코드로 편입되지만 상위코드가 하위코드에는 안 들어가잖아요. 그런 식으로 내가 한미체제라고 알고 있는 것이 분단체제론에 의해서 설명되는가, 나는 설명이 된다고 생각하는데요. 반대로 분단체제론에서 설명하고 기술하는 것 중에 중요한 것이 한미체제론 가지고는 설명이 안 되지 않는가, 이렇게 따진다면 지금 선생님 자신도 어느 시기에는 되는 것 같은데 그후로는 안 되는 것 같다 그러셨는데, 나는 그전의 한정된 시기에도 한미체제론이라는 것은 체제라는 말을 너무 느슨하게 쓴 거고, 분단체제의 일부를 이루는 남한현실의 어떤 중요한 특징을 규명하는 하나의 방편이라 볼 수는 있을 것 같습니다. 그래서 한미체제로 설명이 더 잘된다는 데는 동의할 수 없지만, 그런 식으로 한번 점검하는 것은 올바른 진행방식이라고 봐요.

안보국가로 말하자면 어느 나라든 국가라는 것은 첫째 의무가 국방이에요. 다른 나라한테 안 먹혀야 되는 거죠. 그런 의미에서는 어느 국가나 안보 기능이 중요한데, 우리가 흔히 안보국가, National Security State라고 할 때는 그 국가의 안보세력이, 국방부나 공안기구나 정보기구 또는 거기 기반한 정권이 국가의 다른 임무를 소홀히 해가면서까지 안보를 우선시할 때 그것을 일컫는 것이죠. 미국 같은 나라는 옛날부터 안보를 중시했지만 안보국가가 제대로 성립된 것은, 즉 체제가 정비된 것은 한국전쟁 이후라고 그래요. 적어도 커밍스 교수는 그렇게 이야기합니다. 『한국전쟁의 기원』이라는 책의 특히 1권에 그렇고 2권까지도 그 과정을 아주 자세히 설명하고 있고, 미국 국내의 여러가지 포럼이나 문서들도 인용하고 있어요. 그렇기 때문에 커밍스 교수는 베트남전쟁보다 한국전쟁이 더 중요한 전쟁이었다고 주장해요. 미국이 물론 2차대전을 치른 나라니까 전쟁 중에 국방이 굉장히 중요했지만, 루스벨트 대통령이 구상하던 나라는 안보국가는 아니었다고 보는 거예요. 그런데 2차대전 이기고 나서 군대 감원하고 뭐 여러가지 하다가 다시 냉전을 치를 만큼 정비해서 안보국가 만든 것이, National Security 문서 48호인가 그런 게 있죠, 거기서부터 구상이 나와서 한국전쟁을 계기로 그게 가능해졌다고 보는 겁니다.

그런데 대한민국의 경우는, 북쪽도 마찬가지지만, 분단으로 성립했기 때문에 태생적으로 안보국가입니다. 그렇게 말할 때 안보국가는 그냥 안보에 신경 쓴다는 게 아니라 민생과 민주주의를 희생해가면서 안보를 강조하는 국가라는 뜻입니다. 그런 의미에서 세월호 침몰이 안보국가 때문에 일어났다 하는 것은 아니고, 그건 일차적으로는 해상사고죠. 그러나 그것이 침몰사고에서 우리가 흔히 말하는 세월호**참사**로 번진 것은 이 나라가 안보국가였기 때문이라고 해석하는 것은 괜찮은 해석 같아요.

여론문제는 지금 말씀 잘하셨는데, 물론 피상적인 여론동향도 우리가 실천과정에서 무시해서는 안 됩니다. 그래서 실천가가 늘 구체적인 상황에 대해서 구체적인 분석을 하면서 실천해야 된다는 게 맞다면, 그런 분석의 일부는 현재 여론조사상 동향이 어떠어떠하냐는 걸 참작해야 하는데… 그런데 거기에 너무 휘둘리지 말고 더 심층적인 것을 봐야 된다는 말씀을 하셨잖아요? 그건 전적으로 동의합니다. 더 심층적인 것을 보려고 한다면, 신문에 나오는 여론조사 결과만 봐서도 안 되고 또 주변의 친구들하고 얘기하면서 그들이 대체로 이런 소리를 하더라 하는 것에 의존해서도 안 되고, 여러가지 현실상황을 놓고 그야말로 심층적으로 여론의 저류를 들여다봐야죠 그래서 그런 의미에서 여론이 중요하다는 거라면 나도 100퍼센트 동의합니다.

양국체제론과 분단체제론의 결정적 차이

발언자6 첫번째는 일단 유재건 선생 글에 나오는 분단체제 극복이 자본주의 세계체제에 가하는 타격이라는 문제와 통하는 얘기인데요. 김종엽 선생 글에서 분단체제와 87년체제의 관계를 다루면서 박정희체제가 권위주의적인 발전주의체제였다는 지적이 나오고 발전주의체제 자체가 분단체제의 독특한 어떤 산물이라는 주장이 제기됩니다. 그럴 때 지난번 토론에서 분단체제 극복이 자본주의 세계체제에 대해서 구체적으로 어떠한 방식으로 타격이 되는지에 관한 구체적인 그림이랄까 이런 게 부족하다는 얘기도 나온 만큼 경제적인 측면에 한정해서라도 분단체제 극복과 자본주의 세계체제에 대한 타격, 이 문제가 어떻게 연결될지 더 천착하는 작업이 필요하지 않을까 생각합니다. 가령 김종엽 선생 글에서 예시된 발전주의 문제와 관련해서, 분단체제 극복을 통해 발전주의를 대체하는 어떤 방식의 경제이념이랄까, 어떤 지향이랄까 하는 게 설정될 수 있을 건지? 대체로 경제적인 측면에서 남북관계를 얘기할 때 남북이 더욱더 잘 발전할 수 있는 방도가 남북관계 개선이나 교류협력에서 나온다거나, 아니면 자본주의적인 착취가 심화되고 또 환경파괴로 이어질 거라고 우려하는 목소리들은 많이 나온 것 같지만, 실제로 좀더 포지티브한 것으로서 제시되는 바는 드물지 않았나 싶습니다.

또 한가지는 '양국체제' 논의가 요즘에 다시 나오고 있는데, 실제로 사람들이 분단문제를 별로 사고하지 않을 때 제일 내세우기 쉬운 담론이 그것 같아요. 그러니까 두 국가가 지금도 양국으로 기능하고 있는데 다만 양국임을 인정 안 하는 것이 문제라는 식의 사고에서 나온 것 같은데, 마치 남한이 북한을 다른 국가로 인정만 해주면 다 해결돼서 더이상 연루되지 않는 두개의 국가로 따로따로 갈 수 있는 것처럼 보는 게 아닐까 하는 인상이 듭니다. 그 양국체제론이 분단체제를 사유하지 않을 좋은 핑계가 되기 때문에 많이 유통될 것 같은 불길한 생각이 들어서(웃음) 어떻게 효과적으로 반박할 수 있을지 궁금합니다. 이 자리에 그에 대한 논쟁에 직접 참여하고 계신 분이 계셔서 여쭈어보고 싶네요.(웃음)

발언자11 제가 권위있는 답변을 할 입장은 아닙니다만 지목을 받아서 (웃음)… 우선 발언자8의 말씀에 이어서 이야기를 해보죠. 저도 분단체제론이 아니면 설명이 안 될까 이런 생각 많이 했던 것 같아요. 솔직히 우리들 마음이 좀 그렇잖아요. 어떤 논의를 그냥 따라가기는 좀 거북하니까, 나도 나름대로 내 방식으로 어떻게 말해볼까 그런 생각을 하죠. 그런데 어쨌든 현실은 제대로 설명해야 되잖아요. 하지만 아무리 해도 일국적인 관점으로는 우리 현실이 모두 잘 설명이 안 되는 거예요. 그다음에 양자간 관계 이런 걸로도 해명이 잘 안 되는 것 같아요. 그리고 한미관계를 중심으로 그냥 우리가 식민지다 그러면 다른 요인 고려 없이도 깔끔하게 설명될 테지만, 그렇게 끝낼 수 있나요? 결국은 다층적으로 보는 수밖에 없다는 결론에 이르죠. 그런데 백낙청 선생님 글이 좀 어렵잖아요. 그래서 잘 읽히도록 구체화하고 세속화하는 게 필요하다고 봐요. 그런데 정현곤 선생의 글이 백선생님 논의가 금방 이해되도록 잘 정리한 장점이 있어요. 도움이 많이 됐다는 생각입니다.

양국체제 얘기를 해보면, 체제를 갑자기 어느날 만들자는 것 같아요. 현실이 어렵고 불편하니까 그냥 갈라서서 서로 독립하자 이런 거죠. 그런데 이혼에도 절차가 있고, 복잡한 과정이 있잖아요. 합의를 하든지 소송을 하든지 해야 하고 중간에 조정을 거칠 수도 있고, 하여간 일이 많죠. 양국체제 관련된 세미나에서 토론을 한 적이 있는데, 제가 아까 백선생님께 말씀드렸던 두가지가 핵심쟁점이라고 말했습니다. 하나는 분단체제론을 단순한 통일론으로 간주하는 이야기입니다. 그런데 오늘 공부에서 확인이 되지만 분단체제 극복은 점진적이고 굉장히 복합적인 과정을 통해서 이루어진다고 보는 것이거든요. 저 같으면 분단체제는 풀하우스 같은 생태계로 가면서 극복해가는 것이라고 얘기하고 싶어요. 분단체제 극복을 말하면서 1945년 이전으로 돌아가자는 것은 어불성설이잖아요. 어느날 견우와 직녀가 그러듯이 '우리는 다시 만나야 한다'고 주장한다는 식으로 분단체제론을 몰아가면 안 되죠. 또 하나는 분단체제론이 세계체제론의 아류라는 평가가 있어요. 그래서 현실을 가지고 생각해보자고 문제제기를 했죠. 한국이 독자적으로 할 수 있는 게 얼마나 있다고 생각하는지, 핵문제가 남북한 양국간의 문제라고 생각하는지, 이런 질문을 해보자는 거예요. 많은 문제들을 일국적으로 해결할 수 없고, 해결을 위해서는 점진적이고 굉장히 복합적인 방식으로 해야 하죠.

그런데 이 점에서 용어를 어떻게 쓰느냐 하는 문제도 있는 것 같아요. 남북연합을 말하면 단순통일론이다, 이런 오해가 있어요. 그런데 이승환 선생의 글에 '안보국가 규율의 상호협약으로서의 남북연합'이라는 내용이 있더라고요. 저는 '상호협약'이라는 단어에 눈길이 갔어요. 제도경제학에서는 가장 위계적인 관계를 국가로 보거든요. 어쨌건 많은 경제학자들은 국가라는 말을 좋아하지 않죠. 그런데 또 국가연합이라고 표현하니까 국가의 위계적 개념이 연합이라는 단어로까지 확산되는 면도 있어요. 그러니까 국가와 국가가 국가를 구성하는 원리로 세게 결합하는 건가, 이런 생각도 하는 거죠. 그런데 사실 저는 일회적 만남인 시장, 꽉 짜여져서 움켜쥐고 있는 국가, 이 극단의 관계를 넘어서는 혼합의 원리를 지향하는 거예요. 곰곰이 따져보면 연합이라는 게 아주 위계적이고 고정적인 관계는 아니죠. 기업연합이나 기업동맹 이런 것은 기업 내 관계보다는 느슨하고 덜 위계적인 방식이죠. 그보다 더 약화된 게 뭐냐면 계약이에요. 그러니까 결혼을 하든 이혼을 하든 이런 것들도 기본적으로 계약인 거죠. 그래

서 남북계약, 이렇게 표현해볼까요?(웃음) 일본하고도 어떤 사안에 대해서는 계약을 해야 되고, 중국하고도 이렇게 만나서 얘기해야 되는 것 아닌가요. 이런 이야기가 그냥 우스갯소리는 아니에요. 조직이론에서는 네트워크를, 중간 형태의 조직형태로서의 혼합적 형태로서의 네크워크, 뭐 이렇게 얘기하죠. 그래서 저는 그냥 국가를 네트워크로 만들자, 국가도 네트워크로 개혁하고 국가간 관계도 그런 방식으로 가자, 이렇게 말해보고 있습니다.

백낙청 아까 나온 질문 중에서 분단체제의 극복이 세계체제에 미치는 영향이랄까 하는 점에 대해서는 내가 인용한 커밍스 교수 말하고, 또 유재건 교수의 글에 나오는 말을 한마디씩 음미해보시면 좋을 것 같아요. 그러니까 한반도의 긴장이 해소되고 남북관계가 달라지는 것이 세계체제 또는 미국의 패권에 과연 타격이 되겠는가 하는 문제에 대해서, 커밍스가 한국전쟁이 어떤 의미로 베트남전쟁보다 더 중요한 전쟁이었다고 했잖아요. 그럼 그 한국전쟁의 유제로서 벌써 70년 가까이 유지되고 있는 이 분단체제가 해소되거나 변혁된다고 할 때, 그것을 유지해온 세력들한테는 굉장한 타격이 되지 않겠느냐, 남북의 기득권세력뿐 아니라 세계의 패권체제에도 타격이 되지 않겠느냐 이렇게 한번 유추해볼 만하고요.

또 하나는 유재건 선생이 냉전의 성격을 얘기하면서, 냉전을 그렇게 달리 보면 한반도가 아직까지 통일이 안 되고 있는 것이 후진성의 징표가 아니고, 오히려 원래 냉전의 본질적인 뜻이 지금 여기에 가장 잘 구현되고 있다, 이렇게 썼거든요. 그 말이 맞다면 분단체제 극복이 동서냉전의 종식보다 더 큰 타격이 될 수 있다는 결론이 되는데, 과연 그런가 한번 생각해보십시다.

우리가 냉전의 유일하게 남은 고도 어쩌고 하는 것은 사실 상당히 자기비하적인 발언입니다. 남들은 다 통일했는데 우리 민족은 못나서 아직도 이러고 있느냐는 신세타령이 포함된 거거든요. 그게 아니고 한국전쟁이 어떤 의미에서는 베트남전쟁보다도 더 미국에 중요한 전쟁이었기 때문에 한국의 분단만은 미국이 끝까지 지켜왔다 이렇게 볼 수 있어요. 사실 베트남전쟁은 미국으로서 뼈아픈 패배였지만 양보할 수 있는 전쟁이었습니다. 왜냐하면 그것은 미국 패권에 대한 직접적인 도전이 아니고 원래가 반식민지 전쟁이었잖아요. 프랑스에 대한 베트남 민중의 민족해방전쟁이었는데, 프랑스를 거의 다 꺾어놓으니까 미국이 들어와서 대신 그 자리에 있다가 미국도 쫓겨났지만 그것은 냉전질서를 근본적으로 흔들지 않았습니다. 그러니까 베트남전쟁 패배라는 것은 미국이 세계의 큰 질서를 유지하면서 감당할 수 있는 패배였어요. 한국 분단체제의 변혁은 좀 차원이 다르지 않을까 이런 식으로 한번 생각해보자고 말하고 싶습니다.

발언자13 지금까지 말씀 나누신 것과 다소 거리가 있는 것일 수 있을 텐데, 저는 묵이지지 혹은 묵이식지를 잘하는 사람 중의 한 사람인데요, 지금 열심히 공산님이 하신 그 사상을…

백낙청 잠깐만요. 지금 공산님이라고 하셨는데, 이게 원불교에서 내가 받은 법호입니다. 원래 원불교 교도가 되면 법명을 받고, 한참 나이도 먹고 뭐 성적이 쌓여야 법호라는 걸 받는데, 나는 원불교 경전 영역에 참여했기 때문에 어느날 하루아침에 법호를 받았어요. 빌공(空) 자 공산(空山)입니다. 원불교에서 남자들 법호는 전부 뫼 산(山) 자가 들어가지요. 지금 공산이라고 하시기에 여러분이 궁금하실 것 같아 소개드리는 거고요. 일종의 명예박사라고 생각하시면 돼요.

발언자13 불교에서 말하는 그 공, 텅 빌 공 자. 그런데 저희 원불교에서는 공도자 숭배가 있거든요. 결코 하루아침에 얻으신 거라고 생각하지 않고, 한국사회의 민주화와 여러가지 것들을 이루신 분에게 드리는 거라고 생각합니다. 어쨌든 저는 공산님이라고 부를게요. 지금까지 많은 논의가 있었지만 저에게 가장 익숙한 것은 공산님께서 얘기하시는 불교에서 말하는 그 중도인데, 유와 무를 초월한 차원의 어떤 세계를 말씀하고 계시는데, 결국 유와 무가 상대적인 건데, 그 상대적인 것을 넘어 있는 것은 저는 절대의 세계라고 생각하거든요.

　그 절대의 세계는 어떤 이론을 습득해서 도달할 수 있는 것이 아니라, 서양철학에서 얘기하면 자유의 영역이고, 그런 어떤 형이상자의 영역이죠. 그래서 여러가지 책들을 습득해서 공산님이 말씀하시는 중도의 개념에 도달하는 것보다는 그런 유무초월의 경지를 저도 열심히 수행해서 어떤 자유의 경지에 도달한 다음에, 거기에만 머무르면 소위 악취공(惡取空) 같은 데 떨어질 텐데, 사회정치적인 여러가지 문제에 대해서 매우 세밀하게 무엇이 잘못되었는지를 분석할 수 있어야 되는데, 이 양자가 저 같은 경우에는 잘 안 된 것 같아요. 그냥 수행을 해서 절대의 경지에 도달하는 것이었지, 그야말로 악취공의 경지였지, 그것이 확장되어가서 정치사회적인 문제에 있어서 무엇이 잘못되었는지에 대해서 깊이 생각하지 못한 것 같아요.

그런데 여기서 말씀하시는 마음공부나 유무초월한 경지, 그것은 유교에서 말했던 허령(虛靈)의 경지, 텅 비어서 신령스러운 지혜, 그런 지혜를 가리키는 건데⋯ 그래서 결국 여기서 변혁적 중도주의에서의 그 중도 개념을 우리가 이해하기 위해서라도, 공산님께서 형이상학이나 절대나 그런 말씀을 꺼내는 것을 어색해하시지만, 실질적으로 여기서 말씀하시는 중도의 개념을 알기 위해서는 조선시대 때 얘기했던 권근이나 이황, 그런 형이상학자들의 사상을 이해하는 것이 우선이 아닐까라는 생각을 해봤습니다.

발제자 저의 발제에 대한 코멘트를 들으면서 분단체제론이라는 이론이 어떤 문제의식에서 어느 수준까지 현실을 설명하려는 것인지가 궁금해졌습니다. 아무래도 오늘날 통일문제는 한국에서 인기 있는 쟁점이 아닙니다. 그러니까 분단체제론이 통일문제에 대해서도 이야기할 필요가 있다고 주장하는 것이라면, 저는 거기에 딱히 이견이 없습니다. 저도 한국사회에서 한반도 평화문제가 중요성에 비해 깊이 논의되지 않고 있다는 점에 동의하기 때문입니다. 그러나 만약 분단체제론이 한반도 문제가 다른 사회적 문제보다 중요하다고 주장하는 것이라면, 그 문제가 가령 노동, 여성, 복지 문제 등등의 사회적 현안보다 더 중요한 까닭을 설명할 필요가 있을 것입니다.

그리고 질문할 것이 하나 더 있습니다. 방금 언급되었듯, 브루스 커밍스는 백낙청 선생님이 너무 미국을 비판하지 않는다고 이야기했습니다. 그러나 제가 생각할 때 한반도의 문제에서 미국의 책임은 핵심적입니다. 돌이켜보면 연평도사건과 천안함사건은 한국정부의 책임이라 볼 소지도 있지만, 근본적으로는 중국의 부상을 견제하려는 미국의 세계지배 전략으로부터 빚어진 결과였습니다. 요즘은 '코리아 패싱'이라는 말도 유행하고 있지요. 그 말이 암시하듯 오늘날의 상황에서 한국이 한반도 평화를 위해 할 수 있는 행동이 너무나 제한되어 있습니다. 저는 이 상황에서 한국이 무엇을 할 수 있는지에 대해서도 현실적으로 생각할 필요가 있다고 생각합니다.

발언자14 양국체제론에 대한 얘기가 나왔는데, 두개의 정상국가가 성립되기 위해서라도 분단체제 극복 절차에 준하는 여러가지 사전작업들이 진행되어야 하는 것 아니겠습니까? 그래서 이것이 분단체제론의 한계를 넘어선 대안적 구상이긴커녕 그 개념 자체에 모순이 있는 게 아닌가 싶습니다. 같은 맥락에서 다자간 네트워크를 강조하는 발상도 점검이 필요할 것 같아요. 가령 국가간 네트워크라고 하면 그것도 벌써 양국체제론과 같은 오류에 빠지는 게 아닌가 하는 생각이 들거든요. 남북이 정상국가로 온전히 바로 서지 못하는 상황이 분단체제의 작동 때문인데 양국체제론은 마치 두개의 정상국가가 성립되면 분단체제가 극복된다는 식으로 설명하는 듯하고, 보기에 따라서는 국가간 네트워크를 강조하는 논의도 비슷한 모순을 안고 있는 것처럼 여겨지기도 하고요. 혹시 좀 덧붙이실 수 있으면 답변해주시면 좋겠습니다.

발언자11 네, 저에 대한 질문인데, 그 지적이 일리가 있다고 보고요. 양국체제론에서 평가하신 것도 옳은 점이 있고요. 그런데 저는 분단체제론이 상당히 '희망함이 크다'는 특징이 있는 것 같아요. 저는 출발점에서 어쨌든 시작을 하는 게 중요하다, 이런 점을 많이 생각하고 있기 때문에 '희망함이 좀 작다'고 평가를 받을 수도 있을 것 같습니다.(웃음)

후천성분단인식결핍증 그 얘기를 놓고 왜 그럴까 생각해보면, 편안함이 중요하게 작용하는 것 같습니다. 어찌 생각하면 일국체제, 양국체제 이게 되게 편해요. 그러니까 지식인들이 편안함을 느낀다고 생각합니다. 그러니까 분석단위가 다 국가체제로 되어 있고, 거기서 생각과 활동을 전개하는 게 편한 것 같아요. 예를 들면 농업문제를 볼 때도 일국 농업만 하는 게 편합니다. 그리고 그런 틀로 30년, 40년을 얘기해도 통합니다. 운동을 해도 그렇게 해야 편합니다. 국가체제 안에서 정해진 부서와 단체가 있고 상대할 파트너가 있고 하니까요. 저는 그런 관계를 하나라도 깨야 한다, 뭔가 지금과는 다른 단위나 관계를 만들어야 한다, 그렇게 생각합니다. 구체적인 수준으로 내려오면, 30년 전과 지금이 얼마나 다를까 싶어요. 뭐 하나 다른 통로, 다른 채널, 다른 거점을 만드는 게 정말 어렵구나 생각을 합니다. 물론 이게 다 남북분단 때문이라고 얘기할 수는 없겠죠. 문제는 층층이 있는 것 같아요. 그걸 모두 한꺼번에 밝히지는 못하지만, 뭐 하나라도 잡아내서 출발하는 게 굉장히 중요하지 않나 생각합니다. 제 생각이 어쩌면 소박한 정도의 문제의식일 수도 있는데, 제 논의에 그런 한계가 있을 수가 있다고 할 수도 있고, 강조하는 층위가 약간 다르다고 말할 수도 있다고 생각합니다.

백낙청 지금 답변을 해주셨는데 같은 질의에 나도 대답을 해보자면, 발언자11의 네트워크형 경제론 또는 네트워크론은 양국체제론에서 채택할 수도 있고 분단체제론에서도 채택할 수 있는데, 내가 보기에는 후자 쪽이신 것 같아요. 왜냐하면 양국체제론 그게 현실적으로 실현가능성이 없다고 보시고… 그렇잖아요? 아니 양국체제 하려면 우선 김정은이 동의해줘야 되잖아요? 니들은 못살고 우리는 잘사는데 이렇게 평화롭게 그냥 잘 지내자 하면, 동의하겠어요? 동의를 못하니까 핵무기도 만들고 온갖 현상타파의, 자기 나름의 그런 노력을 하는 거니까요. 그런 점에서도 불가능하고. 또 하나는 네트워크형 경제라는 건 북의 경제든 남의 경제든 상당한 혁신을 요구하는 그런 과정인데, 남북관계가 이렇게 꽝꽝 얼어붙어서는 북이든 남이든 그걸 해내기가 어렵다고 보는 거죠. 그러니까 분단체제의 최소한 완화 과정과 네트워크형으로의 혁신을 동시에 얘기하시는데, 그렇게 얘기하면 더 설득력이 있다고 보는 사람도 있고, 어떤 사람은 '아휴, 왜 이렇게 골치 아픈 얘기를…' 하면서 왜 이렇게 얘기를 복잡하게 전개하느냐, 그렇게 나올 수도 있는 게 아닌가 싶습니다.

학계의 연구자는 그게 편해서 한다고 그러셨는데, 활동가들의 경우에는, 내가 좀 너무 냉소적으로 보는 건지는 몰라도, 다 그렇다는 건 아니지만 상당수의 활동가들은 요즘 분단체제 극복이니 통일이니 하는 말은 너무 장사가 안 된다고 보는 거예요. 그러니까 우선 좀 팔리는 물건이 없나 하고 찾아가는 면도 없지 않다고 나는 생각합니다.

커밍스 교수가 내 영어판에 쓴 서문, 정확히 뭐라고 했는지 그 워

딩은 기억 안 나지만, 내 생각에는 백낙청이 왜 미국 비판을 안 하느냐 그런 얘기는 아니고, 오히려 백아무개는 분단문제를 자기 내부의 문제로까지 끌고 가서 더 파고든다 하는 것을 사주는 글이었던 것 같아요. 남의 번역판 나오는데 서문을 품앗이해주면서, 속으로 자기가 까고 싶어도 잘 안 까잖아요.(웃음) 상당히 우호적인 서문이었다고 기억합니다.

천안함사건과 연평도사건의 함수관계

연평도, 천안함 얘기가 나왔으니까 말인데, 여러분 내가 추천한 『2013년체제 만들기』의 제2부를 꼭 좀 읽어보시면 좋겠어요, 그중에 비교적 짧은 글인데, 연평도와 천안함 두 사건의 함수관계에 대해 논한 「2010년의 시련을 딛고 상식과 교양의 회복을」이라는 글*이 있어요. 나도 천안함사건 때 그날 밤에 무슨 일이 일어났는지 모르죠. 아는 사람이 전혀 없다고 생각하지는 않지만, 아는 사람들은 말을 안 하고, 나는 모르고, 또 국방부 발표를 못 믿겠다고 말한 해외의 과학자들도 국방부 발표가 엉터리라는 거지 사건이 어떻게 일어났다는 것을 안다고 주장하지는 않습니다. 반면에 연평도에서 무슨 일이 일어났는지는 상당히 밝혀져 있죠. 그래서 천안함사건이 먼저 나고 연평도사건이 났는데, 나는 그 함수관계에 대해서 어떤 단정을 내리지는 않지만 두개의 가설을 두고 생각해보자, 가설A는 설령 국방부 발표가 신빙성이 없다고 하더라도 천안함 침몰은 북의 소행인 게 분명하다는 것이고, 또 하나 가설B는 무슨 일이 일어났는지는 정확히 모르겠지만 북의 소행은 아니다 하는 것으로 생각해서, 가설A가 맞다고 할 때 연평도사건은 어떤 의미를 갖고, 가설B가 맞다고 할 때는 또 어떤 의미를 갖는가를 생각해본 겁니다. 짧은 칼럼입니다. 한번 봐주시고요.

백낙청 「2010년의 시련을 딛고 상식과 교양의 회복을」(2010)*
『2013년체제 만들기』 125~28면

연평도 공격의 배경에 남북간에 쌓여온 적대관계가 있다는 점은 누구나 인정한다. 이명박정부 출범 이후 긴장상태는 더러 기복을 거치면서도 지속되어왔다. 그런데 '긴장'을 '적대'로 확연히 바꿔놓은 것이 지난 3월의 천안함사건이었다. 따라서 오늘의 상황을 제대로 판단하기 위해서도 그 전환점으로 되돌아가 차분한 복기(復棋)를 해볼 필요가 있다. 올바른 대응은 정확한 상황인식으로만 가능하기 때문이다.

연평도사건 이후 북이 천안함 공격도 했으리라는 대중적 정서가 크게 늘어났다. 동시에 정부 발표에 의문을 제기하는 인사가 '친북좌파'로 몰릴 가능성도 한결 높아졌다. 그러나 천안함의 진실 자체가 대중의 정서나 정치논리로 결정되는 것은 아닐 테다. 그것은 어디까지나 사실의 영역이요 이성과 논리에 따라 식별할 문제이다.

천안함 침몰의 진상에 관해서는 불행히도 아직 과학과 이성의 검증을 거쳐 합의된 결론이 없다. 이른바 민군합동조사단 발표는 과학계의 검증을 통과하지 못했고, 다른 한편 외부의 과학자들은 자료에 대한 접근이 제약된 상태에서 독자적인 진상규명이 불가능했다. 따라서 '연평도'와 '천안함'의 함수관계도 아직은 정답풀이가 불가능하다. 다만 복수의 가설을 놓고 그에 따른 결론을 추정할 수 있을 뿐이다.

알기 쉽게 두개의 가설만 상정해보자. 가설 A: 설혹 합조단 발표가 헛점투성이라 해도 천안함이 북한의 공격으로 침몰한 것은 맞다. 가설 B: 진상의 전모가 무엇인지 몰라도 북한에 의한 천안함 공격은 없었다.

먼저, A일 경우 연평도사건은 무엇을 말해주는가. 첫째, 천안함을 격침한 북한군이 이번에 또 연평도를 포격했다면 이는 그야말로 참을 수 없는 도발행위다. 게다가 포격으로 해병 둘 죽이고 민가 몇채 불태우고서 그토록 의기양양해하는 자들이 신출귀몰하는 수법으로 천안함을 격침하고 46명의 해군을 수장시키는 혁혁한 전과를 올렸다고 자랑함직한 대목에서는 기어코 안 했다고 잡아떼었으니, 이런 정권은 거의 정신이상 수준의 범죄집단이 아닐 수 없다.

또한 가설 A가 맞다면 우리 군의 대응도 단지 안이하고 무능한 것을 넘어 거의 범죄수준이 된다. 북의 공격으로 천안함을 잃고 수많은 인명이 희생되고 온 나라와 국제사회가 발칵 뒤집혔었는데, 연평도 공격계획을 8월에 감청(監聽)하고도 상투적인 헛소리겠거니 하며 무방비로 있다가 당했다면 세상에 이런 군대가 어디 있단 말인가. 국방장관 경질로 끝낼 일이 아니고 군 수뇌부의 대대적인 개편이 따라야 할 사태다.

반면에 가설 B를 따른다면 한국군의 대응이 얼마간 이해되는 바 없지 않다. 북이 천안함을 공격하지 않았다는 사실을 적어도 정부의 핵심관계자와 군 수뇌부는 알고 있었을 테니 8월 감청의 결과를 듣고도 상습적인 위협에 불과하다고 생각했을 수 있는 것이다. 물론 그렇더라도 중대한 판단착오임이 분명하고 사건발생 당시의 무기력한 대응에 대한 책임을 물어야겠지만, '이건 군대도 아니다'라는 오명을 쓸 정도는 아니다.

가설 B에 의하면 북측 정권에 대해서도 A의 경우와는 꽤나 다른 인식을 하게 된다. 남한 영토에 대한 포격이 정전협정과 남북기본합의서 위반

이요 용인 못할 도발인 점은 여전하지만, 저들 나름의 치밀한 운산(運算)을 수행한 결과일 확률이 높아진다. 남북정상회담 이야기까지 나돌던 상황이 천안함 침몰을 계기로 일거에 적대관계로 바뀌면서 국제사회에서 범죄자로 낙인찍힐 위험에 처했고 각종 고강도 한미군사훈련이 지속되어온 끝에, 드디어 그들 나름의 계산된 승부수를 던진 형국인 것이다. 그 결과도 일방적인 손실만은 아닌 셈이다. 남한 국민의 인심을 잃은 것이 무엇보다 큰 손해지만, 그런 장기적 고려는 원래 북측 당국의 셈법에서 큰 비중을 갖지 않는다. 그것보다는 내부 결속을 강화하면서 서해지역을 확실한 분쟁지역으로 국제사회에 각인시키는 데 성공했고 대미교섭에서―남한군의 무력시위에 대한 대응 자제와 평양에 온 리처드슨(B. Richardson) 뉴멕시코주 지사와의 합의들도 겹쳐―새로운 계기를 만들었다는 점을 자축하고 있기 쉽다.

앞의 두가지 추론 중 어느 것이 더 타당하다고 생각할지는 각자 소신과 양식에 따라 판단할 문제다. 그러나 잊지 말 것은, 그것이 어디까지나 A와 B라는 양립불가능한 전제에서 각기 출발한 추리이며 둘 중 어느 전제가 맞는지는 철두철미하게 사실 차원의 문제라는 점이다.

물론 세상사를 모두 과학에 맡길 수는 없다. 예컨대 진실규명 이후의 상황에 어떻게 대처할지는 과학만으로 결정할 수 없으며, 과학의 진실이 무시되는 상황을 어떻게 돌파할지도 자연과학 이상의 교양과 실력을 요한다. 그러나 과학의 영역을 넘어서 해야 할 일을 하되 과학의 영역에 속하는 사안에서 과학의 권위를 인정하는 것이야말로 인문적 교양이요 자기 삶의 주인이 되고자 하는 민주시민이 갖춰야 할 요건이다.

아까 세월호참사하고 안보국가론 얘기했지만, 사실 안보국가의 무

책임성이나 문제점을 보여주는 상징적 사건의 하나는 천안함사건의 뒤처리입니다. 뭐가 일어났는지는 모르지만, 그뒤에 국방부가 어떻게 대응하고 정부가 어떻게 대응했나는 우리가 대충 알고 있잖아요? 그게 안보국가의 어떤 본질을 보여줬는데, 다만 지금의 상황에서 그 얘기는 잘 못하죠. 나는 그 얘기를 계속할 수 있는데, 공직에 나갈 생각이 전혀 없기 때문입니다만(웃음), 나갈 생각이 조금이라도 있는 사람들은 그 말을 못합니다. 특히 청문회를 거쳐야 하는 사람들은 절대로 못하게 되어 있지요. 그러나 내가 쓴 글을 읽는다고 해서 여러분이 공직에 못 나갈 이유는 없을 테니까(웃음) 한번 읽어봐주시기 바랍니다.

사회자 네, 오늘은 여기까지 하겠습니다. 이제 해가 바뀌네요. 다음 5회차 모임은 내년 1월 2일에 하기로 되어 있죠. 오늘 발언 못하신 분들 많은데, 다음 주제하고 또 이어지니까, 그때 더 많이 얘기하시고 의견 주고받으면서 많이 배우시기 바랍니다. 오늘도 꼭 참석해야 하는 건 아니지만, 혹시 미진하거나 더 하시고 싶은 얘기가 있으시다면 뒤풀이 자리에서 더 얘기하시기 바랍니다. 그럼 마치겠습니다. 감사합니다.

제3부

촛불 이후 읽는
변혁적
중도주의

참가자 강경석 김명환 김성경 김하림 김학재 박윤영 백낙청 백영서
선우은실 손종도 송종원 양경언 염승준 염종선 윤동희 이기정
이남주 이은지 이일영 이정숙 이종현 이지영 이하림 전성이
한기욱 한영인 황정아

사회자(백영서) 안녕하십니까. 새해가 밝았습니다. 오늘이 1월 2일이죠. 사실상 새해의 첫날인데, 이렇게 잊지 않고 공부하러 나와주셔서 감사드립니다. 올 한해도 복 많이 지으시고, 뜻하는 일이 잘 성취되길 바랍니다. 미리 예고된 오늘의 읽기자료는 백낙청 「큰 적공, 큰 전환을 위하여」(2014), 백낙청 – 김성민 대담 「민족문학론, 분단체제론, 변혁적 중도론」(2017), 김종엽 「서론: 몇개의 메타이론적 고찰」(2017)입니다. 우선 두분의 발제를 듣고 토론을 시작하도록 하겠습니다.

분단체제론의 배경과 지향

발제1 안녕하세요? 이 모임이 다섯번째인데 미리 정해진 다른 일정 때문에 두번밖에 참석하지 못한 불량학생입니다.(웃음) 새해 첫 모임에 선생님들을 뵙고 말씀을 나눌 수 있게 돼서 영광입니다. 그런데 여러분께서도 잘 아시지만 새해 벽두부터 격동하는 한반도의 평화

정세를 예고하는 일들이 많아서 이 주제를 다루는 사람으로서 올해도 차분하게 앉아서 공부할 시간이 많지는 않겠구나 하는 불길한 예감을 하고 있습니다.(웃음)

저는 세가지 글을 토대로 발제문을 만들었습니다.• 처음에는 세 글을 순서대로 논의할까 하다가 읽다보니까 몇가지 주제들이 잡혀서 다섯가지로 나누어봤습니다.

첫번째는 분단체제론이 등장한 시대적 배경과 핵심 문제의식에 대한 것입니다. 이번 읽기자료를 통해 분단체제론 등장의 시대적 배경을 좀더 분명하게 이해하게 됐습니다. 분단체제론은 1980년대 사회구성체 논쟁이 지나치게 이론적·추상적이어서 '현실의 실감'과 맞지 않아 그 시점에서 등장한 세가지 시각, 즉 NL(민족)과 PD(민중), 자유주의(민주)를 다 종합해야 한다는 '3결합'이라는 구상에서 등장했습니다(A 496). 다시 말해 "분단체제론은 1980년대 사회구성체론을 규정한 이론적 프레임 전반을 갈아엎으면서 새로운 논의의 지평을 열었다"(C 31)는 겁니다. '종합'이라는 원대한 문제의식에 공감하며, 여전히 유효한 것으로 보입니다. 왜냐하면 이후 "자유파는 김대중–노무현 정부의 등장으로 민주주의는 공고화해졌다는 믿음에 쉽게 빠져들었고, 자주파의 다수는 주체사상의 주박(呪縛)에서 풀려나오지 못했으며, 평등파는 사회민주주의로 수렴되는 온건화의 길을 걸었"(C 32)기 때문입니다. 종합을 지향하는 분단체제론은 그런 세 분파를 계몽하는 성가신 '등에'이기를 자처했던 겁니다.

그런데 어떻게 이 세 정파로부터 거리를 두고 종합을 생각할 수 있

• 발제1과 발제2에서 읽기자료로 제시한 세편의 글을 인용할 때 각각 A, B, C와 면수로 표기한다. A. 백낙청–김성민 대담 「민족문학론, 분단체제론, 변혁적 중도론」(2017); B. 백낙청 「큰 적공, 큰 전환을 위하여」(2014); C. 김종엽 「서론: 몇개의 메타이론적 고찰」(2017).

었을까. 백낙청은 한국의 민주화와 소련의 붕괴라는 현실을 겪으면서도 민족문학론의 입장을 갖고 있었기 때문에, "남한 민중의 현실에 입각하되, 여기서 출발을 하되, 한반도의 전민중을 포괄하고 나아가서 제3세계 민중을 포함하고 동참하게 함으로써 세계문학의 대열에 참여하는 그런 프로젝트"를 생각한 것입니다. "역사적인 큰 사건에 충격을 덜 받은 동시에 어떤 의미에서는 내가 나아가고자 하는 방향이 옳다"(A 500)는 쪽으로 작용했다고 회고합니다. 김종엽의 해석처럼 백낙청은 분단체제라는 "텍스트 자체를 꼼꼼하게 제대로 읽어내고자 한"것이고, 나아가 "분단체제라 부를 만한 이 텍스트로부터 하나의 작품, 보편적 세계사에 기여하는 진리값을 가진 작품이 탄생하기를 바랐"(C 21~22)던 것입니다.

분단체제론의 시대적 배경에 대해서는 한국사회 지식인들의 논쟁에 대한 지성사적 평가와 재조명이 한번 더 이루어져야 할 겁니다. 저는 1980년대 한국의 사회구성체 논쟁이, 1930년대 일본 맑스주의자들 사이에 일본자본주의 논쟁 — 공산당(강좌파)과 노농당(노농파) — 이 있었던 것과 겹쳐서 보입니다. 한 국가의 지식인들이 맑스주의를 수용하고 이를 통해 자국 사회를 해석하는 과정에서 어떤 논쟁을 하는지 비교연구해보면 폭넓은 지성사적 성찰에 기여할 수 있을 겁니다.

두번째로 읽기자료들에는 분단체제론이 핵심적으로 건드리는 문제들이 들어 있는데요. 김종엽 선생도 정리하셨지만, 분단체제론은 1980~90년대의 시대상황에서 출현해서 확실히 어떤 새로운 영역을 볼 수 있게 만든 개념적 창이었습니다. 그 안에는 남북관계, 분단의 내적 제도화, 국제적 관계와의 관계, 각 체제의 속성, 내부정치와 정치담론 등의 다양한 수준과 영역이 존재합니다. 이를 좀더 정교하게 식별해서 앞으로의 전망을 이야기할 때 더 유효한 논의들을 재발굴

할 필요가 있습니다. 이를 김종엽은 '분단체제라는 개념이 응축한 의미들'로 표현합니다. 즉 '분단이 외적 요인뿐 아니라 내적 요인으로 유지되고 있고, 적대를 통해 재생산하고 있으며, 분단체제는 구조화된 체제이고, 국민국가의 복원이 아니라 창의적인 정치적 실험을 통해 새로운 정치체로 만들어야 한다는 것'(C 26) 등입니다.

분단체제론은 특정 문제를 비판적으로 바라보기 때문에 "물화를 비판하며 새로운 의미의 지평을 여는 사회이론"(C 28)이고 분단문제가 초래하는 문제들을 지속적으로 문제제기합니다. 대표적인 것은 바로 남북관계에서 전쟁이 종식되지 못하고, 냉전적 적대가 강력하게 지속되면서 국내의 '적' 개념이 제도화되는 것입니다. 이로써 "한국사회 내에 법적으로 제도화된 정당과 그 정당을 지지하는 유권자를 통째로 적으로 삼을 수 있는 식의 정치적 선동이 아무렇지도 않게 횡행하게 된 것"(C 37)입니다. 민주주의체제와 본질적으로 충돌하는 적대적 국가관계가 강고하게 지속되는 것, 따라서 "87년체제가 제안하는 우정의 정치와 분단체제가 제기하는 적대의 정치는 비대칭적"이며 "87년체제를 지키는 자는 자신을 적이라고 부르는 분단체제의 수호자를 친구라고 부르며 그를 우정의 정치로 초대해야" 하는 것입니다. "거대한 규모의 불화"가 생기는 것입니다(C 38).

또다른 문제는 분단과 민족주의, 사회주의, 민주주의의 관계들입니다. "분단체제이기 때문에 북은 북대로 온전한 사회주의가 실현이 안 되고, 남은 남대로 온전한 자유민주주의가 실현이 안 된다"(A 499)는 인식은 결국 한반도가 분단되어 온전한 '민족'이 결여됨으로써 계속해서 '온전한 민족'을 희구하게 되는 동력을 만들어내는 것입니다. 1945년 이후 분단 민족주의, 분단 사회주의, 분단 민주주의를 분석할 통찰력이 담긴 부분입니다.

분단체제론은 어떤 문제들을 대면하고 있을까요. 역사·정치사회학에서는 거시 사회변동과 균열의 관계를 분석합니다. 우리의 근현대사를 돌이켜보면, 한반도는 다양한 거시 사회변동을 겪었습니다. 식민지배 – 독립 – 분단 – 전쟁 – 국가형성 – 경제발전 – 데탕트 – 권위주의 – 탈냉전 – 민주화 – 세계화 – 포스트세계화 – 미중 세력균형 변화 등이 그것인데, 거시 사회변동은 큰 균열구조를 만들고, 여기에 기반해서 거대한 정치세력이 형성되고 흥망성쇠의 변화를 겪게 됩니다. 이 중에서 한국의 주요 정치세력의 형성에 가장 큰 영향을 미친 사회변동을 묶어보면 ① 국가건설(식민/독립, 분단/냉전) ② 산업화(도시/노동) ③ 민주화(독재/민주)라고 할 수 있습니다. 분단체제론은 이 중에서 '국가건설'의 문제군들을 중심문제로 두고, 이 문제가 여전히 지속됨으로써 ② 산업화 ③ 민주화, 나아가 ④ 지구화에도 여전히 영향을 주고 있는 문제들에 대해 사고하는 개념과 이론틀입니다. 따라서 한반도 분단, 국가건설의 문제가 지속되는 한 이에 대한 문제의식은 지속적으로 유효합니다. 나아가 해결되지 못한 과거의 문제가 오늘의 문제와 지속적으로 만나는 방식에 대해 고민해야 합니다.

세번째는 분단체제론의 보존과 이론적 혁신에 관한 내용입니다. 분단체제론의 과제는 기존에 해결되지 못한 문제를 지속적으로 대면하는 문제의식을 보존하고, 나아가 변화한 현실에 맞게 새로운 대안적 문제의식을 포괄하고, 이론적 정교함을 보완하는 것입니다. 예컨대 '분단현실을 바꿔야겠다고 생각하면서도 남북통일을 해서 바꾸겠다는 말이 전혀 실감이 안 나는 것, 통일의 개념을 좀 바꿔야 할 것 같고, 그다음에 분단현실에 길들여져 우리가 분단국가라는 걸 잊어버리고 사는 행태'(A 520~21)를 지적하는 것이 필요합니다. 한편으로 "우리 사회의 모든 해악을 분단체제로 귀속시킨 것이 아닌가"(A 510)라는 비판이 있을 수 있지만, 하나의 이론과 학술적·정치적 입장의 일관성에서는 오히려 반드시 필요한 미덕입니다.

이런 문제의식의 보존에 기반해 새로운 대안을 지향하는 내용들이 읽기자료에 많이 포함되어 있습니다. 먼저 분단을 넘어서는 것이 단순히 결여된 민족국가를 회복하는 게 아니라 더 나은 방향으로 나아가는 것이라고 말하는 복합국가론 제안들에도 공감하고 이를 환영합니다. 즉 "지금 단일형 민족국가, 근대 특유의 주권을 가진 독립된 근대국가라는 게 사람들이 추구하는 가장 이상적인 정치적 형태는 아니"며, "국가연합이 되든 연방국가가 되든 복합국가 형태를 먼저 추구하는 것이 옳"다는 것입니다. '중국도 완전한 단일형 국민국가를 계속 강화하려면 곤란하며, 강력한 중앙집권형 단일국민국가가 동아시아공동체 형성에 바람직하지 않다는 얘기는, 한반도만이 아니라 동아시아의 다른 여러 나라에도 해당된다'는 것입니다(A 503~5).

분단체제를 넘어선다는 것은 단순히 두 국가, 두 정부 사이의 문제가 아니라는 점을 강조하는 것에도 공감합니다. 예컨대 '6·15공동선언은 남북정상간의 양자합의이며, 6·15공동위원회는 3자결합, 3자연합의 형태이다'(A 506) '두 정상간에 단계적으로 통일한다 하는 것을 이미 합의해놓았기 때문에 동·서독과는 질적으로 다른 시민참여의 공간이 확보되어 있다'(A 519)는 내용이 그것입니다. 그리고 시민참여의 공간에서 단지 남북한 내부에 있는 시민들뿐만 아니라 외부에 있는 시민들의 참여를 고려하는 게 중요합니다. 이런 점에서 '약 720만에 이르는 코리안 네트워크, 코리안 디아스포라라는 것이 세계적으로 굉장히 중요한 현상'(A 508)이고, 아일랜드 평화프로세스에서 해외의 아이리시들의 힘이 매우 강력했음을 상기할 때, 학술적으로도 실천적으로도 '글로벌 코리안 네트워크'를 파악하고 연결할 필요성이 있습니다.

이런 점에서 향후에 좀더 정교하게 학술적·경험적으로 연구되면 좋을 부분은 '분단효과'(division effect)에 대한 연구입니다. "세계체제의 문제와 우리의 전통문화가 접합하는 과정에 분단체제라는 현실이 다시 매개작용을 해서 어떤 면이 변형이 되고 왜곡이 되고 심지어 악화가 되느냐"(A 511), 혹은 "분단에서 기인하거나 분단이 매개해서 생긴 문제들"(A 515)을 검토할 때, 단순히 직접 기원뿐 아니라 이 체제가 지속됨으로 인해 계속 현실에 영향을 주는 매개의 영향력도 포착할 수 있게 됩니다.

네번째는 분단체제론의 인식과 이론화를 통해 실천적으로 도출되는 방법론으로서의 변혁적 중도주의에 관한 것입니다. 이렇게 분단체제 개념, 이론화, 경험적 증명, 설명이 보완되면 결국 실천적 함의가 도출되어야 하는데, 이러한 인식론·실천지로서 중도적 지혜가 제시됩니다. 특히 공감하는 부분은 '적공(積功)'의 문제의식인데, 예컨대 "2012년에 그러했듯이 한국사회에 아직도 시대가 요구하는 큰 전환을 이룩할 적공이 부족함을 뼈저리게 느낀다"(B 13)는 점이, 변화를 이룰 역량과 힘, 마음자세를 일깨우고 있습니다.

변혁적 중도주의가 제시한 방법론은 '중도가 아닌 것들을 하나씩 깨나가는 것'으로 제시되고, 이를 통해 '마지막에 남는 것을 찾아가면서 실천하는 것이 중요'하다는 것입니다. 구체적으로 벗어나야 할 것들은 ① 분단체제에 무관심한 개혁주의, ② 전쟁에 의존하는 변혁, ③ 북한만의 변혁을 요구하는 노선, ④ 남한만의 독자적 변혁이나 혁명에 치중하는 노선, ⑤ 변혁을 민족해방으로 단순화하는 노선, ⑥ 평화주의, 생태주의가 분단체제 극복운동에 대한 인식을 결여한 경우 등 여섯가지입니다. 변혁적 중도주의는 '연합정치의 철학'(B 19)으로도 읽히는데, 왜냐하면, "남한 단위의 섣부른 변혁이나 전지구적 차원의 막연한 변혁을 주장하는 단순논리를 벗어날 때 광범위한 중도세력을 확보하는 '중도주의'가 성립할 수 있"기 때문입니다(B 57). 이를 통해 "(수구·보수) 카르텔의 거대한 성채에 약간의 균열부터 내는 일이 급선무"(B 62)이며, 따라서 "본격적인 변혁적 중도주의 정당(들)의 형성은 일단 선거승리라도 이룬 다음의 일이지만"(B 62) 변혁적 중도주의의 지향성을 공유해야 하는 것입니다.

분단체제의 결과로 나타나는 분극화 현상(polarization)을 넘어서려면 강력한 중도연합이 형성되어야 한다는 데 기본적으로 동의하지만, 변혁적 중도주의는 현재의 인식론·소극적 방법론에서 나아가 좀더 정교하게 발전할 필요가 있습니다. 상위 정당정치 차원의 현실(정당정치, 정치인, 선거제도)과 정당이 대중을 만나기 위한 수준에서 내세우는 정책, 정체성, 차별화 전략과 아래로부터 이루어지는 특정 정당의 지지층의 성격이 모두 다르기 때문에, 중도연합은 단순히 특정 정당이 아니라 여러 층위·여러 세력이 함께 움직여나가는 복합적 과정들을 인식할 필요가 있습니다.

변혁적 중도주의는 여러가지 당면 과제들을 제시하고 있는데, 특히 개헌에 대한 논의는 2015년에 나온 글이라는 것이 믿기지 않을 정도로 정확합니다. 나아가 단기·중기·장기 목표의 설정과 배합의 문제의식도 매우 공감합니다. 즉 "'더 좋은 대의정치'를 통해 민주주의를 증진하고 사회통합을 추구하는 작업이 중기적 목표가 되고, 그동안 진행된 민주주의의 역전을 저지하며 새로운 반전을 만들어낼 기회를 잡는 일이 단기적 목표가 되는 셈이다. 효율적인 싸움을 위해 단기·중기 목표의 식별과 적절한 배합이 필요"(B 35)하고 장기적 목표도 올바로 설정하여 이를 중·단기 과제와 결합하는 일이 중요하다는 것입니다.

그런데 세계경제와 양극화 문제에 대해서는 문제는 인식했으나 구체적이지 못하여 아쉬움이 있습니다. 이는 자본주의에 대한 이해와 맞물려 있는데, '자본주의체제'를 언급하며 자본주의체제는 차별에 기반해 빈부격차를 유지하는 체제이며, "자본주의 아래서 성차별주의의 폐기는 불가능하다"(B 53)라고 언급하는 것은 1차대전 이후 모든 인류와 정치세력, 국가, 사회가 나서 불평등을 해소하기 위해 노력해온 것을 부정하는 단순논리로 보입니다. 어떤 근본악을 설정하는 것은 비판의 영구성을 가능케 하지만, 현실의 수많은 단계와 층위에서의 구체적 노력들을 인식적으로 제거해버리는 오류에 빠질 수 있습니다. '독일인 맑스가 본 영국 자본주의'의 문제의식으로 오늘의 복합적 문제들과 그후의 수많은 노력들을 포착하기 어렵습니다. 향후의 변화를 인식하기 위해서는 87년체제 이후 민주주의 30년의 변화를 좀더 명료하게 인식하고, 각 국가별 자본주의의 변화를 보다 비교적 관점에서 인식하고, 나아가 그 자본주의 정치경제들간의 변화와 분업관계도 파악해야 합니다. 무엇보다 국내외 정치적 동학을 이해하기 위해서는 포스트 – 전지구화 현상과 포퓰리즘 대두의 문제를 파악할 필요가 있습니다.

마지막으로는 앞으로 변혁적 중도주의가 올해 어떤 전망을 가질 수 있을까 말씀드리겠습니다. 2017년은 동북아 국제관계에서 상대해야 할 파트너들이 바뀌고, 이로 인해 서로 스트레스가 많았던 시기였습니다. 미국의 도널드 트럼프, 중국의 시진핑 2기, 한국의 촛불집회와 문재인정부 탄생이라는 정권교체, 정치연합 변동이 이루어졌기 때문입니다. 매년 4월, 8월, 10월에 각국의 정치일정에 따라 진행되는 군사훈련, 기념식, 정권교체, 예산심의 등이 동조화(synchronize)되어 있을 때 우리는 긴장이 강화되는 현상들을 반복해서 경험합니다. 이런 문제들이 2018년에는 모두 사라질 것이라고 보긴 어렵지만, 2017년보다는 다소 안정적인 긴장관리 – 관계개선 시도의 여건이 마련될 것으로 전망됩니다. 더 강력한 제재를 할 것인가, 대화를 할 것인가에 대해 각국에서 논란이 일고 있고, 이런 맥락에서 김정은 위원장이 2018년 신년사에서 '평창 동계올림픽에 참석'할 것을 시사하고 남북대화를 긍정적으로 고려하는 신호를 보냈습니다. 2월의 올림픽을 지나 평화로운 봄(4월)을 보내고 평화로운 국내정치(6월)를 보낸다면, '6개월의 평화체험'이 만들어낼 향후 통일·평화 만들기의 공간과 동력이 생길 겁니다. 지나치게 기대할 순 없지만, 돌발변수가 생길 때 다시 극단적 대응의 악순환으로 빠지지 않게 관리할 필요가 있습니다.

2018년은 2017년보다는 나아지겠지만, 강력해진 제재의 효과가 1~2년간 나타날 것이고, 북한의 선택지가 양극 중 하나로 좁혀질 겁니다. 미국 정치는 더 불안정해지고 변화가 나타날 거라고 봅니다. 이런 가운데 우리는 이웃 국가들을 더 안정적으로 관리하면서 그동안 가지 않았던 새로운 길을 걸어야 할 것입니다. 이상으로 발제를 마치겠습니다.

87년체제의 말기국면과 그 임계로서의 촛불

발제2 앞선 발표 잘 들었고요, 같은 텍스트를 읽었는데 명료하게 정리를 해주셔서 역시 저하고 사고체계가 다르구나 하는 생각을 했습니다.(웃음) 저는 제 전공대로 문학연구에 초점을 맞추어서 읽으려고 노력했는데 생산적인 문제의식을 많이 가져오지는 못한 것 같습니다. 읽는 식으로 발표를 하고, 보충되는 것을 말씀드리겠습니다. 발제문의 제목은 '87년체제의 말기국면과 그 임계로서의 촛불'로 잡아보았습니다.

우선 「큰 적공, 큰 전환을 위하여」는 백낙청 선생이 세월호사건 이후인 2014년 9월에 처음 발표한 내용을 보완한 글이더군요. '2013년체제론 이후'라는 부제에서 보이듯이, 대선 실패 이후 한국사회의 전환을 이룩할 '적공'이 부족하다는 문제의식이 굉장히 뼈저리게 반영되어 있는 글입니다. 다른 대담에서 '적공'이라는 말뜻을 짚은 질문자들에게 "한번 쌓인 공덕은 사라지지 않는다"(백낙청·김두식·황정은 좌담 「문학, 『창작과비평』, 그리고 한국사회」, 『백낙청 회화록』 7권 289면)라는 믿음을 피력하신 바 있는데 「큰 적공, 큰 전환을 위하여」는 그러한 적공의 기술을 상세하게 서술하고 있다는 점에서 실천전술의 구체적인 방법론에 해당한다고 할 수 있습니다.

이 글을 읽는 독법으로, 분단비용이 통일비용보다 크다는 문제의식 및 "뼛속까지 못된 정권"(같은 좌담, 300면)을 존속 가능케 한 토대가 분단체제라는 점을 겹쳐 보면 유용할 것 같습니다. 분단체제를 존속하려는 국가주의의 폐단 및 그것과 결속한 신자유주의의 성격이 잘 드러난 것이 세월호사건이기 때문입니다. 이 글은 이러한 시점을 "87년체제의 말기국면"(B 25)이라는 말로 지칭합니다. 김종엽 선생의 글에 따르면, 2000년대 초반 "87년체제라는 말이 (…) 공론장에 데뷔하는 그때부터 극복이라는 단어와 함께 붙어"다녔습니다. 그리고 그때로부터 다시 10여년이 흘렀다는 사실은, 이 시점이 정확히는 2007년을 의미하는데요, "교착의 체제라고 불러도 과언이 아닌" 민주파와 보수파의 '진지전'이 만만찮은 내구성을 가지고 있기 때문입니다. "이 체제의 극복은 오직 이 체제가 열어준 민주적 가능성을 실현하는 것을 통해서만 가능"(김종엽「책머리에」,『분단체제와 87년체제』10면)하다는 문제의식에 대한 상세한 분석자료가 곧 이 글「큰 적공, 큰 전환을 위하여」인 것 같습니다.

「큰 적공, 큰 전환을 위하여」는 분단체제를 '결손국가'라는 용어로 설명하는데, 박정희정권의 출범기는 최소한 '불량국가'였던 이승만정권을 개혁해보려는 의지가 있었지만, 박근혜를 위시한 수구 뉴라이트들은 오히려 박정희가 아니라 이승만과 유사한 길을 걷고 있다는 점을 비판하면서, 그런 가운데 한국사회는 헌법 제3조의 영토조항이 지켜지지 않는 결손국가 체제를 여전히 유지하고 있다, 그것이 분단체제의 요체라고 지적하고 있습니다. 이 글은 이를 극복하기 위한 비판으로 당시에 파악한 3대위기들을 짚으면서 논하고 있는데 이런 문제의식은 현 시점에서도 유효한 것 같습니다.

그런데 세번째의 위기로 짚은 남북관계와 자주, 평화라는 부분과 관련해서 눈에 띄는 것은 "장기적으로는 역시 통일보다 평화다"(B 43)라는 분명한 메시지입니다. 이러한 관점은 오늘 읽기자료인 다른 글들에서도 확인할 수 있는데, 이 글들에서는 분단체제에 대한 백낙청 선생의 설계도가 서구사적인 보편논리를 넘어서는 사유 차원에 연결되어 있음을 드러내는 것 같습니다. 김종엽 선생의 글에서 지적했듯이 한반도라는 분단체제라고 부를 만한 텍스트로부터, 앞의 발제자께서도 이 부분을 인용하셨는데, "보편적 세계사에 기여하는 진리값을 가진 작품"(C 22)을 이끌어내는 작업이 백낙청의 비평작업이라고 규정해볼 때, "분단체제 극복을 통해 도달한 한반도 사회가 국민국가의 복원이 아니라 창의적인 정치적 실험을 통해 얻어지는 새로운 정치체"(C 26)라는 지적도 이 연장선에 놓인 것 같습니다. 그것은 '국민국가'라는 서구사적 보편의 틀에 매이지 않는 전망을 담지하는 동시에, "느슨한 네트워크"의 일원으로서 살아가는 "한민족공동체"(A 507)의 삶의 형태를 예시한다는 점에서 '세계시민'이라는 개념에 비해 우리가 처한 특수성이나 민족, 언어, 문화의 다양성이 공존하는 세계를 겨냥하고 있음을 뜻하는 것 같습니다. 충분히 공감 가능하고, "우리 현실이 산입되지 않은 어떤 이론과 논의도 아직 보편성에 미달한 것으로 간주하는 태도를 고수할 필요가 있다"(C 20)는 지적과도 공명하는 지점이 있습니다.

다만 "느슨한 네트워크"를 지탱할 '공동체'라는 게 이데올로기, 가난 등 분단체제가 낳은 두루두루의 고통을 본질적 인자로 가진 사람들의 네트워크일 수 있는데, 해당 대담(백낙청 – 김성민 대담 「민족문학론, 분단체제론, 변혁적 중도론」)에서는 그들의 이중정체성을 공부하기 유리하다는 모종의 역할론적 측면으로만 주목하고 있어 다소 의아했습니다. 분단체제가 제국주의 패권이 일방적으로 작용하는 세계체제의 모순들을 깊고 다양하게 체현한다는 점에서 세계자본주의체제의 하위체제라는 관점에서 보면, 제국 패권의 모순을 경험적으로 체험한 사람들이 이들 디아스포라일 것이고, 이들의 고통을 확대해서 보면 소수민족이나 티벳을 폭력적으로 억압하면서 여전히 제국 패권을 강화해가고 있는 중국의 모순에 대해서도 같이 생각하게 됩니다.

더불어 「큰 적공, 큰 전환을 위하여」에서 서술한 마음공부 및 중도공부의 방법론들에는 대체로 공감하는데, 김성민과의 대담에서는 특히 그 실천방법으로 '3대력'이라고 하는 마음공부를 강조하고 있고, 마음공부의 주체는 우선은 남한 내의 분단체제를 극복해나가는 목적을 가진 남한 시민 혹은 주민으로 호명하고 있습니다. 취지와 실천방법에 모두 공감하지만, '실천'의 방향성이 좀더 뚜렷해야 한다는 점에서, 역시 분단체제 극복을 겨냥한 모종의 공감전략이 전제되어야 하지 않을까 하는 아쉬움도 들었습니다. 그런 점에서 우리들이 이번 공부모임에서 각자 성찰해봐야 할 것 같고요.

한가지 궁금한 점은 두 시점, 즉 2012년 4월 총선 이전에, 그리고 같은해 12월 대선 사이에 제기한 '변혁적 중도주의' 논의가 시기상 너무 늦었음을 비판하면서, 이 방법론이 유세 방법론으로는 직접 기용될 수 없다는 점을 언급하셨는데, 그러면 앞으로의 지방선거와 총선에서 어떤 전략으로 분단체제 종식에 기여할 수 있을 것인지, 혹시 방법론이 있는지 하는 점이 궁금했고요. 이것은 현실정치와 연계해서 좀더 작동시켜야 할 방법론에 대한 질문이기도 합니다.

또다른 읽기자료인 김종엽 선생의 글 「서론: 몇개의 메타이론적 고찰」은 굉장히 재미있게 읽었습니다. 앞의 발제에서도 지적하신 것처럼 김종엽 선생은 87년체제와 분단체제는 "개념의 대열에 속할 수 있는 의미 응축 능력"(C 25)을 지닌 용어로 파악하고 있습니다. 특히 이 두 개념이 켤레로 사용되어야 하고 양자간 상호작용하는 방식에 주목해야 된다는 점을 강조하면서, 이 두 개념의 관계를 매우 상세히 짚고 있다고 생각됩니다. 그런데 김종엽 선생에 따르면 "87년체제라 불리는 것은 랑시에르의 시각에서라면 치안의 차원"(C 35)을 확립한 데 지나지 않는데, 이 치안의 한계에 도전하는 목소리를 억압하는 또다른 치안 역시 분단체제에서 연원하는 적대의 정치에 기대고 있고, "휴전선이 바로 적대의 분할선"(C 36)이라고 적시하고 있습니다. 이 책에 실린 다른 글에서 보면, 그는 분단체제의 에토스를 세가지로 요약하기도 했는데요. ① 상처 입은 민족주의, ② 사유와 심성의 전역적 우경화, ③ 연대 없는 평등주의가 그것입니다(김종엽 「분단체제와 사립

대학」,『분단체제와 87년체제』 100~2면). 이 지점에서 분단체제라는 것에 대한 기술에서 '역사화' 작업에 대한 필요성을 제기해봅니다. 사실「큰 적공, 큰 전환을 위하여」에서 짧게나마 개진한 역사화 서술 부분이 개인적으로 흥미롭기도 했고요.

분단체제가 민족과 무관하지 않지만 민족주의를 상정하지 않으며 분단을 곧장 상정하는 것이 아니라고 여러 텍스트에서 나와 있고, 그에 대해서 이해는 되는데, 그럼에도 불구하고 '분단체제'라는 용어의 엄밀한 이론적 근거를 조금 비껴가서 말씀드린다면, 저의 상상력은 어쩔 수 없이 과거로 향해가는 것 같습니다. 백선생님은 문학비평 담론의 계보에서 '전통'을 강조하기도 하는데, 한국현대문학을 연구하는 저의 입장에서는 새로이 인식의 차원에서 기원의 문제를 반추하게 되는 것입니다. 분단체제의 기원은 얼핏 생각하면 해방기일 것 같지만 실감으로는 한국전쟁, 즉 '6·25'를 다룬 작품들에 놓일 것 같습니다. '분단문학'도 그렇고 '분단'이 인식되는 과정 자체에 분단체제의 모순이 존재한다고 볼 수 있을 것 같습니다. 엄밀히 말하면 해방 후 8년이 '분단체제'의 모순을 형성한 과정적 기원일 텐데, 연구자로서는 이러한 기원에 대한 역사화 작업이 필요해 보입니다.

최근에는 김건우 선생이 쓴 『대한민국의 설계자들: 학병세대와 한국 우익의 기원』이라는 책에서 이 사실을 짚었고, 『문화과학』 2017년 가을호에서 이분을 초대해서 편집위원들이 담화를 했는데, 여기서 김건우 선생이 하는 말은 국문학 연구에서 처음으로 분단체제라는 말이 나왔던 것 같은데, 원래 자신은 분단체제론을 별로 좋아하지는 않았지만 그 말이 맞는 것 같다는 것이었습니다. 어쨌든 이런 것들에 대한 연구나 사유가 작품들만을 경유해서 산출되지는 않고, 메타적으로 접근하기 위해서는 백선생님이 말씀하셨던 것처럼 우리의 수

양방법 중에 자료를 보고 하는 공부가 항상 포함이 된다는 것을 말씀 드리겠습니다.

마지막으로 분단체제론은 어떤 면에서는 상당히 공시적인 분석체계가 아닌가 하는 생각이 들었습니다. 세월호에 분노하고 촛불을 든 모든 시민들이 분단체제론을 사유할 동지가 되고 사회변혁을 꿈꾸고 실천할 주체로 호명된다는 점에서 장점은 있지만, 통시적인 시각을 견지하지 않음으로써 세대론을 괄호 치고 있지 않은가 합니다. 그래서 사실은 태극기나 태극기를 등에 업은 극우보수의 프레임은 여전하고 그 세력들을 관념적으로 배제하는 방법 외에는 사회를 해명할 어떤 방법이 없지 않느냐 하는 생각이 들었고요. 그런 점에서도 '역사화' 작업이 필요할 것 같습니다. '촛불'의 함성(이 몰아내고자 했던 것들을 소멸시키는 작업)이 완수돼야 87년체제의 임계점을 긋고 그다음으로 나아갈 수 있을 것 같습니다. 다른 말로 하면 분단체제의 동요기를 끝낼 수 있는 길이겠죠. 부족한 발제를 여기서 마치겠습니다.

분단효과 혹은 분단문화에 관한 논쟁
토론 정리: 송종원

발언자1 발제2에서 국문학자 김건우 선생이 자신의 연구(『대한민국의 설계자들』)와 관련한 발표 자리에서 분단체제를 언급했다고 했는데 어떤 맥락이었는지 궁금하다. 발제1에서는 백낙청의 「큰 적공, 큰 전환을 위하여」에서 자본주의하에서 성차별주의의 폐기는 불가능하다는 시각으로 다루어진 것을 비판하고 있는데, 이 부분은 절대적 평등에 대해 다른 시각으로 접근해야 한다는 주장을 더 살필 필요가 있는 것은 아닐까 생각한다. 백선생님이 이를 설명하면서 음양조화·음양설을 장기적 목표로 끌고 들어와서 의혹을 더한 부분도 있는 것 같다. 자본주의체제하에서 개선의 노력에 한계가 있을 뿐 아니라 해소될 수 없는 여러 차별이 객관적으로 존재한다고 말하는 것은 가능하지 않을까.

발제자2 학병세대라고 불리는 1920년대생들, 좀더 정확히는 20년을 전후로 태어난 세대는 '친일'에 가담한 그 이전 엘리트 지식인 세대들과는 다른 감각으로 해방 후 대한민국을 설계해나가는데, 당시 핵심적 역할을 감당한 이들이 장준하, 김준엽 등 서북기독교계열 청년들이었다. 그런데 이들이 나중에 굉장히 보수화된다. 이 문제를 짚으면서 그들이 보수화되는 현상과 분단체제를 연결지어 이야기하는 맥락에서 분단체제가 언급되었다.

발제자1 백낙청 선생은 성차별 문제를 후에 음양과 관련해 이야기하셨는데 원불교적인 사유와 관련된 것인지 제가 문외한이라 잘 받아들이지 못한 면도 있다. 자본주의가 여러 차원의 차별을 만들어냈고 그 아래에서는 개선이 불가능하다는 문제의식은 유효하겠으나, 다른 나라와 성평등지수를 비교해보면서 우리는 어떤 조건에서 여성에 대한 차별이 형성되었는지를 분석하고 그에 따라 구체적인 개선의 방법을 떠올리면 좋겠다는 생각이다.

발언자2 김건우 선생의 발언을 직접 듣지는 못했지만, 보통 우리 지식인사회에서 '분단체제'라는 말을 쓰는 경우와 우리가 공부하는 '분

단체제'는 거리가 있는 경우가 많다. 단순히 분단된 현실에서 생기는 현상들을 말하면서 분단체제라는 어휘를 느슨한 의미 또는 레토릭처럼 사용하는 경우가 종종 있다. 또한 분단체제 극복과 관련해서도 오해가 많다. 분단체제 극복이 곧 통일이라는 식의 논리를 구사하는 이들이 많은데 실제로 그렇지 않다. 분단체제론에서 말하는 분단체제 극복은 단일형 국가로의 통일이 아니다. 그렇기 때문에 분단체제 극복은 운동의 형태로 나타날 수밖에 없고, 통일을 넘어선 평화를 장기적인 기획으로 말하게도 된다. 그렇다고 관념적인 이상사회를 의미하는 것은 아니다. 중기적 고려에 따르면 낮은 단계의 국가연합에서 시작해서 복합국가로 가는 것을 설정하고 있다.

발언자3 발제2에서 한민족공동체식의 전망을 세계시민 개념과 비교하는 관점이 흥미롭다. 그런데 이중정체성에 대한 서술에서 "해당 대담(백낙청 ― 김성민 대담 「민족문학론, 분단체제론, 변혁적 중도론」)에서는 그들의 이중정체성을 공부하기 유리하다는 모종의 역할론적 측면으로만 주목하고 있어 다소 의아"하다고 했다. 여기서 "그들"은 디아스포라일 텐데 그 담화의 포인트는 디아스포라가 인식론적으로 특권적인 위치에 있다는 것을 부정하는 것이 아니었나? 디아스포라가 더 잘 볼 수 있는 것도 있지만, 분단체제하에서 남북 주민들이 더 잘 볼 수 있는 게 있으니 디아스포라에 특별한 이점이 있다는 이론과 시각에 문제를 제기한 것으로 알고 있는데, 발제자는 달리 읽은 것 같다. 디아스포라가 더 특별한 위상이 있다는 의견인지 궁금하다. 발제1에 대해 덧붙이자면, 성차별주의가 자본주의 일반에 나타나는 현상이지만 '분단체제의 효과'로 특별히 우리가 사는 곳에서 더 강하게 나타난다거나 특별한 방식으로 나타난다거나 하는 건 아닐지. 여러 논의가 있을 때 분단체제로 환원하지 않으면서 분단효과를 설명해내는 게 중요한 거 같다.

발제자2 김건우 선생이 담화에서 살짝 언급하는 수준이었지만 단순히 분단현실을 지칭하는 차원의 분단체제가 아니라 분단체제론과 관련한 수준의 발언이었다고 기억한다. 그다음 내가 이중정체성에 대해 생각한 것은 서경식 선생이 자주 언급한 디아스포라, 즉 재일조선인 문제를 근거로 했다. 분단체제가 만들어놓은 국가프레임이 민족을 충분히 위무하지 못했다는 문제의식이 나에게는 있었다. 그런데 「민족문학론, 분단체제론, 변혁적 중도론」에서는 그에 대한 언급을 생략하고 있다고 보아서 문제를 제기한 것이다.

발제자1 분단효과 개념을 연구한 것은 아니지만, 효과가 두드러지는 분야가 있고 덜한 분야도 있는 거 같다. 어쨌든 효과는 분명 다 있을 것이다. 여성차별의 문제로만 보자면, 한국에서 건강이나 교육 분야는 여성차별이 적은 편이고, 정치나 경제 분야에서는 파워에서 완전히 제압당한 면이 있다. 또한 문화적으로도 여성들이 무시당하는 측면이 적지 않다. 대표적으로 분단체제의 영향을 이야기하자면 과도한 군사주의를 들 수 있다. 국방예산을 2.7퍼센트에서 더 늘리는 경향은 물론이고, 군가산점제와 군 경험을 한 남자들이 여성혐오를 알게 모르게 배워오는 현상 등을 떠올리면 분단체제의 효과와 어떤 영역에서의 여성차별 문제를 같이 생각해볼 수 있다. 그런데 이 둘의 연관성을 좀더 세밀히 살피려면 비교연구가 필요할 듯하다. 가령 일본의 성평등지수는 왜 우리보다 더 못할까, 또는 대만은 왜 우리보다 여성을 더 평등하게 대하는가 등을 비교하면 분단효과로 한국의 여성차별 문제가 어떻게 빚어지는가를 더 잘 설명할 수 있을 것이다.

발언자2 나는 예전부터 분단효과 혹은 분단문화에 대해 더 깊이 글을 쓰고 더 많이 이야기해야 한다고 주장했다. 방금 발제자1의 발언과 관련해서는 직접적인 것과 매개적인 것의 구분이 중요하다. 분단의 가해자와 피해자도 양분되지 않는다. 가해와 피해도 직접적인 것과 매개적인 것으로 구분해볼 때 더 실감이 난다. 지난번 백낙청 선생의 강의에서도 이야기되었지만 연루 책임의 경중이 있겠으나 북한의 인권문제 또한 모두가 연루되어 있다. 직접적인 것과 매개적인 것을 구분해서 적용하면 이렇게 실질적인 분단효과를 말하기 용이하다. 위안부 문제를 포함해서 가해자-피해자 논의를 할 때도 직접적인 것과 매개적인 것을 구분해보면 논의를 확장할 수 있다. 또한 이 방법을 잘 활용하면 한국의 분단이 동아시아의 연동과 어떻게 관계 맺고 있는지를 설명할 길이 열린다.

발제자1 추가설명을 하자면 20세기 중반 이후 미국과 군사적 동맹이 강하게 맺어진 나라가 독일, 일본, 한국이다. 독일은 독일 안에서 분단이 이루어졌지만, 동아시아 분단체제는 한국과 일본이 역할분담된 측면이 있다. 세 나라 모두 제조업이 발달한 나라이고, 제조업이 발달한 나라에서는 보통 가부장제가 발달한다. 일본이랑 한국은 그렇게 설명이 가능한데, 독일과는 왜 다른가 설명이 된다면 동아시아와 연동하는 한국의 분단체제가 더 잘 드러날 수 있으리라고 본다.

발언자4 발제자1처럼 나도 변혁적 중도주의를 연합정치의 철학으로 읽었다. 최근에 연합정치의 중요성을 말하는 한 신문 칼럼을 읽었는데, 거기서 말하는 연합의 핵심은 지향하는 내용이 하나만 같아도 동지로 인식하고 같이 가는 것이었다. 반면에 하나만 달라도 적으로 인식하는 태도를 지식인의 것이라고 규정하면서 그런 태도는 광범위한 연합을 이룰 수 없다고 설명했다. 지난번에도 연합정치에 대해 논의했을 때 민주당 중심의 패권적인 담론으로 이해되지 않을까 문제제기한 적이 있는데, 그에 대한 여러 설명을 들었지만 여전히 의문인 점이 남는다. 왜 그럴까 생각해보니 발제1에서 언급한, 중도가 아닌 것들을 제거하는 논법 때문인 것 같다. 이런 방식은 다양한 담론들 사이에서 공통분모를 찾아가기보다는 가장 올바른 것이 존재하고 그것에 미달하는 것들을 제거하는 방식이다. 이것은 앞의 구분법에 따르면 지식인적인 태도에 가깝다. 이 태도로 현실정치에서 과연 연합을 꾸릴 수 있을까. 변혁적 중도주의의 엄격성과 비타협성이 현실정치에서 효과를 제대로 낼 수 있을까. 가령 국민의당 같은 세력을 변혁적 중도주의의 입장에서는 어떻게 봐야 할지 의문이다.

발언자1 변혁적 중도주의가 6개의 항목을 나열하면서 하나하나 제거한다는 표현을 썼는데, 그중에는 '전쟁에 의존한 변혁'처럼 분명 제거할 노선도 있지만 모두 그런 것은 아니다. 노선에 긍정적 요소가 있으나 분단체제를 고려하지 않고 추구했을 때는 문제가 될 수 있다는 의식이 작용하는 것으로 보아야 한다. 즉 분단체제에 대한 인식을 결여한 노선들을 부정하면서 제거·배제하는 방법이라기보다 분단체제의 인식을 공유하면서 그 노선들의 문제인식들을 함께 끌고 가려는 태도에 가깝다. 연합정치 문제는 좀더 생각해볼 만하다. 사실 발제자1께서도 국민의당 문제와 관련해서 하고 싶은 말이 있는 거 같다고 느꼈다. 먼저 들어보면 좋겠다.

발제자1 처음에 국민의당이 등장했을 때는 부정적으로 보지 않았다. 양당구조가 깨지면서 서로 긴장하면서 함께 발전하는 실험을 기대했다. 하지만 현실을 봤을 때 너무나 실망스러웠다. 변혁적 중도주의라는 말을 내걸었을 때 그게 주는 규범이 있다. 기존의 분단체제하에서는 양극화된 정치세력들이 서로를 비난하면서 서로 이익을 얻는 구조였다. 그렇게 서로를 공격하면서 형성된 양극화된 정체성으로 쓸데없는 동원만 하는 구조를 지양하자는 차원에서 변혁적 중도주의가 의미가 있다고 본다.

개인적으로 변혁적 중도주의 세력을 민주당, 정의당, 국민의당 정도로 판단했다. 민주, 평화, 복지 의제에서는 최소한 합의가 가능하다고 보았기 때문이다. 여기에 민주주의 룰을 지키는 바른정당까지 같이 하면 좋겠다고 생각했는데* 대통령제에서는 대통령이 선출되면 당과 모든 자원이 대통령한테 몰리기 때문에 중도 삼각편대가 형성이 안 되고 대신에 중도보수연합이 생기는 상황으로 보인다. 분단이나 평화나 통일이라는 의제 자체가 국내의 작은 차별을 해결하는 차원이 아니라 뿌리 깊은 문제를 해결하는 문제이기에 최대연합이 형성되지 않으면 안 된다. 기존의 권위주의적 국가가 무너지는 과정에서 역사적으로 최대연합이 형성되기도 했다. 변혁적 중도주의가 지향하는 최대연합도 그런 의미에서 중요하다고 생각한다.

발언자2 국민의당 사태를 어찌 볼 것인가는 백선생님에게 질문해볼 만하다. 더불어 단기·중기·장기 발상법에 대해 생각해볼 필요가 있다. 당장의 국민의당이 분열되는 것은 단기적인 문제인데, 많은 사람들이 여기 관심이 많은 듯하다. 그런데 분단체제론은 정세론이지만 동시에 그것에만 그치지 않는다. 단기·중기·장기를 적절히 분별하면서 배합하는 발상이다. 흔히 인문학자는 중·장기적 이야기를 좋아하고 사회과학자는 단기적 과제에 집중하면서 정책이나 대안을 내세우는 경향이 있다. 그런데 사실 저 둘을 통합하려는 관점이 중요하다고 본다. 분단체제와 관련해서 단기 과제는 무엇이고 중기·장기 과제는 무엇인지 생각해볼 필요가 있다.

발언자5 분단체제론, 변혁적 중도주의를 공부하면서 혼란스런 지점이 무엇일까 생각해보는데, 하나는 실천적 개입이나 정세판단과 관련해

---

* 현재는 국민의당과 바른정당이 이합집산하여 민주평화당과 바른미래당으로 개편되었다 ─ 편집자.

서 사용되는 용어들을 개념적으로 파악하는 데 혼란스러운 지점이 있고, 다른 하나는 분단효과를 어떻게 볼 것인가 하는 문제다. 백선생님은 여러번 분단환원론자가 아니라고 말씀하시는데, 그 말이 뒷받침되려면 여러 경험적 연구들을 통해서 현재의 문제적 상황들과 분단체제의 관련성 내지 그것들이 어떻게 연동하는가의 문제를 좀더 세밀하게 설명하는 작업이 필요하다.

분단체제가 남북 주민들의 몸과 마음에 각인된 분단의 상처와 사회심리, 가령 비합리적 증오심 등과 관련한다는 이야기가 와닿기도 하면도 동시에 그것이 분석되거나 경험적으로 설명되기 어렵지 않나 하는 의문이 드는 것도 사실이다. 또한 그런 상황에서 해결책으로 제시된 마음 챙김이라는 것을 어떻게 받아들여야 할지도 어려운 부분이다. 그래서 마음 챙김과 변혁적 중도주의에서의 실천적 개입 사이에 간극 같은 게 있다고 보는데, 이 간극을 어떻게 받아들여야 할지 고민스럽다.

발언자6 문학의 차원에서도 분단체제와 연결지어 생각해볼 무언가가 분명히 있다. 가령 김종엽 선생 글에 나오는 한국적 에토스의 작동 같은 것을 떠올릴 수도 있는데, 그것을 텍스트 안에서 추려내고 논증한다는 것은 간단한 문제가 아니다. 실체가 잘 잡히지 않는 어려움이 있다. 요즘 정동이나 감정의 차원에서 접근하는 연구들이 있는데, 분단체제와 이 실체가 잘 잡히지 않는 유동적 대상을 어떻게 연결지어 생각할 것인가는 내게도 고민거리이다. 발제1의 결말에서 '변혁적 중도주의의 전망' 부분은 생각이 조금 다르다. 지금 현실정치와 관련한 전망을 설명하는 부분에 의구심이 든다. 국민의당과 바른정당이 통합해서 새로운 보수의 중심이 될 수 있을까 의문이다. 촛불혁명 이후 무언가 많이 달라졌다. 박근혜를 끌어내리는 데 70퍼센트 이상의 합의가 존재했다. 이 합의의 저력이 만만찮다고 본다.

발언자7 요즘 대두되고 있는 '양국체제론'을 '분단체제론'과 비교해서 검토해보면 생산적인 논의가 될 것 같다. 분단체제론, 그리고 그 내용의 일부인 포용정책2.0과 김상준 교수 등이 주장하는 양국체제론의 문제의식은 맞닿아 있는 측면이 있다. 남북이 분단된 특수관계가 아니라 정상적 국민국가 관계가 되면 문제를 쉽게 풀 수 있다는 것이 분단체제론과 다른 양국체제론의 해법이다.

그런데 문제 해결방법에서 크게 차이가 난다. 백낙청 선생이 이야기하는 포용정책2.0 같은 해결의 단계가 김상준 교수에게는 없다. 양국체제론이 현실화되기 위해서는 남과 북이 모두 헌법을 바꾸고 남쪽은 국가보안법을 폐기해야 하는 문제 등이 있다. 양국체제론에 따라 현재의 상황에서 헌법의 영토조항 등을 개정하는 방식이 국민적 지지를 얻어 국가보안법 철폐를 포함한 '이면헌법'의 폐기로 이어지고 남북의 적대관계를 크게 줄이거나 없앨 수 있을까? 앞으로 더 깊이있는 논의가 필요하지만, 적어도 두가지는 지적할 수 있을 듯하다.

1) 양국체제론으로 4대 강국과 국제사회를 설득하고 북핵 폐기를 이끌어낼 수 있을까? 일본의 수구세력은 북핵을 핑계로 정치적 이익을 톡톡히 챙기고 있고, 이미 핵보유국을 자처하는 북한 지도부가 미국은 물론 중국과 러시아도 체제의 안전판이 되기 어렵다고 확신하는 한 양국체제론으로 북핵 폐기는 어렵다.

2) 북한이 '양국체제'를 위해 북한 헌법의 개정을 포함하여 필요한 국내적 조치를 취할 동기가 있을까? 통일이 억압적인 체제를 유지하는 큰 명분인 상황에서, '양국체제'의 제의 역시 북한 붕괴를 꾀하는

책동으로 이해될 가능성이 높다. 북은 남이 양국체제를 표방한다고 해서 남이 흡수통일 욕심을 포기했다고 보지 않을 것이며, 실제로도 남의 수구냉전세력은 틈만 나면 양국체제의 약속을 파기하고 흡수통일을 지향하려고 들게 마련이다. 결론적으로 양국체제론은 흡수통일과 적화통일을 주장하는 남과 북 각각의 수구세력(과 일부 통일지상주의세력)을 해체하려는 타당한 정치적 목표를 지니지만 실제로는 현실성이 별로 없는 것으로 여겨진다.

국민의당에 대한 생각은 이렇다. 안철수와 유승민을 따르는 핵심세력들은 안보만큼은 보수라고 주장하며 문재인과 차별화를 주장하고, 또한 안철수와 유승민이 전쟁이 나도 괜찮다는 자유한국당 세력과는 다르다고 생각하지만, 실제 위기상황에서 전쟁을 하고 보자는 세력이 난리 칠 때 그들 역시 힘없이 끌려갈 세력 같다. 그런 면에서 그들이 중도보수가 되기 어렵지 않나 하는 생각이 든다.

발언자1 중도를 이야기할 때 많은 사람들이 혼란스러워하는 측면이 있다. 어떨 때는 현실적 정치연합을 지칭하는 중도 개념이 있고, 불교의 사유와 관련한 중도의 차원이 있다. 이 둘을 잘 구분해서 생각해야 한다. 마음공부는 후자와 관련이 있다고 본다. 「큰 적공, 큰 전환을 위하여」에서도 어떤 사회를 지향하는 원칙과 태도에 대한 언급이 많다. 그리고 이 태도들을 말할 때 중도에 대한 언급들이 나온다. 사회에 대한 단순명료한 미래상을 말하지 않고 대신에 수행적인 과정들에 대한 이야기가 많다고 할 수 있다. 변혁적 중도론은 상당히 수행적인 과정을 추동하고 복잡한 모순들을 감당하면서도 한걸음 한걸음 나아가며 확인하는 과정을 강조한다. 새로운 사회를 지향하는 사람들이 이 과정을 견디기 위해서는 마음공부를 필요로 하는 게 아닐까 한다. 반면에 명료하고 체계화된 것을 요구하는 성향이 강한 지식인집단이 분단체제론이나 변혁적 중도론에도 뚜렷한 설명을 요구하는 경우가 많은 거 같다. 다른 차원에서의 마음에 대해 이야기하자면, 정말 사회가 좋아진다면 한 사회 전반의 마음의 수준 또한 높아질 것이다. 그런데 진보적 요구와 강령이 그 마음의 수준을 높이는 데 얼마나 기여했는가를 생각해보자. 마음의 수준을 높이지 않고 제도만을 이야기하는 것은 문제적이다. 제도가 마음을 다스리는 효과가 있다고 하지만 그렇게 단순한 문제는 아닌 듯하다.

발언자5 나 역시 마음공부에 관한 부분들을 연구하고 있어 고민하는 내용이다. 마음이나 중도 모두 무엇인지는 정의 내릴 수 없지만, 하여간 지금 상황은 아닌 무엇을 이야기하고자 할 때 사용되는 개념들처럼 여겨진다. 그런데 한편으로 이런 비판을 접하고는 한다. 가령 마음을 이야기한다는 것은 우리가 알지 못하는 무언가를 아는 척하려는 핑계거리 같다는 식의 비판이나, 또는 우리가 알지 못하는 불안감을 지우면서 내세우는 위안 같은 게 아닌가 하는 비판들 말이다. 그럼에도 내가 마음이나 중도에 가능성을 두는 것은 결국은 지향성 내지 의도성 때문이다. 의도성이 있을 때 마음이 체계화될 수 있는데, 그 의도성에 대한 논의를 별로 하고 있지 않다. 마음은 의도성이 있을 때 표출되고 실천되는 것이고 중도 역시 그런 게 아닐까란 생각이 든다.

발언자8 백낙청 – 김성민 대담 513면에 '마음공부' 이야기가 나오는데, 정신수양(精神修養)이 전부가 아니라 사리연구(事理研究)와 작업취사(作業取捨)를 함께 거론하며 이것들을 3대력이라고 표현한다. 그러면서 이 3대력을 포괄하는 것을 마음공부라고 개념을 정리한다. 이 맥락에서 보면 마음공부는 주관적이거나 관념적인 게 아니라, 3대력을 포괄하여 실천의 과정으로 나아가는 행위로 볼 수 있다.

그리고 이번 기회에 백낙청 선생의 글을 다시 읽어보니 「큰 적공, 큰 전환을 위하여」를 쓰실 때 마음의 상태 같은 것이 보이기도 했다. '2013년체제 만들기'를 주창하다가 그다음 국면에 이르러 '적공'을 이야기했다. 이때 한발짝 물러선 것으로 보인다. 당시의 정세나 기운이 아직은 어떤 준비기라고 판단하신 것 같다. 여기에 세월호사건을 목격하면서 우리 사회가 총체적인 문제에 처해 있고 이를 극복하기 위해서는 상당한 내공이 필요하다고 판단하게 되었을 거 같다. 그런데 2016년에 누구도 예상하지 못했던 촛불을 목격하면서 기존의 정세판단과는 또다른 급변의 사건을 마주한 상황이 되었을 수도 있다. 당시의 정세판단과 촛불 사이의 간격을 어떻게 정리하고 계실지 궁금하다.

또 87년체제를 말할 때 김종엽 선생과 백낙청 선생은 서로 강조하는 부분이 다른 것으로 보인다. 김종엽 선생 역시 극복을 이야기하지만 87년체제에 애착을 가지고 있다. 촛불혁명은 87년체제의 해체라기보다 수호라고 판단한다. 반면 백낙청 선생은 87년체제를 낙후된 것으로 보고 극복할 체제라는 데 방점을 두고 이야기한다. 이 미묘한 갈라짐에 대해 주목할 필요가 있다.

발언자9 여러분의 이야기들을 들으니 연구과제들이 많이 던져진 것 같다. 내가 주목하고 싶은 부분은 김종엽 선생의 글에 대한 의문이다. 김종엽 선생은 근대 사회과학적 방법과 다른 방식으로 생각을 진전시키는데, 나와는 많이 다른 거 같았다. 나의 경우는 87년체제와 분단체제를 의미의 응축으로 생각하지 않고, 선형적 방식으로 이해한다. 물리학의 기계장치처럼 사고한다고도 볼 수 있다. 어떤 요소를 입력하면 그에 따라 특정 결과가 출력되는 식으로 생각한다. 구성요소를 바꾸면 체제를 변화시킬 수 있다는 식의 사고라고도 할 수 있는데, 김종엽 선생은 그것이 불가능하다고 보는 거 같다.

발언자3 디아스포라 이야기를 덧붙이자면, 디아스포라에 특권적 위치를 부여하는 경우는 대체로 탈국가담론과 결합하는 것 같다. 그것은 국민국가를 현 단계에서 어떻게 평가할 것인가의 문제이기도 하다. 탈국가담론이 상상적 공동체라는 사고에 기초해서 민족국가가 현실의 근거 없이 상상에 의해 인위적으로 구성된 것으로 이해하는 경향이 많고 따라서 폐기 역시 상상적으로 가능한 것처럼 흘러가는 오류와도 연관된다. 지구화가 진행되면서 국민국가 역시 강화되는 현실적 경향이 있는데, 이를 무시하고 비약하는 탈국가담론은 문제가 있다. 그런 맥락에서 디아스포라에 대한 과도한 의미 부여도 지양해야 한다.

개인적 고민은 '중도'와 관련해서, 남한만의 변혁이나 전지구적 변혁을 말하는 단순논리를 벗어날 때 광범위한 중도세력을 확보할 수 있고 그런 면에서 연합정치가 필요하다는 부분이 머릿속으로 감당이 안 된다. 분단체제론의 인식에 설 때 가장 광범위한 세력을 확보할 수 있다는 이야기인데, 분단효과 자체는 중도세력이 서기 힘들게 만들고, 인식 자체도 극단적으로 가게 하는 면이 있다. 분단효과는 이러하지만 분단체제론의 인식은 광범위한 중도세력을 결합하게 한다는 말에 함축된 간극을 메우기가 쉽지 않을 것 같다.

중도는 일종의 잠재성의 영역으로 생각되기는 하는데, 문제는 그런 인식을 가지고 사고를 하는 게 수월하지 않다. 실제로 문학 분야를 보더라도 대체로 문학이 복잡한 것에 더 우호적인 것처럼 이야기되지만, 한국 문학담론에서는 극단적인 것들이 더 평가받는 경향도 있었다. 신자유주의에 많은 걸 귀속시켜버리는 97년체제론이나, 분단체제를 괄호 친 개혁주의 같은 단순하고 선명한 것이 잘 먹히는 현상이 문학 영역에서도 일어난다는 걸 생각해볼 필요가 있다.

발언자10 마음공부와 관련해서 발언자8의 이야기가 적절했던 거 같다. 마음공부는 자기수행과 동시에 자기가 사는 삶 또는 자기가 살고 있는 체제의 운용을 끊임없이 고민하는 과정과 맞물려 있다. 백낙청 선생은 마음공부에 한해서는 단기부터 장기까지 상수적으로 필요한 기본이라고 생각하시는 듯하다. 문학과 관련해서 이야기하자면 발언자1께서는 한 사회의 마음 수준이 높아야 한다고 이야기했는데, 발언자8의 말까지 종합하자면, 흔히 사람들은 문학은 무용하다는 식의 이야기를 많이 하는데 문학이야말로 마음 수준을 높이는 데 정말 유용하다고 말할 수 있다. 발언자3이 지적한 이야기도 공감한다. 문학담론에서 단순한 논리들이 횡행했다는 지적이 맞다고 본다. 하지만 좋은 작품을 평가하는 과정에서 그러한 단순한 논리가 통하지 않는다는 것을 우리는 스스로 확인하는 과정들을 경험했다고 보며, 창비 문학담론도 그런 단순논리들과 거리를 유지했다고 자부한다.

정리자 종합

  1) 분단환원론을 피하면서 분단효과를 말하는 방법에 대하여 논의

해보고 자본주의와 성차별 문제, 국민국가와 디아스포라 문제에 대해서도 논점이 제기되었다.

2) 변혁적 중도주의의 관점에서 국민의당 사태를 어떻게 볼지에 관하여 토론해볼 만하다.

3) 마음공부와 변혁적 중도주의의 실천적 개입 사이에 간극은 존재하지 않는가 의문이 제기되었다.

4) 문학과 분단체제론 혹은 변혁적 중도주의 사이의 접점에 대하여 토론해볼 필요가 있다.

6회차 공부모임

사회자(이남주) 오늘도 참석해주신 분들께 감사드립니다. 벌써 6차가 됐고 두달이 지났는데, 특히 연말연시라서 참여 문제에 대해서 걱정을 했습니다. 그런데 1월 2일 모임도 잘됐고 오늘도 많은 분들이 참석해주셔서 고맙다는 말씀을 드립니다. 지금까지 오면서 저희들의 토론이 조금은 발전적으로 진행됐으리라 생각하고, 앞으로도 그간의 문제의식을 어떻게 발전시킬 수 있을지에 초점을 맞춰서 잘 마무리 되기 바라는 마음입니다. 오늘은 짝수차 모임이므로 백낙청 선생님이 지난번 토론자료에 기초해서 강의를 하시는 걸로 시작하겠습니다. 이번 토론 정리는 좀 늦어져서 백선생님께 주말에 상당한 부담을 드리게 됐는데, 그래도 오늘 상당히 꼼꼼하게 발언자료를 준비하고 발표를 해주실 것 같습니다. 박수로 환영하겠습니다.

변혁적 중도주의가 아닌 것을 비판하는 이유

백낙청 네, 새해 들어서 처음 만나는 분들이 많습니다. 새해 복 많이 받으시기 바랍니다. 정리를 맡은 분께서 심한 독감을 앓으셔서 토론 정리가 늦어졌다는데, 지금은 괜찮으시죠? 수고가 많으셨습니다. 제가 지난번에 들머리발언을 네 페이지 정도 썼는데 이번에 세 페이지로 줄였습니다. 발언하는 시간도 그렇게 줄기를 바랍니다. 얘기하다 보면 또 늘어질 수도 있지만 조심하겠습니다.

우선 지난번 발제문들을 먼저 전달받았고 그다음에 토론 정리문을 받았는데, 읽어본 소감을 말씀드리면 발제와 토론이 모두 훨씬 알차게 진행됐다는 느낌이 들었습니다. 그래서 이게 그간의 공부가 드디어 효험을 보고 있는 건지, 아니면 발제자들의 개인기가 주효한 건지 생각을 해봤는데 둘 다였을 거예요. 당연히 그래야 되고요. 그래서 지난번처럼 공부방식에 대해서 길게 훈계조로 이야기하는 일은 안 하겠습니다.(웃음)

소감 중의 하나는, 분단체제론이 분단환원론이냐 아니냐 이런 상투적 논란에서 이제 '분단효과'에 대한 구체적 논의로 진행한 것이 큰 향상이었다고 생각합니다. 가령 토론에서 북한의 성차별 문제는 안 나왔습니다만, 거기도 생각할 여지가 많죠. 한국 및 한반도에서의 성평등지수에 미치는 분단의 영향이라든가, 또 디아스포라의 역할 이런 것이 더 논의할 가치가 충분하다고 생각되고, 좀 있다가 저도 그 문제에 대해서 운을 떼놓을 테니까, 나중에 여러분의 활발한 의견 개진이 있길 바랍니다.

나 자신은, 이것은 김성민 교수와의 대담에서 인용을 했지만, "분단환원론이 아니라고 거듭거듭 말하지만, 그런 이야기가 앞으로도 계속 나올 거예요"(501면)라는 각오를 피력한 바 있지만, 우리 같은 공부모임이라면 그 점을 인정하고 출발했으면 좋겠고요. 또 하나는 이런저런 분단효과에 대해 특정 분단체제론자의 인식이 미흡하다거나 부정확한 것 또한 비판과 보완의 대상이지, 그래서 분단체제론이 틀린 것 아니냐 하고 말하는 것은 논리적인 비약이 되겠지요.

그다음에 한가지는, 이건 공부방식과 관련된 것인지 모르겠습니다만, 이 대목에서 방식 얘기는 내가 먼저 꺼낸 게 아니고 토론자가 먼저 꺼냈습니다.

"중도가 아닌 것들을 제거하는 논법 (…) 방식은 다양한 담론들 사이에서 공통분모를 찾아가기보다는 가장 올바른 것이 존재하고 그것에 미달하는 것들을 제거하는 방식이다"(발언자4)라고 비판적으로 지적했는데, 나는 그런 지적도 '앞으로 계속 나올' 거라고 각오하고 있습니다. 그런데 「큰 적공, 큰 전환을 위하여」라는 글은 여러분이 다 읽기로 했던 것이고, 그 글의 57면●에서 이미 그 점은 제가 해명한 바가 있고, 또 지난 4차 모임에서 그 대목을 다시 언급했는데도 또 나온 것은 약간 실망스럽습니다.

백낙청 「큰 적공, 큰 전환을 위하여」(2014)●

『백낙청이 대전환의 길을 묻다』 57~58면

졸고 「2013년체제와 변혁적 중도주의」에서는 '변혁적 중도주의가 아닌 것'의 여섯가지 예를 번호까지 붙여가며 열거했는데(『창작과비평』 2012년 가을호 22~23면), 그런 식으로 이것저것 다 빼고서 무슨 세력을 확보하겠느냐는 반박을 들었다. 있을 법한 오해이기에 해명하자면, 그것은 배제의 논리가 아니라, 광범위한 세력 확보를 불가능하게 만들거나 진지한 개혁을 이룰 수 없는 기존의 각종 배제의 논리들을 반대하되 각 입장의 합리적 핵심을 살림으로써 개혁세력을 묶어낸다는 **통합의 논리**였다. 다만 변혁적 중도주의가 이러저러한 것이라는 정의를 정면으로 내세우기보다 무엇이 변혁적 중도주의가 **아닌지**를 적시함으로써 각자가 스스로 깨닫도록 하는 불교『중론(中論)』의 변증방식을 시도해본 것이다. 다만『중론』의 방식에 진정 충실하려면 변혁적 중도주의자로 자처하는 사람도 자신의 생각을 끊임없이 성찰하면서 스스로 고정된 이데올로기에 빠지지 않도록 부정 작업을 계속하는 자세가 필요하겠다.

이에 대해서 토론과정에 발언자1이 "제거·배제하는 방법이라기보다 분단체제의 인식을 공유하면서 그 노선들의 문제인식들을 함께 끌고 가려는 태도에 가깝다"는 해명도 나왔지만, 또 그 해명이 적절한 해명이었다고 저는 생각하지만, 사실 논리적으로 이론적으로 더 중요한 것은 **노선**을 배제하는 것이 그 노선에 공감하는 **사람들**을 배제하는 것과는 다르다는 점입니다. 제가 여섯개의 노선을 제시했는데, 2번 노선(전쟁불사론)에서는 취할 것이 없다는 식으로 발언자5가 말씀하셨고, 그전에 김종엽 교수는 2번, 3번을 둘 다 제외하고, 1번, 4번, 5번, 6번 네개의 노선들이 각각 조금씩 말은 되지만 종합할 필요가 있다, 이런 식으로 얘기한 적이 있는데요. 노선과 사람을 구별하고 접근하면, 심지어는 전쟁불사를 외치는 2번 노선의 경우도 사익추구의 방법으로 그런 주장을 펼치는 특권적 소수를 뺀 일반대중이 각기 나름의 이유로 공감한다면 그 이유들을 일단 인정하면서 그들을 설득해서 변혁적 중도주의 노선으로 끌어들이려는 노력을 해야 할 겁니다. 아직 끌어들인 사람들이 많지 않으니까 별 설득력이 없는지 모르지만 변혁적 중도주의의 취지는 그런 거라는 거죠. 특정 노선을 비판한 이유는 그 노선으로는 광범위한 세력 형성이 안 되고 한반도 변혁에 힘을 쏠 수 없기 때문에 그런 것이고, 대신에 지금은 그 노선을 추종하는 사람이라도 자기 이해관계가 너무 깊이 걸려서 결코 그 노선에서 이탈할 수 없는 사람 빼고는 다 끌어모으자는 겁니다. 가령 전쟁불사론만 하더라도, 그걸 가장 열심히 외치는 사람들 중에, 이건 뭐 추측이지만 상당수는 실제로 전쟁이 안 날 거라는 확신을 하고 전쟁 하자 하자 그래도 전쟁이 안 나고 자기는 안전할 걸 알기 때문에 외쳐대는 겁니다. 왜 그러냐? 그런 분위기를 조성해야지 자신의 패권적인 지위가 굳어지고, 또 개혁을 주장하는 사람들을 약화시킬 수 있으니까 그러는 게 아닌가 하는 생각입니다.

그리고 제가 처음 그 1·2·3·4·5·6번 얘기할 때부터 나온 것이지만, 이게 용수(龍樹), 용수보살·나가르주나(Nagarjuna)라고도 하죠.『중론』을 쓴 그분의 방식을 내가 채택한다고 그랬는데, 중론의 방식이 뭐냐면 가장 올바른 중도가 이것이다 하고 미리 제시하지 않고, 중도가 아닌 것들을 하나하나씩 깨나가는 거예요. 그걸로 책이 엄청나게 두껍습니다. 별의별 걸 세세히 검토해서, 이건 이래서 아니고 저건 저래서 아니고… 저는 독자들을 배려해서, 서비스 차원에서 여섯개로 제한했습니다만 용수는 수백 페이지를 썼어요.(웃음) 그런데 바꿔서 말하면 이게 일종의 수행방법이에요. 뭐가 진리다 하는 것을 내가 확실히 모르지만, 그래도 어렴풋이 느끼는 게 있고 진리를 향한 어떤 열정이 있을 때 자기 마음속에 있는 것 중 미달하는 것을 하나하나 깨나가는 수행방법입니다. 그래서 '중론'이라는 게 그냥 형이상학적인 논의가 아니고, 불교의 논설이 다 그렇지만 수행과 직결된 담론들

입니다. 그런 점에서도 변혁적 중도주의가 그 방법을 채택하는 것에 대해서 여러분이 좀더 포용적인 태도로 봐주면 좋겠습니다.

자본주의하에서의 성차별과 디아스포라

그럼 지난번 토론에서 제기된 문제 중에서 간단히 몇가지에 대해서 언급하고 넘어갈까 합니다. 하나는 자본주의체제에서 성차별의 완전 철폐가 불가능하다고 제가 주장한 데 대해서 발제자1께서 비판하셨는데, 거기에 대해서는 발언자1의 옹호성 해명이 있었습니다. 그러다가 사실은 내가 장기적 목표로 '음양조화'라는 것을, '음양설'을 끌고 들어와서 의혹이 더했다 하는 얘기가 나오는데 그랬을 수도 있습니다만(웃음), 내가 원래 음양조화라는 것을 장기적인 궁극적 목표로 제시했잖아요? 그래서 이것은 당장의 성차별을 철폐하지 말자는 얘기도 아니려니와 성차별 철폐가 자본주의 아래서 가능하냐 그렇지 않느냐와는 전혀 별개의 문제라는 것을 말씀을 드립니다.

그러니까 궁극적인 목표를 그런 식으로 설정하는 것이 타당하냐 또 타당하더라도 그것을 현 상황에서 입 밖에 내는 게 슬기로운 짓이냐 하는 것은 토론해볼 문제겠죠.

음양론이 나의 원불교적 사유와 관련되는 게 아닌가 하고 발제자께서 추측하셨는데, 원불교에도 물론 음양 개념이 있지만 그건 우리 동양적 사상의 공통적인 일부죠. 유교, 불교, 도교 다 음양 개념이 있는 것이고요. 원불교는 오히려 그중에서 특징을 말한다면 '남녀권리동일'이라는 것을 '인생의 요도(要道)'로 못 박고 나온 종교입니다.

그리고 음양론이 동아시아의 전통적 사유의 핵심적 일부이면서, 우리가 이건 각오해야 할 대목인데, 서양의 근대적 우주관에 위배됩니다. 그렇잖아요? 뉴턴적인 시공간에 음이 있고 양이 있습니까? 아인슈타인의 우주도 마찬가지고요. 물론 전기의 음극 양극 이런 건 있지만요. 그런데 우주가 물리학의 중성적인 시공간이 아니고, 거기에 음의 성격이 있고 양의 성격이 있고, 음양이 서로 조화하기도 하고 상극을 일으키기도 한다, 이건 까놓고 말해 아주 비과학적인 견해들이에요. 그러니까 이 얘기를 하다보면 어느 대목에 가서는 나는 근대 과학을 인정하고 따르는 지식인으로서 음양론은 무슨 비유적인 표현이라면 모를까 인정할 수 없다라고 하거나, 그러지 않고 음양론을 끝까지 밀고 나가면 근대의 지배적인 우주론에 대한 재고가 따라오게 되어 있습니다.

내가 사실은 음양조화론 얘기했다가 여성학 하시는 조은 교수한테 엄청 깨졌죠. 『백낙청이 대전환의 길을 묻다』를 만들면서 여성문제에 대해서는 내가 조은 교수와 인터뷰를 했죠. 야단 많이 맞았어요. 제가 끝까지 반론을 못하고 중간에 꼬리를 내린 바 있습니다.(웃음) 어쨌든 그렇고요, 그와 관련해서 박윤철 교수하고 대담한 것이 『백낙청 회화록』 7권*에 실려 있는데, 박윤철 교수는 원불교 교무이기도 합니다. 거기에 여러 페이지에 걸쳐서 이 얘기를 하고 있어요. 그런데 박윤철 교무님은 하나의 방편을 써서 그런 건지 진심인지 모르겠지만, 처음에는 조은 교수 편을 들고 나오더라고요. 그래서 이야기가 조금 길어졌어요. 그건 여러분이 참고해주시면 좋겠고요.

백낙청-박윤철 대담 「물질개벽에 상응하는 정신개벽이 일어나야」(2016)*
『백낙청 회화록』 7권 405~7면

박윤철 『백낙청이 대전환의 길을 묻다』에서 조은 교수와의 대담을 아주 흥미롭게 읽었거든요. 조은 교수님이 밀리지 않고 당당하게 문제제기를 한다는 느낌도 받았는데요. 백선생님은 페미니즘식의 성차별 철폐운동만 갖고는 한계가 있지 않느냐는 말씀을 하시면서 동아시아의 음양 이야기를 꺼내셨습니다. 막 공격받으시더라고요. 그때 느낌을 말씀해주시면요?

백낙청 박교수님은 조은 교수 말씀에 더 공감하셨다면서요.(웃음) 이건 지우차별 문제와 직접 관련된다기보다 제가 이 책에서 강조한 장기·중기·단기 목표를 식별하면서 동시에 배합해서 운동해야 한다는 얘기와 연관이 됩니다. 저는 첫째로 단기적인 과제로 성차별 철폐가 우리 사회의 중요한 과제라는 걸 강조하면 강조했지 전혀 부정하지 않습니다. 단기적인 과제 몇개 해결한다고 끝날 문제가 아니고 굉장히 뿌리 깊은 문제기 때문에 중기 목표로도 설정하고 추진해야 하는데, 다만 장기 목표로 성평등을 제시하는 것이 이소성대하는 데 효과적일까 의문을 제기했던 거죠.

음양조화라는 표현을 쓴 게 득도 있고 실도 있는데요, 요즘 페미니스트들이나 성소수자운동 하는 분들은 남녀평등이나 양성평등, 이런 거 굉장히 싫어합니다. 음양이라는 건 남성 개체와 여성 개체의 문제가 아니라 우주적인 원리이기도 하고, 한 사람의 안에 음도 있고 양도 있지 않습니까? 그런 면에서는 좋은 표현이라고 생각하고 그렇게 인정해준 분도 있긴 한데, 조은 교수님 입장에서는 지금 성차별 때문에 여성들이 죽어나는데 무슨 동양으로 돌아가서 음양조화냐 하고 반발한 거죠.

반발하는 심경을 이해합니다. 다만, 첫째는 제가 단기나 중기 목표로 성차별 철폐를 중요한 과제로 설정했다는 사실을 무시하는 것이 부당하다고 생각하는 거고요. 또 하나는 장기 목표로 성평등을 제시하는 게 더 합당한지, 아니면 장기 목표는 양성의 조화랄까 또는 음양조화를 상정하는 것이 더 옳은 건지 이걸 한번 열어놓고 논의해보자는 입장이었죠. 근데 남자가 이런 말을 하면 문제가 있습니다. 거기서도 조은 교수님이 지적한 게 "기득권자인 남성이 그런 얘기를 하면 되느냐?"였고요. 제가 그 대목에서 바로 꼬리를 내렸죠. 그러나 이건 열려 있는 문제예요.

이를 원불교와 연결시키면, 원불교에서는 '남녀권리동일'을 제기했다가 이걸 '자력양성(自力養成)'으로 바꾸지 않았습니까. 잘 바꿨느냐 아니냐라는 논의하고도 연결되는데, 저는 잘 바뀌었다고 생각합니다. 남녀권리동일이 실현이 돼서 필요가 없는 것이 아니라, 남녀권리동일이라고 하면 상식적으로 금방 이해가 되긴 하지만 그것이 가장 이론적으로 부각된 것이 서양에서는 18세기 말 프랑스혁명 무렵이거든요. 그때의 남녀권리

동일 개념은 인간 개개인이 소위 원자적 개인으로 태어나는데, 그 원자적 개인은 이러저러한 천부적 권리를 갖고 태어난다는 것이에요. 저는 이건 인간에 대한 잘못된 이해라고 보거든요. 원불교식으로 말하면 인간이 사은(四恩)의 은혜로 태어난 거지 한 사람 한 사람이 개별적으로 태어나서 권리를 갖고 있는 건 아니란 말이죠. 그리고 사회적 의무는 사회계약으로 생기는 게 아니란 말이죠. 생명이 생기는 순간부터 이미 은혜의 산물로 태어난 것이고, 그런 은혜의 산물로 해야 할 일도 있고 존중받을 일도 있고 그런 거니까요.

남녀권리동일이 그런 근본적인 차원의 원칙으로서는 한계가 있다는 것이고요. 원불교에서는 자력양성을 내세우는데 남녀 차별하면 여자들이 자력양성 못하는 것이고, 여자들이 자력양성 못하면 남자도 제대로 못하게 되어 있습니다. 인류 전체가 제대로 못하는 것이니까, 자력양성을 강조하는 것이 더 합당하다고 생각해요. 그렇다고 자력양성 조항에서 남녀권리동일 얘기가 빠져 있는 것도 아니지 않습니까. 제목만 바뀐 거지 다 들어가 있죠.

나온 얘기 중에서 가령 일본이나 대만 등 다른 나라의 성평등지수와 비교해보자는 것은 참 좋은 방식인 것 같습니다. 우리 상황만 가지고 뭐 어떻고, 유교 가부장제 때문에 우리가 이 모양 이 꼴이다, 이런 식으로 개탄하지만 말고 다른 나라하고 지수를 비교해보는 건 의미가 있죠. 지난번에 발제자1도 하신 얘기지만, 일본보다 우리가 여러모로 높아요. 이 성평등지수라는 게 굉장히 범박한 진단이기 때문에 그것만 가지고 말할 수는 없지만, 분야별로 보면 어떤 분야에서는 한국이 앞서고 어떤 분야에서는 일본이 앞서고 아마 그런 게 나올 겁니다. 그러나 소위 근대화의 시간·연조로 봐도 그렇고, 경제발전의 수준으로 봐도 그렇고, 어느 모로나 일본이 앞서는데, 남녀평등지수에서는 일본이 별로 낮지 못하거든요. 그럼 이건 뭘 의미하느냐. 유교의 옹호자라고 한다면, 그래도 유교 덕에 우리가 일본보다 낫지 않냐(웃음) 이렇게 말할 수도 있는데, 하여간 그런 건 세부적으로 분석해볼 필요가 있겠고요. 대만의 경우는 또 반대인데, 그런 것도 분석해봐야겠죠.

어쨌든 내가 제안하고 싶은 것은 성평등지수만 가지고 얘기하지 말고, 성평등지수와 그 나라의 경제, 국민소득, 1인당 소득지수, 또 교육수준 이런 것하고 동시에 생각해보자는 겁니다. 가령 한국 같은 나라는 경제발전이 이만큼 됐고 교육수준도 굉장히 높은데 성평등지수가 그것밖에 안 된다는 게 진짜 문제거든요. 왜 그럴까? 나는 그게 분단과 무관하지 않다는 생각인데, 하여간 그런 식으로 종합적으로 고려해보는 것도 의미있을 듯합니다. 발제자1께서 내놓은 주장 중의 하나는 "제조업이 발달한 나라에서는 보통 가부장제가 발달한다"였고, 예로 독일·일본·한국을 들었는데, 거기에 대해서는 지난번에 토론이 없었죠? 이런 것들도 토론해보면 좋겠어요. 과연 그런가. 보기에 따라서는 스웨덴 같은 나라는 제조업이 굉장히 발달한 나라이고, 덴마크가 농업국가로 알려져 있지만 공업·제조업이 발달한 나라입니다. 그런데 성평등지수도 굉장히 높거든요. 그러니까 경험적인 사실과 얼마나 부합하는가 따져보고, 어느정도 부합한다고 할 때 그럼 이게 무얼 뜻하느냐, 제조업이 발달하면 발달할수록…

발제자1 군수산업 때문입니다.

백낙청 네, 그게 군수산업 때문인지, 제조업이 발달하면 군국주의가 발달하는지, 여러가지 재미있는 문제들이 걸려 있는 것 같습니다. 이건 여러분이 더 생각해보시고, 오늘 기회가 되면 토론도 해보시고요.

디아스포라 얘기에 대해서도 한마디 하겠습니다. 나 개인적으로는 "디아스포라가 더 잘 볼 수 있는 것도 있지만, 분단체제하에서 남북 주민들이 더 잘 볼 수 있는 게 있"다라는 발언자3의 해석에 공감합니다. 이 문제를 처음 꺼낸 발제자2께서는 "제국 패권의 모순을 경험적으로 체험한 사람들이 이들 디아스포라일 것"이라고 했는데, 나는 이게 너무 일반화되지 않았나 해요. "제국 패권의 **어떤** 모순을" 가장 잘 많이 체험한 사람들이 디아스포라이고, 다른 어떤 모순은 또 디아스포라가 잘 체험 못할 수도 있어요. 팔레스타인 사람을 국가가 없으니까 디아스포라라고 보는 사람도 있지만, 사실 팔레스타인 사람들은 그 땅에 내내 몇천년 살아온 사람들 아니에요? 그 사람들이 자기 사는 땅에서 당하고 있단 말이에요. 그러니까 이것은 디아스포라가 제국의 모순을 당한 케이스라기보다는 디아스포라가 아닌 사람들이 제국의 모순 중 어떤 것을 남보다 더 강하게 당하고 더 잘 알고 있다, 이런 여러가지를 감안했으면 합니다.

또 요즘 디아스포라 개념이 많이 유행하다보니까 우리가 너무 일반화해서 디아스포라 전체가 하나의 덩어리인 것처럼 생각할 수도 있는데, 디아스포라도 인종이나 출신지역에 따라서 지금 사는 지역에서의 대우 같은 게 완전히 다르죠. 심지어는 흑인 노예들, 아프리카에서 끌려온 흑인 노예들은 디아스포라 자격도 인정 못 받았어요. 사실은 흑인들도 초기에 자기 땅을 잃고 남의 땅에 와서 흩어져 사는 사람들 아니에요? 그런데 그런 흑인하고 최근에 미국서 많이 활약하는 인도 지식인들이라든가 이 사람들과는 전혀 다른 것이고, 또 같은 나라 출신이더라도 역시 계급적인 차이가 또 있다고 봅니다. 그러니까 출신지에서 어떤 계급에 속해 있었냐 하는 것도 있지만, 사는 나라에서 노동자냐 아니냐 이런 것에 따라 굉장히 차이가 많은 것 같아요.

특히 재일조선인 경우에는 많은 사람들이 오래 일본에서 살았기 때문에 형편에서 차이가 납니다. 그중에 노동자에 속하는 사람과 중산층 지식인의 처지가 좀 다르거든요. 그래서 그런 계급 차이도 함께 고려하자는 얘기고요. 그래서 서경식씨 얘기가 나왔는데, 그분은 훌륭한 지식인이고 원래 서경식씨 저서를 한국에 처음 소개한 곳이 창비고 다리를 놓은 사람이 접니다.(웃음) 그리고 최근에도 서경식 교수 책을 냈지만, 이분은 재일조선인의 시각, 그중에서도 지식인의 시각을 특권화하는 경향을 보이기도 하는 것 같아요. 따라서 한반도에 붙박이로 사는 한국인/조선인들로서 거리감을 느끼는 게 있고, 재일조선인 커뮤니티 내부에서도 서경식 교수 논조에 동조하지 않는 사람들이 많습니다. 그건 한국이나 일본 주류사회에 대항하는 지식인의 목소리지, 실제로 재일조선인들의 생활에 밀착된 목소리는 아니다 이런 비판이 나오고 있어요. 그것은 우리가 깊이 들어갈 문제는 못되지만 염두에 두시길 바라고요.

그래서 '이중정체성'이라는 표현이 나왔는데, 이게 디아스포라 특유의 복합적 정체성을 지목하면서 거기서 배울 바를 일깨워주는 면이 있는 반면에, 디아스포라 특유의 정체성에 너무 집착할 경우에는, 사실은 모든 인간이 이중 혹은 다중의 정체성을 가진 존재라는 사실 또는 한반도 주민 특유의 다중정체성을 소홀히 할 우려가 있다고 봅니다. 다른 나라 사람들과 또다른 게 한반도 주민들은 최소한 두가지 중요한 그야말로 이중정체성을 자동적으로 갖는다고 봐요. 뭐냐 하면 나만 하더라도 일차적으로 대한민국 국민이면서, 한반도 주민이고 한반도 분단체제의 일원이고, 또 한민족의 일원이죠. 지금은 우리 남한사회에 한민족이 아닌 사람들도 많습니다만. 그런 민족적인 정체성, 한반도 주민으로서의 정체성, 분단된 한반도 주민으로서의 정체성, 대한민국 국민으로서의 정체성, 그밖에 남녀간 정체성이 또 다르고, 여러가지가 있지요. 한민족으로 분류되면 또 어떤 정체성이 추가되느냐 하면 재일조선인, 재미한인 이런 전세계적 한민족 디아스포라하고 관계 맺기에 따라서 그 네트워크의 일원이라는 또 하나의 정체성이 생깁니다. 그래서 다중적인 정체성이 있고 그게 상황에 따라서 참 다른 건데, 이중정체성 하면서 디아스포라의 정체성을 너무 특권화하면 그런 면이 소홀히 될 수 있지 않은가 하는 겁니다.

변혁적 중도주의와 현실정치

그다음에 국민의당 사태에 대해서 얘기가 많았던데(웃음), 나는 국민의당 자체보다도, 변혁적 중도주의 관점에서 1·2·3·4·5·6번으로 각기의 노선에 대해서 평가를 했잖아요? 그런데 우리가 원내정당만 해도 지금 일곱개죠? 그러니까 1·2·3·4·5·6이 아니라 1·2·3·4·5·6·7까지 번호를 매겨가며 따져볼 수 있어요. 원내정당이라고 다 취급해줄 필요는 없지만. 원내 의석을 안 갖고도 고려대상이 되는 녹색당 같은 것도 있죠. 그래서 그들의 번호를 쫙 붙여놓고 변혁적 중도주의 관점에서 1·2·3·4·5·6·7·8번을 한번 평가하는 작업은 굉장히 재미있을 것 같습니다. 정치학 하시는 분들이 꼭 한번 해야 되지 않을까 싶습니다. 그런데 그중에서도 유독 국민의당이 요즘

신문에 많이 나와서 그런지, 여러분이 국민의당에 너무 관심을 많이 가지는 게 아닌가 하는 생각이 들었습니다.(웃음) 사실 현실적으로 지금 시점에서는 이미 다당제가 성립되어 있고, 그런데 앞으로 이런 것이 정착되느냐 마느냐 하는 것은 물론 국민의당이 어떻게 하느냐와도 관련이 있지만, 기본적으로 나는 선거제도가 개혁되느냐 안 되느냐에 달렸다고 봐요.

그리고 다른 당 이야기를 해보자면 나는 원내정당 중에 현재로서 변혁적 중도주의에 그나마 근접한 것은 정의당이라고 봅니다. 노회찬, 유시민, 진중권 세 사람이 '노유진의 정치카페'라는 팟캐스트를 할 때 출연한 적이 있는데, 당시에 그 세 사람 다 정의당 당원이었어요. 그런데 나를 대접하느라 그랬는지 모르지만 변혁적 중도주의에 공감을 해주었습니다. 물론 정의당 당원 중에는 안 그런 사람도 많겠지만, 지도급에 있는 인사들이, 노회찬 의원은 지금도 원내대표인데, 그 정도면 그나마 정의당이 노선상으로는 가깝지 않나 이런 생각이 들었고요('노유진의 정치카페' 좌담 「백낙청, 대전환의 길을 묻다」, 『백낙청 회화록』 7권 참조). 그다음에 역시 대세에 가장 큰 영향을 끼치는 문제는 더불어민주당이 변혁적 중도주의를 얼마나 수용할 수 있느냐 하는 걸 텐데, 이런 것을 더 토의해볼 필요가 있을 것 같습니다.

안철수씨에 대해 얘기가 많았는데, 나한테 물어봐야겠다는 말도 나왔죠? 나는 안철수씨가 지금까지 두가지 중요한 역사적 공로를 세웠다고 봅니다. 하나는 2012년에 박근혜 대세론을 깬 거였어요. 나중에 문재인 후보하고 단일화해서 문후보가 48퍼센트 득표를 하게 된 것도 박근혜 대세론이 일단 깨졌기 때문에 가능했다고 봐요. 그때 공로가 있고, 단일화 과정에서 양보를 한 것도 그 일부입니다만. 또 하나는 2016년에 국민의당을 만들어서 양당 독식체제를 깼습니다. 그전까지는 제3당이 나와서도 크게 진출을 못한 게, 민주당 하는 꼴 보니까 참 속 터지는데, 그렇다고 민주당이 밉다고 민주당 안 찍고 진보정당 찍었다가 한나라당, 지금은 새누리당이지만 이름이야 어떻든, 그들 좋은 일만 해주는 거 아니냐 그래서 안 찍는 사람이 많았지요. 또 실제로 진보정당을 찍었을 때 결국은 야권 표가 분산돼서 저쪽에 이로운 경우가 많았는데, 2016년에는 국민의당 국회의원들이 주로 호남에서 지역구로 나왔잖아요. 그러니까 호남은 민주당을 응징한다고 해서 새누리당이 되질 않는 지역이에요. 그건 어떻게 보면 호남의 주민들이 그동안의 희생과 투쟁을 통해서 쟁취한 특권이라고 볼 수 있습니다. 그러니까 여당(새누리당)에 어부지리를 안 주고도 야당(민주당)을 응징할 수 있는, 질책할 수 있는 권리를 획득했고 2016년에는 그 권리를 안철수의 국민의당을 통해서 행사했던 거죠. 그래서 안철수가 제3당을 만들고 자리를 잡는데도 새누리당은 오히려 제2당으로 떨어지는 결과를 낳았어요. 저는 그 과정에서 안철수 씨의 공로가 컸다고 봅니다.

그런데 그후에 보면 촛불혁명 때도 이이가 좀 개념을 못 잡은 것 같아요. 촛불광장에 안 나오는 걸 무슨 자기의 중립성을 보여주는, 또는 중도성을 보여주는 것처럼 생각했지요. 그후에는 문재인정부가 유능하냐 무능하냐를 떠나서 촛불이 만든 정부고 그러니까 대통령 자신이 나는 촛불정신을 계승하고 촛불의 통로 역할을 하겠다고 하는 동안에는 이것은 우리 정부다 하고, 물론 감시도 하고 견제도 하지만, 그런 게 있어야 되는데 안철수 씨는 그런 개념이 전혀 없는 것 같더라고요. 그래서 다른 망상이 생겼는지(웃음), 아니면 욕심이 많다 보니까 그런 점을 인식 못하게 되는지 모르지만, 최근에 저는 큰 기대를 안 걸고 있습니다.

변혁적 중도주의와 마음공부, 문학

그다음에 "마음공부와 변혁적 중도주의의 실천적 개입 사이에 간극은 존재하지 않는가"라고 토론자가 정리해준 문제가 있는데, 간단히 대답하면 마음공부라는 것을 발언자8이 지적하듯이 원불교적 '3대력'의 함양으로 본다면 '간극'은 없다고 할 수 있습니다, 물론 원론적인 이야기입니다만.

3대력이라는 것은 원래 불교에는 계(戒)·정(定)·혜(慧)라는 삼학이 있는데, 원불교도 그것을 삼학이라고 합니다. 내용은 조금 달라요. 내가 보기에는 불교에서는 계·정·혜를 말하지만 계하고 정·혜가 같은 급에 있지 않은 것 같아요. 계는 체육으로 말하자면 일종의 몸 만들기예요. 실제로 정혜쌍수(定慧雙修)라는 표현도 쓰는데, 불교에서는 정혜쌍수가 본 게임인 셈이죠. 그런데 원불교에서는 불교의 계에 해당하는 것을 작업취사(作業取捨)라고 하는데, 삼학공부로 얻는 결과를 수양력(修養力), 연구력(硏究力), 그리고 마지막으로 취사력(取捨力)을 말합니다. 그걸 3대력(三大力)이라고도 하죠. 그러니까 어떻게 보면 정신수양(精神修養)하는 것이 기본이고, 그걸로 출발해서 사리연구(事理硏究)하고 ─ 원불교의 사리연구가 또 불교의 혜하고 조금 다른 것은 지식을 섭취하는 것도 포함합니다 ─ 그래서 알음알이 공부와 그 알음알이를 넘어서는 깨달음 공부를 동시에 해서 연구력을 얻고 이 연구력과 정신수양에서 얻은 수양력을 가지고 실제로 현실에서 작업을 취사한다, 선택적으로 실천·실행을 한다는 것인데, 이 취사가 삼학의 열매다라고까지 얘기해요. 이와 관련해서는 원불교의 2대 종법사(宗法師)의 언행록인 「정산종사법어(鼎山宗師法語)」 중 경의

편(經義篇) 13장에 과거의 삼학과 지금의 삼학을 구별해서 설명한 대목을 참조하시면 좋겠습니다. 아무튼 마음공부를 원불교식 3대력 공부로 이해하면 마음공부하고 실행·실천하고의 간극은 없다고 말씀드릴 수 있겠습니다. 하지만 그건 원론적인 얘기고 구체적으로 오늘의 현실에서 어떤 실천적 개입이 요구되며 가능한지는 중지를 모아볼 문제입니다.

'문학과 분단체제론의 접점'에 대해서도 코멘트를 해달라고 하셨는데, 나의 개인사적 경로에서는 분단체제론이 민족문학론·민중문학론을 모태로 형성된 셈인데(백낙청‒김성민 대담 「민족문학론, 분단체제론, 변혁적 중도론」 495~500면: 『통일시대 한국문학의 보람』 서장 「민족문학, 세계문학, 한국문학」 참조), 개인사가 그렇게 중요한 것은 아니고. 2차 모임에서 말했듯이 분단체제론이라는 게 본디 어떤 면에서는 '문학적' 성격을 띠기도 합니다(55~57면 참조). 그런데 실제로 내가 분단체제론을 전개하면서 문학과 실제비평과 어떤 접점을 찾았느냐 하는 것은 수고스럽더라도 내 평론을 읽어주시는 게 좋을 거고요.(웃음) 이런 관점에서 접근할 경우 내가 2005년에 발표한 「황석영의 장편소설 『손님』」(『통일시대 한국문학의 보람』)이라는 평론이 있습니다. 이것은 처음부터 분단체제론과 작품비평을 연결지은, 명시적으로 그 관계를 피력한 평론이기 때문에 그런 걸로 시작해보셔도 좋겠어요.

양국체제론에 대해서도 얘기가 나왔는데 더 활발히 논의가 진행되지는 않았더군요. 발언자7은 양국체제론이란 게 취지는 좋게 봐준다고 해도 실제로 현실성은 없다고 비판했는데, 여러분이 그 비판에 동의해서 더 논의를 안 하신 건지 아니면 다른 이야기들이 더 절실해서 안 하셨는지 그건 모르겠습니다. 양국체제론은 크게 보면 변혁적 중도가 아닌 것 중에 6번항에 해당하는 흐름의 일부입니다. 말하자면 분단현실을 제대로 감안하지 않고 일방적으로 평화주의 또는 평화국가를 주장하는 흐름인데, 다만 양국체제론은 양국을 명시해서 일국평화만이 아니고 북한과 함께 평화롭게 지내는 관계라고 했으니까 분단인식결핍증에 걸렸다는 말은 안 듣겠지만, 남한만 평화국가 만들기도 어려운데 북한까지 평화국가를 만들겠다고 하면 곱절로 현실성이 떨어지는 것은 아닌지 모르겠습니다.(웃음) 그런데 김상준 교수 같은 분은 연구자니까 자기가 연구한 입장에서 제기했지만, 그전에 통일운동을 하던 사람들도 근래에 오면, 통일 가지고는 안 되겠으니 통일운동은 그만하고 평화운동을 해야겠다 하고 돌아서는 사람들이 있어요. 그런데 낡은 통일운동에 대해서는 나도 굉장히 비판적이지만, 그런 통일운동뿐 아니라 분단체제 극복 논의를 포함해서 일체의 통일 논의가 그동안 남북관계가 악화되면서 너무 '장사가 안 되기 때문에' 신상품을 개발하고자 하는 면이 있는 것 같습니다. 그런데 앞으로 어떻게 될지 아직 예단할 수는 없습니다만, 2018년 들어와서 남북관계의 흐름이 바뀔 조짐을 보이는데, 실제로 바뀌었을 때 이 신상품이 그렇게 매력을 가질지 그건 좀 지켜볼 일입니다.

분단체제와 87년체제를 켤레로 사고하는 것의 의미

마지막으로 '87년체제와 촛불혁명'. 이것은 따로 쟁점으로 정리해주신 건 아니지만, 토론과정에서 계속 나온 얘기들이죠. 분단체제와 87년체제를 '켤레'로 사유해야 한다는 김종엽 교수의 지적은 타당하다고 생각합니다. 그런데 이렇게 말하고 나서 또 곰곰이 생각해보니까, 김종엽 교수는 나하고 켤레라는 개념을 조금 다르게 쓰는 것 같

아요. 그가 오히려 켤레라는 원래의 개념에 더 가깝게 쓰고 있는 것 같습니다. 그러니까 분단체제론과 87년체제가 대등한 차원의 한 켤레라는 쪽에 가까운 것 같아요. 내가 켤레로 사용하는 게 타당하다고 말할 때는 두개를 동시에, 두개 다 얘기를 해야지 제대로 얘기가 된다는 말이지, 둘이 같은 차원의 켤레라는 이야기는 아니거든요.

분단체제의 역사 중에 1987년 이후에 형성된 하나의 하위체제, 또는 하나의 국면, 새로운 단계가 87년체제로 펼쳐지기 때문에 엄밀한 의미의 대등한 켤레는 아닌데, 김종엽 교수는 어떤 때는 나의 주장에 동의하는 것 같고 어떤 때는 안 하는 것 같기도 합니다. 어쨌든 분단체제와 87년체제 논의는 더 해볼 필요가 있는데, 특히 이걸 촛불혁명하고 연관지어 점검하는 것, 우리가 촛불항쟁을 겪은 지 얼마 안 되고, 촛불정부로 자임하는 정부가 지금 한창 작업하고 있고, 또 많은 사람들이 촛불혁명은 진행중이라고 말하고 있으니까 촛불은 87년체제론이나 분단체제론의 현실적인 적합성이랄까, 얼마나 이게 현실에 적용 가능한가 하는 것을 점검하는 현장이 될 것 같아요. 촛불혁명 이후 상황을 정확하게 이해하는 데 그야말로 분단체제론이 꼭 필요한가, 얼마나 도움이 되는가 하는 것이죠.

그런데 5차 모임에서 주로 김종엽 교수의 「서론: 몇개의 메타이론적 고찰」을 다루셨던데, 그 책의 마지막 장(『분단체제와 87년체제』의 제14장)도 새로 집필한 글입니다. 제목은 '촛불혁명에 대한 몇가지 단상'인데, 그것도 함께 고려할 필요가 있고요. 그밖에 같은 필자의 『창작과비평』 2017년 여름호 머리말 「촛불혁명의 새로운 단계를 향하여」, 이건 『창비주간논평』으로도 나왔습니다만, 그 글도 함께 고려해보면 좋을 텐데, 그럴 때 김교수와 다른 사람의 의견도 한번 비교해보세요. 또 김교수 자신의 논의도 그때그때 조금씩 뉘앙스가 달라지는 면이 있는데, 과연 그런가도 체크해보시기 바랍니다.

김교수는 『창작과비평』 2017년 여름호 머리말에서 2016~17년 겨울~봄까지의 촛불항쟁은 혁명이 아니었다는 것을 상당히 분명하게 얘기했어요. 그런데 2018년 저서의 마지막 장에서는 처음에 그게 왜 촛불혁명이 아닌가 하는 얘기를 했다가, 그다음에는 그런데도 대중들이 촛불혁명이라는 말을 할 때 대중의 직관 같은 것을 무시해서는 안 된다고 하면서, 그리고 어떤 의미에서는 혁명에도 혁명에 대한 유토피아적인 꿈이 있는데 이 촛불혁명이 스스로 어떤 혁명이 되고 싶어하는 그러한 꿈을 상당부분 실현한 게 아닌가 하는 얘기까지 들어갑니다. 만약에 그렇다면 이건 굉장한 혁명이에요. 그냥 한국사회에서만 혁명이 아니고 세계사적으로도 의미있는 그런 혁명이 되는 셈이지요. 그럼에도 촛불혁명의 '제1라운드'는 혁명이 아니었다는 종래의 입장이 또 나와 있기도 합니다.

그런데 김교수가 「촛불혁명에 대한 몇가지 단상」이라는 글을 쓸 무렵에는 사실 나는 왜 촛불을 혁명이라고 생각하느냐 하는 얘기를 『창작과비평』 2017년 봄호에 이미 썼었거든요. 그랬는데 김교수는 거기에 대해서는 별로 언급을 안 했어요. 내 글을 언급 안 해서 섭섭하다는 얘기가 아니고, 그 문제를 다룰 거면 바로 그 전호 『창작과비평』에 나온 글을 언급하면서 백아무개는 이러이러한 이유로 혁명이라고 하는데 그것은 아니다라든가 또는 고전적인 이론에 의하면 아닌 게 맞지만 백아무개의 그 말도 일리가 있다 하면서 자기가 좀 뉘앙스가 다른 새로운 얘기를 해야 되는데, 그 작업이 생략된 것 같아요. 김교수 책을 보면 내 글들을 굉장히 많이 인용하고 또 동조를 해서 나로서는 고마웠는데, 그러고 나서 나의 최근 글까지 또 얘기하려니 좀 면구스러웠는지 그건 모르겠습니다만, 어쨌든 그 문제에 대해서는 전혀 언급을 안 했어요. 다른 사람들에 대해서는 실명비판을 하고 있죠. 가령 박상훈씨가 촛불혁명을 상당히 부정적으로, 그러니까 그이는 2008년 촛불항쟁 때부터 굉장히 부정적으로 보는데, 최장집 교수와 마찬가지로 어쨌든 민주주의는 정당 위주로 굴러가야 된다 해서 대중운동에 대해서는 부정적입니다. 그런 사람은 김교수가 딱 짚어서 비판했어요. 그런데 내 경우는 그냥 간단히 동의하기도 그렇고 길게 비판하기는 뭐가 거북했던지 그냥 넘어갔는데, 김교수는 그렇다 치고 여러분은 대조를 한번 해보시기 바랍니다.(웃음)

또 같은 사회과학자지만 서재정 교수가 쓴 칼럼은 '계속되어야 할 촛불혁명'이라는 제목이 말해주듯이 그것을 혁명으로 간주하고 있고요(「시민이 하늘이다: 계속되어야 할 촛불혁명」, 『창비주간논평』 2017.6.21). 그외에도 촛불혁명에 대해서 그후에 제가 칼럼을 두번 더 쓴 게 있습니다 (「'촛불'이 한반도 평화를 만들어낼까」, 같은 매체 2017.9.13; 「촛불혁명과 촛불정부」, 같은 매체 2017.12.28). 최근에 이일영 교수가 「적폐청산에서 체제혁신으로」(같은 매체 2018.1.3)라는 글을 썼는데, 이일영 교수는 혁명이냐 아니냐는 문제는 약간 피해가면서 혁신을 강조하셨지만, 이것도 또 하나의 관점이니까 한번 살펴보시기 바랍니다.

다음번 7차 모임 때 이런 얘기를 다 해보시라는 건 아니지만, 내 생각에는 촛불혁명이라는 당면 현실에 대비해서 분단체제론이나 변혁적 중도론을 한번 점검하는 일은 꼭 필요할 것 같습니다. 그런데 그것을 '포용정책2.0'까지 확대해서 할지 안 할지는 여러분이 알아서 하시는데, 다만 7차 모임이 이달 말이죠? 이달 말이면 그때까지는 평창올림픽에 북측이 참가하는 규모 같은 것은 확정됐을 거고, 대체로 어떤 양상으로 어떤 분위기로 진행될 건가 하는 게 드러날 것 같아요. 그러면 그 시점에서 한반도의 상황이 어떤가 한번 점검해보고, 그 상황에 분단체제론이라든가 또는 분단체제론 중에서 특히 남북관계를 다룬 포용정책2.0론이 아직도 유효한가 하는 것도 현 시국에 비춰서 변혁적 중도론을 점검하는 하나의 방법이 되지 않을까 싶습니다. 오늘도 얘기가 길어졌군요. 그래도 지난번보다는 조금 짧게 끝난 것 같습니다. 감사합니다.

제조업과 성평등 수준의 관계

사회자 네, 50분 정도로 최적화된 백선생님 말씀을 들었습니다.(웃음) 오늘 토론을 발전시킬 수 있을 만한 여러가지 주제들이 많이 언급됐어요. 여기서 토론을 좀더 이어가고 방향이 잡힌 후에 잠시 휴식하는 것으로 하겠습니다. 지난번에 발제하신 분들이 한마디씩 먼저 하면 어떨까요?

발제자1 제가 음양론과 원불교 자체를 워낙 몰라서 그 부분에 대해서 설명해주신 부분들 잘 들었고 또 앞으로 좀더 공부해야겠다는 생각을 하게 됐습니다. 그리고 성평등지수 관련해서 의제를 던져주셨기 때문에 거기에 대해서만 짧게 제 생각을 말씀드리겠습니다.

일단 제조업이 발달한 나라에서 보통 가부장제가 발달한다는 얘기를 제가 지난 시간에 간단하게, 너무 단순하게 말씀드렸던 것 같은데요. 선생님은 스웨덴이나 덴마크 같은 경우도 제조업이 굉장히 발달했는데 왜 거기는 성평등 수준이 훨씬 나은가라고 하셨는데, 그냥 제조업이 경쟁력이 있고 발달했다는 것이 아니라 제조업이 그 사회·경제에서 차지하는 비중이 얼마나 큰지가 중요합니다. 유럽에서는 독일이 제일 비중이 크고, 아직도 GDP의 21퍼센트 정도인가 차지합니다. 그리고 한국이 25퍼센트 정도이고, 일본이 20퍼센트 정도죠. 보통 선진국이라면 국민소득이 3만 달러 이상 되면 제조업 비중이 15퍼센트 정도로 줄어듭니다. 서비스업이나 IT나 금융 쪽으로 발전되는데, 유독 한국·일본·독일은 제조업 비중이 굉장히 크고, 그걸 수출하면서 경제가 운영이 되는 굉장히 우수한 하부구조를 갖고 있습니다.

사실 다른 국가들 비교하면 유럽이 일반적으로는 성평등 수준이 훨씬 수준이 높은데, 스웨덴이나 덴마크, 네덜란드와 비교하면 독일이 상대적으로 굉장히 보수적인 느낌이 있습니다. 복지제도도 그렇고, 여성들의 임금수준도 낮고 굉장히 불안한 모습들을 보이고 있고,

가족에 대한 관념도 굉장히 보수적인 느낌이고요. 그럼 다른 나라들은 왜 그렇게 성평등이 더 발달했는가 하면 의식수준에서 페미니즘 운동이 있었고 정당운동도 있었지만 일단 제조업이 한번 무너졌기 때문입니다. 네덜란드는 86년에 완전히 조선업이 끝났습니다. 83년인가 의류 쪽 산업이 끝났습니다. 그때 아시아 특히 중국이 세계시장으로 들어오고, 유럽에서는 독일 말고는 제조업 경쟁력이 없었기 때문에 중화학산업들이 다 망한 겁니다. 그 당시 실업률이 30~40퍼센트가 됐고, 남자들이 다 직업을 잃었습니다. 그러면서 사회 전체가 경제적으로도 사회·교육 분야에서도 싹 바뀌어야 되는 상황에 직면했고, 그 속에서 네덜란드 정치권은 여자들이 일해야 되는 상황이기 때문에 복지제도를 바꿔야 되고, 경제제도를 바꿔야 되고, 이런 상황에서 사회적인 대타협이 진행된 거죠. 지금은 네덜란드가 여성들의 국회의원 비중이 한 40몇 퍼센트 되고, CEO 비중도 굉장히 높습니다. 그리고 가족형태가 변하고 여러가지 사회변화가 강제된 측면이 있는 것 같습니다.

그런데 유난히 아시아 국가들은 제조업을 기반으로 수출하는 일본식 모델로 다 발달했고, 또 지금 중국도 그런 상황이기 때문에, 그런 측면에서 제조업이 차지하는 비중이 크면 상대적으로 가부장제가 보존된다고 말하는 게 좀더 정확한 말이 아닐까 싶습니다. 왜냐하면 큰 공장에서 남자들이 평생 일하고, 소위 가정주부가 안정적으로 집에 있으면서 아이들을 교육하는 형태의 가족모델이 더 정상적이라고 여겨지게 되는 분위기가 생기고, 1인가족이나 여자들이 일하는 것은 바람직하게 여겨지지 않는 측면이 병행해서 나타나기 때문입니다. 그리고 독일이 지금 군대는 굉장히 작지만 무기 수출은 세계 5위권에 들 정도로 강하죠. 중동에서 전쟁 나면 독일 탱크가 들어가는 상황입니다. 독일 좌파들이 그걸 굉장히 비판하거든요. 그러니까 우리의 경우 박정희가 70년대 후반에 중화학공업을 하면서 사실은 자체의 군수산업을 키우려고 했던 것처럼 독일에는 그런 역량이 보존돼 있는 거죠. 전쟁에 대비할 역량 같은 것들이 보존된다는 측면에서 또 분단체제와도 연결되고요. 너무 단순하게 얘기할 수는 없지만 이렇게 복잡한 관련 속에서 연관이 있다는 것을 설명드릴 수 있겠습니다.

사회자 그 이야기를 들으니까 제가 본 「풀 몬티」(The Full Monty, 1997)라는 영화의 한 장면이 떠오르네요. 마지막 장면이 조선소 공장이 망해서 남성들이 스트립쇼를 하면서 우스꽝스러운 모습이 되는 맥락이랑 연결지어 생각해볼 수 있는 것 같습니다. 그런데 우리 사회에 존재하는 어떤 사회현상을 설명하는데, 제조업의 변수도 있을 테고 분단체제란 변수도 있을 텐데, 어떤 것들이 어떤 것을 얼마만큼 설명하는지를 분간해가는 논의의 사례로 성평등 문제가 제기되는 것 같습니다. 이 자리에 경제학을 하시는 분들이 좀 계시는데 혹시 경제학적 입장에서 하실 말씀이 있으신가요?

발언자10 제조업 관련한 문제는 재미있는 아이디어라고는 생각되는데, 아까 백선생님이 지적하셨던 부분 중에 어쨌든 스웨덴 쪽하고는 확실히 좀 달라요. 스웨덴의 경우는 군사국가, 안보국가라고 할 수 있을 것 같고요. 구갑우 교수가 그 얘기를 많이 했던 것 같아요. 그러니까 복지국가의 켤레가 안보국가의 측면이 있다, 분단국가의 측면이 있다 이렇게 얘기하는 게 생각나고요. 독일이 왜 제조업 비중이 높으냐? 조금 오래된 통계입니다만 세계에서 제조업 비중이 제일 높은 게 제가 알기에는 스와질랜드인가 그래요. 그런데 어느정도 규모가 되는 나라들 중에 보면 제일 높은 나라가 한국·중국이고, 우리보다 잘사는 나라라고 하면 독일·일본이 높지요. 그런데 독일의 경우 왜 제조업이 그렇게 다시 강화됐냐, 그리고 히든챔피언 이런 얘기도 나오고 한 것은 유럽연합 효과와 관련이 있는 것 같아요. 유럽 안에서 통합을 하니까 그냥 독일 제조업은 대박인 거고 그리스 이런 데는 망한 거죠. 그러니까 유럽연합의 효과가 굉장히 큰 거 아닌가 하는 생각이 들고요. 그다음에 한국·대만 같은 경우, 그리고 그 후발로 동남아도 굉장히 빨리 제조업 비중이 높아지고 있거든요. 태국이 매우 높고 베트남이 확 따라가고 있어요. 그런데 그것은 다르게 설명할 수 있는데 그건 중국 효과라고 할 수 있어요. 중국이 세계의 공장이 되면서 생산방식이 바뀝니다. 이제 분업체계가 바뀌고, 그다음에 생산시스템이 바뀌고 이런 게 결합돼서 생산 네트워크 현상이 생기는 거죠. 일관공정을 하던 게 공정을 분할해서 네트워크로 연결을 시키고, 이게 글로벌 차원에서 중국이 세계의 공장으로 있고 거기에 중간재를 수출하는 나라들이 연결되는 거죠. 그게 독일, 한국, 대만 이런 식으로… 그러니까 제조업 비중을 유지할 수 있었던 것은 그 측면이 굉장히 크다고 여겨져요. 그런데 그걸 가부장제를 보존하는 효과로 연결시킬 수 있을지는 좀더 검토해봐야 될 것 같습니다.

사회자 잠시 쉬기 전에 다른 발제자께서도 한 말씀 해주시죠. 다른 얘기도 좋고, 이 성평등에 관한 얘기도 생각나는 게 있으시면 하시기 바랍니다.

발제자2 지난번의 발제에서 디아스포라 문제가 그렇게 우리 공부에서 핵심적인 부분은 아니었는데, 문제제기가 나와서 저도 덕분에 공부할 계기가 됐습니다. 사실 저는 한민족공동체라고 하는 그 내부의 균열을 말씀드리려고 했는데, 약간 오해될 소지도 있는 것 같고요. 어쨌든 그 토론 이후에 저한테 질문과 코멘트를 해주셨던 선생님들이 디아스포라에 관한 최근의 논문들도 보내주셔서 그걸 읽고 또 많은 공부가 됐습니다. 그러면서도 의문이 남았었는데, 특히 오늘 선생님의 설명에서 디아스포라의 이중정체성을 너무 특권화하지 말라, 한민족 내부에서도 여러가지 정체성이 있기 때문이라는 그 부분을 통해 저로서는 의문이 해소됐고요. 사실은 지난번 발제를 하는데 내용이 굉장히 어렵더라고요.(웃음) 그후에도 계속 공부하면서 저는 방법론 면에서『어디가 중도며 어째서 변혁인가』를 상당히 재미있게 읽고 마음공부나 실천방법 측면에서 도움을 많이 받았습니다. 그다음에 분단체제론이란 담론이 생성되기까지의 역사에 대해서도 공부를 해봤는데,『창작과비평』1978년 겨울호「인간해방과 민족문화운동」이란 글에도 이미 인권이라는 것을 도외시해서는 통일에 대해서 사고하는 데 매우 한계가 있다는, 78년이면 상당히 엄혹한 시절이었는데 그 글도 재미있게 읽었습니다.

제가 촛불혁명에 대해서 문제제기하고 싶었던 것은 저 개인적으로 촛불집회에 참여할 당시는 분단체제라는 말을 이렇게 피부에 와닿게 생각하지 못했는데, 뭐랄까 그것을 저한테 생각하게 하는 계기는 있었습니다. 그때는 그게 뭔지 개인적으로 의문을 가졌는데 이 담론공부를 통해서 체제라는 개념틀이 아주 유용하다는 걸 느꼈습니다. 제 자신이 사회적 삶에서 겪는 모순들이 분단효과로 존재해온 것일 수도 있다 이런 것도 깨달았고요.

사회자 (휴식 후) 계속 토론을 이어가겠습니다. 제조업 문제와 디아스포라 문제에 대한 토론들이 있었고요. 이제는 너무 주제에 얽매이실 필요 없고, 전체 주제에서 더 진전돼야 될 얘기나 아니면 백선생님 말씀 중에 의문이 있다거나 토론이 필요하다고 생각되는 문제들에 대해서 자유롭게 이야기해주시기 바랍니다.

백낙청 내가 성인지 능력이 떨어지는 것으로 조은 교수한테 하도 비판을 받아서(웃음) 성평등 이야기를 조금 더 했으면 하는데, 아까 제조업, 네덜란드 얘기를 하셨는데 중국은 성평등지수가 어때요?

발제자1 우리보다 좋은 것 같습니다. 그런데 공식적인 조사가 불가능하기 때문에…

사회자 체험적으로 말하면 한국보다 좋은 것 같아요.

발언자11 사회주의하고 관련이 좀 있지 않나요.

백낙청 그러니까 그냥 제조업만으로 볼 게 아니고 정치사상이나 체제, 역사적인 경험 같은 걸 함께 고려해야 되지 않을까 싶어요. 그럼 미국은 지금 성평등지수가 어떻습니까?

발제자1 네, 한국보다는 좋지만 유럽 국가들에 비해서는 그렇게 좋지는 않습니다.

백낙청 네, 미국은 제조업이 많이 실패했잖아요. 그런데 쇠퇴하면서 성평등지수가 조금 올라가지는 않았잖아요?(웃음) 몇해 전 낸시 프레이저(Nancy Fraser)라는 미국의 여성 철학자가 쓴 글을『창작과비평』2017년 봄호에서 실었는데, 그 주제는 '돌봄의 위기'라는 것이었어요. 자본주의가 여성을 착취하는 방식이랄까, 시스템이 단계적으로 변화해온 이야기를 합니다. 그래서 포드주의시대, 그러니까 제조업이 잘되던 시기에는 남녀의 성역할을 구별하는 대신에 남성 가장에게 부인이나 가족을 충분히 부양할 만한 임금을 줬다는 거죠. 적어도 중심국가에서는 성역할의 분리와 상당수준의 복지가 같이 갔는데, 신자유주의시대에 와서 그 분리를 깨고 여성들이 많이 사회진출을 하잖아요. 그런데 그것을 페미니스트 입장에서 좋게 볼 여지도 있지만, 또 다르게 보면 여성까지 다 끌어내서 더 철저히 착취하는 거란 말이에요. 옛날에 남자가 벌어오는 것을 가지고 먹고살 때보다 여성의 삶이 훨씬 더 고달파지고, 그러다보니까 조금 돈 있는 여성들은 돈 없는 여성이나 특히 제3세계에서 온 가사노동자들한테 돌봄 의무를 떠맡기고, 그래서 전체적으로 여성의 상황이 꼭 나아졌다고 보지 않는다 말이죠.

그래서 그런 것과 연결시키면, 단순히 제조업이 아니고 자본주의의 특정 시기에 어떤 가부장제에서는 공식적으로 남자 가장의 수입과 지위를 강화해주는 대신에 여성들의 복지가 향상된 면이 있던 것이 신자유주의에 와서는 여성까지 다 착취하려다보니까 어떤 면에서 성평등지수는 올라가는 측면도 있지만, 그게 여성들의 전체적 처지가 나아지는 것은 아닐 수도 있다는 것이죠. 나아가 옛날에 여성이 도맡았던 돌봄 노동이나 그 의무를 가난한 여성 또는 제3세계 여성들에게 전가하면서 여성의 사회진출이 이뤄지고 있다는 얘기죠. 그래서 가령 유리천장 깨는 문제도 낸시 프레이저는 약간 착잡하게 봄니다. 유리천장이 좋다는 건 아니고 깨는 것 자체는 나쁘지 않지만, 그건 유리천장 근처까지 간 사람들 얘기지 밑바닥 사람들하고는 큰 관계가 없다는 거죠. 그런 식으로 자본주의의 축적체제하고 연결해서 보는 것도 어떨까 하는 생각이 있습니다.

발언자11 기왕 말씀을 하셨으니까 제조업과 관련해서 조금 첨언한다면, 여러가지 상위의 산업이 한 차원에서 영향을 주는 게 아니고 여러 층위에 영향이 있을 것이기 때문에 획일적으로 얘기할 수는 없지만, 업종으로 본다면 제조업 시스템이 가부장제와 잘 조응될 수 있는 측면이 있다고 생각합니다. 그러니까 제조업에서는 경공업·중공업이 있는데, 일본식 조어이긴 하지만 제조업을 중후장대(重厚長大) 산업이라고 하는데, 무겁고 두껍고 길고 크다는 특성이 있다는 것이죠. 그런 식의 생산 시스템은 공장 단위의 조직체계도 그렇고, 여러 산업을 놓고 비교해볼 때 확실히 규격·크기·격식·무게 같은 점에서 제조업 시스템이 가부장제랑 연관관계가 있다고 보는 게 맞지 않을까 싶어요. 다른 여러가지 정치적·사회적, 또 어떤 시기적 요소들이 개입돼서 그것을 변형시키기도 하고 약화하거나 강화하기도 하겠지만요. 구체적으로 조사해보지는 않았지만 좋은 포인트라는 생각이 들었고요.

　그다음에 백선생님이 말씀하신 대로 한국사회의 성평등이라는 것은 늘 진보적 의제였지만 사실은 상당히 보수적으로 추진될 수도 있다, 특히 미국에서도 여성권이 올라간다는 것 자체가 사실은 좀더 효율성을 높이기 위해 숨은 노동력들을 뽑아내는 의도라고 볼 수 있을 것 같습니다. 성평등 문제가 진보적 의제로 제기됐다기보다는 자본이 좀더 효율성을 높이기 위한 방법으로 여성 노동력을 새롭게 발견하는, 그럼으로써 여권이 형식적으로, 아니 꼭 형식적인 것만은 아니고 내용적으로도 더 나아졌다는 얘기들을 많이 하거든요. 그런 측면에서 성평등은 이런 여러가지 조건들이 개입되기 때문에, 그러니까 산업별로 본다면 그렇지만 전혀 다른 차원에서 추진될 수 있는 측면이 있다는 생각이 들어요.

우리가 스웨덴 얘기를 했는데, 그것만 봐도 조금 다릅니다. 안보국가인 한국에서는 그 안보의 특성이나 성격으로 봤을 때 이게 군사문화와 연결되고 그러면 가부장제와 부합되는데, 스웨덴은 안보국가적 특징이 있으면서 안 그렇게 나타난단 말이죠. 그런 측면을 저는 어떻게 보느냐 하면, 북구 국가들이 다 마찬가지인데, 핀란드나 노르웨이는 스웨덴·러시아한테 당한 거고, 스웨덴도 러시아한테 세기에 걸쳐 역사적인 침탈을 당해오면서 사회적인 긴장이 아주 높았다는 거죠. 그런데 인구는 상대적으로 적단 말입니다. 사실 우리가 교육에 관해서도 그렇고 여러가지로 북구 국가들의 평등성에 대해서 많이 얘기하는데, 좋아 보이기는 하고 그 나라들이 지혜롭게 역사적 난관을 극복해온 것이 멋지다는 생각은 들지만, 기본적으로 그 사람들은 사회적 긴장이 높고 총동원해야 되는 역사적 과제 같은 것을 느낀다는 거죠. 그렇기 때문에 예컨대 교육에서 평등성이 그렇게 강화되는 것도 어찌 보면 국가적으로 상당히 진보적으로 추진되고 있지만, 맥락상으로는 매우 안보적이고 보수적인, 즉 노동력 하나라도 도태시키면 안 되는, 물론 인구 측면에서 좋게 나타나는 것이지만, 그런 면도 보아야 할 것 같습니다.

다시 말하면 스웨덴의 여권 문제는 역사적 맥락을 고려하고 다른 시스템이 그 사회에서 어떻게 돌아가는지를 함께 봐야 한다는 거죠. 그렇게 본다면 스웨덴에서 여권이 높다는 것은 제조업과 무관하게 그런 역사적 현실이, 그러니까 사실상 총동원체제를 갖춰야 되는 현실에서 기인하는 것으로 볼 수 있습니다. 마치 이스라엘에서 여성들도 전부 군대를 가는 것과 비슷하다고 하겠죠.

정리를 하자면 제조업만 가지고 얘기할 수는 없지만, 또 반대로 제조업 비중이 높은데 왜 다르게 나타나느냐 하는 것도 올바른 문제제기가 아닐 수 있습니다. 어떤 특정한 역사 조건에는 제조업이라는 산업적·경제적 조건보다 다른 요소가 훨씬 강하게 작동할 수 있으니까요. 그런 면에서 사회마다 상당히 특수성이 있다고 봐야 할 것 같아요. 처음에 말씀드린 대로 같은 층위에 놓고 업종별로 비교해본다면 그래도 제조업이 중후장대형이라는 상당히 전형적인 시스템이기 때문에, 그런 측면에서는 절대적 영향력은 아니라 하더라도 상당한 상관관계는 있을 것 같다는 생각입니다.

발언자6 분단효과에 대해 얘기하는 가운데 군사문화, 총동원체제 이런 건 굉장히 익숙하게 듣던 말이고, 저는 문학평론을 하니까 예를 들어 87년 이후에 쏟아져 나오기 시작했던 일군의 노동소설들을 보면 노사간의 분규가 항상 핵심적인 갈등요소들로 등장하는데, 그 안에서 노동자들 내의 남녀관계들을 다룬 작품들이 꽤 있고, 노사관계가 갖고 있는 일종의 가부장제적 성격들도 충분히 접해온 것 같습니다. 기업의 지배구조라는 게 통상 소설 속에서 일부는 과장된 것이 있을 수 있지만 대체로 굉장히 가부장제적이고 군사문화적인 것이고, 그다음에 우리가 고도성장을 해온 기간이 내내 군사독재 시기였기 때문에 그 이미지 자체가 긴밀하게 결합돼 있는 측면이 있습니다. 그래서 자본주의 일반에서 여성차별 문제를 제기하는 것에도 해당되지만 남한사회에서 성평등이 미국의 성평등 문제와는 다른 양상을 띠게 되는 것이 분단체제와 밀접한 관계가 있다고 볼 수 있겠습니다.

87년체제와 분단체제의 위상

제가 원래 생각했던 얘기는 87년체제와 분단체제를 켤레로 사고하는 것에서 과연 이번의 촛불시위가 혁명이냐 아니냐 이런 것이었습니다. 우선은 김종엽 선생 글에서 초기에는 촛불혁명이라는 것이 87년체제의 끝자락 혹은 87년체제 자체의 내부동력이 표출되는 것으로 보셨던 것 같아요. 어쨌든 그런 식의 얘기들이 언론을 통해서도 많이 나오고요. 최근에 「1987」이라는 영화가 개봉된 것도 공교롭다면 공교로운 것 같고, 사람들이 많이 겹쳐서 생각하는 것 같습니다. 규모 면이라든지 그것이 갖고 있는 어떤 획기적인 측면이라든지 하는 점을요.

여하튼 분단체제론은 분단 이래 지금까지를 놓고 그것이 갖고 있는 구조화된 측면들을 인식하는 틀이고, 87년체제론은 남한사회에 국한된 내부 개혁 과정의 일환인데, 그것은 그냥 하위체제라고 부르면 좀 곤란하지 않을까 해요. 87년체제가 분단체제의 개념적 틀이나 인식방법과는 약간 독립돼 있는 남한 내부적인 측면도 있으면서, 동시에 87년체제의 출범 자체가 분단체제를 일정하게 뒤흔드는 효과를 갖고 있다고 보이거든요. 그래서 단순한 하위체제도 아니고, 그렇다고 상호자립적이기만 한 관계라고 보기도 어려운, 하위체제이면서 동시에 어떤 독자성도 가지고 있는 그런 게 아닌가 생각합니다.

촛불항쟁은 이 두가지 모두에 작용하고 있기 때문에 어디에 포인트를 두느냐에 따라서는 87년체제의 회복 정도로 평가할 수도 있을 것 같은데, 그것은 오히려 87년체제의 의미 자체를 축소시키는 결과를 낳는 거 아니냐 하는 생각이 들어서, 촛불은 혁명적인 걸로 생각해도 좋을 것 같습니다. 혁명이라는 것은 어쨌든 분단체제가 작동하는, 백낙청 선생님이 이면헌법이란 말씀도 하셨지만, 분단체제가 그동안 87년체제 안에서, 제 표현으로는 플러스적인 요소와 마이너스적인 요소들이 각축했는데 그 밑에서 계속 각축전 자체를 작동시키는 원리로 분단체제가 존재해오다 결정타를 맞았다고 보고, 그런 측면에서 굉장히 혁명적 요소가 있지 않느냐 하는 겁니다.

백낙청 원론적인 문제 두어가지만 이야기할게요. 처음에 분단효과를 얘기하면서 우리가 북한 얘기까지는 할 수 없지만 그러셨는데, 물론 우리 실력이 안 되니까 제대로 할 수는 없어요. 그렇지만 우리가 남한사회를 두고 분단효과를 이야기할 때 그게 맞는 얘기인지 틀린 얘기인지 점검하는 가장 효과적인 방법의 하나는 거기에 상응하는 어떤 현상이 북에서도 일어나고 있는가 하는 것을 보는 걸 거예요. 그래서 있다면 그야말로 이건 분단효과로구나, 분단효과이기 때문에 양상은 다르더라도 효과가 남에서도 나타나고 북에서도 나타난다고 말할 수 있겠지요. 중국의 경우에 사회주의라는 걸 감안해야 한다는 얘기가 나왔는데, 사실 북한을 보더라도 초기에는 사회주의를 한다면서 남한과 비교할 수 없는 정도로 여성들의 사회진출이나 노동진출, 또 정치간부로서의 역할이 컸더랬어요. 그런데 이게 세월이 흐르면서 점점 쇠퇴한 것 같습니다. 그것이 분단효과와 관계있는 거 아니겠느냐, 사회주의를 한다고 시작했지만 분단 때문에 사회주의를 제대로 못하고 사회주의 국가라면 그래도 기본적으로 어느 수준까지의 성평등지수는 달성해야 되는데 그것도 점점 못하게 돼가고 있는 것 아닌가 이렇게 누가 북한 연구를 하시면 한번 점검해볼 필요가 있고요.

또 하나는 아까 87년체제가 분단체제의 하위체제는 아니라는 의견도 있었는데, 저는 하위체제가 맞다고 봐요. 하위체제라고 해서 그게 분단체제에 역으로 작용을 미치는 바가 없다는 건 아니고요. 그리고 우선 나는 분단시대하고 분단체제의 시대는 똑같지 않다고 봐요. 분단은 1945년에 됐고 이게 분단체제로 정착하는 것은 전쟁을 거치고 나서 53년 휴전체제와 더불어예요. 어쨌든 53년 이후의 남한만 따져도 그 안에 여러 단계가 있고, 그 단계에 해당하는 하위체제들이 있잖아요. 이승만 독재체제가 있었고, 그러니까 자유당체제, 그다음에 박정희체제가 있고 전두환시대를 거쳐서, 다음에 6월항쟁을 거치면서 새로운 체제, 새로운 하위체제가 출범한 게 87년체제거든요. 그러니까 한반도의 분단체제가 세계체제의 하위체제이듯이, 87년체제는 분단체제가 남한에서 자리잡은 하나의 하위체제라고 보는 게 나는 이론상으로 전혀 문제가 없을 것 같아요. 오히려 그렇게 봐야지, 이게 같은 차원의 두 켤레도 아니고, 그렇다고 하위체제도 아니라면 뭐라고 규정할 수 없게 되죠. 그보다는 하위체제인데 어떤 하위체제인가, 분단체제를 흔들었지만 허물지는 못했기 때문에 그 하위체제로 남은 거죠. 그렇게 본다면 앞으로 우리의 과제는 일차적으로 남한에서 87년체제를 더 확실하게 극복하는 헌법개정이나 제도개혁, 또 여러가지 관행의 혁신을 이뤄가는 것인데, 이것이 당장에 통일로 이어지지는 않더라도 분단체제를 크게 약화시키는 쪽으로 갈 때 그건 하나의 새로운 하위체제가 탄생했다 이렇게 말할 수 있을 것 같습니다.

아까 이면헌법 얘기도 하셨는데, 김종엽 교수가 촛불항쟁 자체가 혁명이 아니라고 한때는 명시적으로 얘기하고 나중에 조금 애매하게 얘기하는데, 나는 그게 87년체제가 분단체제의 일부이고 그렇기 때문에 87년체제가 만들어놓은 민주헌법이 제대로 작동 안 한 것이 박근혜나 이명박 탓만이 아니고 처음부터 그랬다 하는 인식이 좀 부족하기 때문이 아닌가, 자꾸 너무 켤레로 생각하다보니까 그런 것이 아닌가 하는 생각이 듭니다.

발언자12 문학과 분단효과에 관련된 저의 고민거리이기도 하고, 질문이기도 한데요. 시를 가지고 수업을 하거나 독자들을 만날 때 약간 난감한 질문을 받을 때가 있어요. 그중에 최근에 들었던 질문이 시는 왜 이렇게 우울한가 하는 거예요. 마땅히 답해줄 말이 없었는데, 그러다가 그냥 떠올린 게 우리가 우울하다고 생각하지 않지만, 그렇게 부정하더라도 우리가 사는 모습이 다 그런 우울을 가지고 있기 때문에 시도 그런 거라고 답을 하긴 했지만 찜찜한 게 있었거든요.(웃음) 답이 제대로 된 것 같지 않고. 그런데 이제 분단효과, 분단체제론 같은 이야기들을 들으면서 떠올렸던 게 한국시가 보여주는 어떤 비관주의 같은 것이 분단효과의 한 모습일 수 있지 않을까라는 생각도 좀 들었어요. 최근에 심훈 전집이 발행돼서 심훈의 시가집을 읽었는데, 그의 시들은 최근의 한국시가 보여주는 비관주의와는 다른 질감 같은 것들이 있는 것 같고, 그런 것들이 실은 강점기 때 임화의 시 같은 데서 발견되는 특질들이었을 듯한데, 그런 게 최근 한국시의 흐름 속에 자리잡고 있는 모습은 아주 적지 않는가 하는 생각이 들기도 했고요.

백낙청 선생님이 분단체제론과 구체적인 문학에 관련된 이야기를 어떤 걸 했을까도 떠올려봤을 때, 그중 시와 관련해서는 고은 선생에 대한 논의가 좀 연결되는 부분이지 않을까라는 생각이 들기도 했어요.『백낙청 회화록』7권에 보면 백선생님 좌담에서 고은 선생 시에 관한 얘기가 있어요. 고은 선생의 시가 역사적인 시각 자체가 방대하고, 당연히 분단에 대한 시도 있어서 분단체제론과 관련된 얘기일 수도 있겠다는 생각도 들지만, 그보다는 고은 선생의 초기시는 비관적인 면모가 많이 있지만 중후기로 오면서 한국 현대시의 비관주의와는 다른 질감, 그게 때로는 너무 세게 나와서 우주적인 생동력 같은 것을 말하는 차원도 있기는 하지만, 비관주의에서 벗어나고 있는 어떤 낙관성을 담고 있는 지점에 백선생님이 관심이 있는 것이 아닌가 궁금증도 들었거든요.

백낙청 내 얘기가 나왔으니까 내가 더 발언을 하겠습니다. 지금 그런 얘기도 다른 분이 하니까 넘어가지 내가 하면 무슨 한국시의 비관주의까지 분단효과로… 내가 그런 식으로 얘기했다가는 금방 뭇매를 맞게 되어 있어요.(웃음) 그리고 시에서 표현되는 어떤 감정이나 정서를 현실과 직접 연결시키는 것을 문학평론 하는 사람들이 굉장히 조심하잖아요? 그런데 그것을 연결시켜서, 또 그것을 분단하고 연결시키는 것은 나는 간이 작아서 못합니다.(웃음) 그런데 고은 시인의 시에 관한 이야기는 내가『창작과비평』(2014년 봄호)의 '문학초점'이라는 코너에 출연했을 때, 그때 강경석·송종원 두분이 붙박이로 그 코너를 운영하시고 매번 게스트를 갈아서 초빙하는데, 내가 나갔을 때 몇분의 작품집을 다뤘고 그중의 하나가 고은 선생의『무제 시편』이라는 두꺼운 시집이었죠, 그 시집이 나왔을 때의 얘기입니다.

그런데 고은 선생의 시에 대해서 대체로 호의를 가지고 있고, 또 그분이 한국 시인들의 어떤 관성화된 비관주의라든가 이런 것을 떨쳐버린 것은 물론 좋게 보지만, 당시에 얘기할 때는 통일문제에 대해서 고은 선생이 쓴 시를 내가 좀 비판했죠. 그런 식으로 너무 우주적으로 놀아가지고(웃음)… 그런데 그 무렵도 그렇고 지금도 그렇고 고은 선생이 통일이라는 게 뭐 자연에 맡기면 된다 이런 얘기를 더러 하시거든요.(웃음) 그런데 나는 자연에 맡길 일은 아니라고 보고, 그리고 신라와 발해가 통일되는 데 몇백년 걸렸다 하시는데 그것하고는 다르죠.(웃음) 지금은 그야말로 분단효과 때문에 우리가 죽을 지경인데, 하루빨리 그것을 청산해야 돼요. 그런데 단발로 통일을 한다고 통일이 될 가망도 없고, 또 그래서는 청산이 안 되기 때문에 남북연합도 생각해보고, 뭣도 생각해보고, 이러저러한 것을 하는 거지 그걸 자연에만 맡겨놓는다는 것은 비관주의하고는 정반대의 문제점을 노출하신 게 아닌가 싶어요.(웃음)

상위체제와 하위체제는 어떤 관계에 있나

사회자 네, 지금 거의 9시가 다 되어가고 있어요. 두세분 정도 발언하시고 백선생님이 마지막에 한번 더 말씀해주시면 좋겠습니다.

발언자6 간단한 질문 하나만 더 드리겠습니다. 좀전에 87년체제와 분단체제의 관계에 대해서 말씀하셨는데, 제가 하위체제가 아니라고 그랬던 것은 아니고 하위체제의 속성만 있는 건 아닌 것 같다라는 취지였습니다. 하위체제라는 것이 완전히 종속된 관계, 이렇게는 아닌 것 같다는 것이죠. 그러면 궁금한 것이 분단체제가 세계체제의 하위체제라는 것도 따라서 성립하는 건가요?

백낙청 종속관계라고 해서 기계적인 일부라는 얘기는 아니에요. 가령 독일 통일하고 한국 통일·한반도 문제를 비교할 때 한반도에는 분단체제라고 부름직한 어떤 고유의 특성을 지닌 하위체제가 성립했고, 독일은 동서 냉전체제의 거의 지역적인 현상이었죠. 물론 지역 중에서도 아주 핵심적인 지역이었지만요. 그렇기 때문에 동서냉전이 끝나는 순간 독일 통일은, 그것도 저절로 된 것은 아니지만, 비교적 쉽게 달성될 수 있었고요. 한반도는 하위체제는 하위체제인데 독특한 성격, 별개의 하위체제가 성립되어 있기 때문에 지금 분단이 아직도 지속되고 있다 그런 얘기였거든요.

또 하나의 비교대상은 베트남이죠. 베트남은 분단체제를 만들어보려고 미국이 그렇게 애를 썼는데 못 만들었잖아요. 원래 베트남전쟁은 프랑스에 대한 민족해방전쟁으로 시작했는데, 베트남이 거의 다 이겼잖아요. 프랑스를 다 꺾었는데 그때 미국이 뛰어들어와서 프랑스의 역할을 계승하면서 전쟁이 계속됐지요. 그런데 미국은 이런 민족해방전쟁으로 끝까지 가는 게 아니고 한반도에서처럼 남베트남과 북베트남이 비교적 안정된 분단체제를 이룩하는 것을 기대했는데 그게 못돼서 결국 민족해방전쟁에서 미국이 패배를 한 겁니다. 그런데 민족해방전쟁에서 패배하는 것은 현 세계체제의 패권국가에 그렇게 큰 타격은 아니에요. 뭐 패배할 수도 있는 거예요. 물론 미국에는 큰 패배였고 아주 자존심 상하는 패배였지만, 패권에 대한 결정적인 타격은 아니었던 거죠. 그래서 저번에도 나온 얘기지만 브루스 커밍스 같은 사람은 한국전쟁이 베트남전쟁보다 더 중요한 전쟁이라는 거지요. 흔히 한국전쟁을 '잊혀진 전쟁'이라고 그러는데, 왜냐? 그것이 갖고 있는 의미를 미국 사람들이 기억하고 싶지 않은 거예요, 특히 주류사회에서. 그래서 잊혀진 전쟁이 된 거지 이것도 저절로 잊혀진 것은 아니죠. 그래서 하위체제도 여러가지, 다시 말해서 별도의 명칭을 부여할 만한 하위체제가 성립하는 장소가 있고 성립하는 시기가 있고 그런 것이지, 하위체제라고 해서 완전히 하나부터 열까지 상위체제가 하는 그대로 반영하는 것은 아니죠.

발언자13 분단체제와 87년체제 말씀인데요. 아주 지적으로 접근하지 않고 그냥 상식적으로 평범한 사람들의 감각으로 받아들이면, 분단체제는 통일된 체제, 통일조국의 어떤 바람직한 체제를 이루어야 되는데 실패하고 이뤄진 체제이잖습니까? 그런데 87년체제는 권위주의적인 것, 군사독재체제를 극복하고 미완이지만 민주주의체제를 이룬 거잖아요? 그러니까 하나는 부정적인 느낌이 있고, 하나는 앞으로 계속 발전시켜야 될 긍정적인 체제로 여겨지는데요. 이게 무슨 관계냐 했을 때, 그것을 하위관계로 보니까 일상적인 직감적인 느낌하고 좀 안 맞는다는 생각이 들어요. 그런데 논리적으로 이게 무슨 관계냐 하면 분단체제는 크고 87년체제는 작으니까 논리적으로는 87년체제가 분단체제에 포함되는 일부다, 또는 하위체제다 이게 맞는 것 같기는 한데요. 이론적인 얘기를 들으면 나의 직감적인 것이 더 강화되고 풍부하게 될 수 있잖아요, 논리적인 뒷받침이 생기니까. 그런데 이것은 뭔가 논리적으로 반박할 수는 없는데 직감적인 상식으로는 설득당하지 않는 뭔가가 마음에 남는 것 같아요.(웃음)

백낙청 심경을 충분히 이해하겠고요.(웃음) 내가 친절봉사를 할 테니까, 너무 어렵게 생각하실 필요가 없어요. 상위체제하고 하위체제가 있으면 하위체제가 좋은 게 들어서도 상위체제는 기본적으로 안 변할 수 있습니다, 영향은 받지만요. 그런데 상위체제가 안 변하고 있으면 하위체제가 좋은 게 들어섰다 해도 그 좋은 것에 한계가 지어지게 되어 있는 거예요. 87년체제가 바로 그런 겁니다. 87년체제가 그전 체제에 비해서 얼마나 더 좋은 체제입니까? 그러나 분단체제의 하위체제이기 때문에 분단체제가 존속하는 한에는 그 하위체제가 목표하는 바를 이루는 데 태생적으로 한계가 있는 겁니다. 그걸 우리가 지난 30년간 느끼지 않았습니까? 처음에는 민주화도 되고 개혁이 어쨌든 우여곡절은 많았지만 잘 진전됐는데, 그게 분단체제를 근본적으로 바꾸는 쪽으로 이어지지 않으니까 퇴행이 되잖아요. 이명박정부 들어선 뒤에 많은 사람들이 한국민주주의가 이제는 정착이 돼서 이렇게 뒤집어지리라는 것은 꿈에도 생각을 못했었다, 그렇게 말하는 사람이 많았습니다. 나는 그렇게는 말 안 했어요. 왜냐하면 87년체제는 분단체제의 하위체제라고 봤기 때문에 분단체제가 건재하는 한 우리가 이룩한 민주적인 성취라는 것도 언제든지 역행할 수 있다는 거죠. 그런데 역행을 해도 이명박–박근혜가 한 것처럼 그렇게까지 갈 줄은 나도 몰랐어요. 그러나 이론적으로는 가능했던 거고요.

그래서 이번에 그냥 이명박–박근혜의 독재를 끝내고 87년체제가 원래 꿈꾸던 정도의 민주적인 개혁정부를 가지면 된다, 가령 김대중–노무현 정부에 이어서 문재인이라는 제3기 민주정부로 우리가 만족한다 이러면, 이건 또 언제 뒤집어질지 모릅니다. 그래서 내가 지난번 칼럼에도 썼는데, 문재인정부를 김대중–노무현을 잇는 민주정부 제3기로 보지 말고 촛불시대 1기 정부로, 그 초대 정부로 봐야 된다는 거지요. 물론 그 1기 정부로서의 몫을 제대로 해낼지는 두고 봐야 되지만 발상을 그렇게 하자고 했던 겁니다. 그래서 상위·하위 체제는 그렇게 깊은 고민을 하실 일이 아니지 않나 싶어요.

사회자 시간이 많이 됐는데, 꼭 얘기하실 한분만 받겠습니다.

발언자5 네, 오늘 제가 조금 늦었습니다. 그래서 처음부터 선생님께서 해주신 모든 논의를 다 따라가지 못해서 두서없이 말씀드릴 것 같은 데요. 일단 너무 공부가 많이 되었던 시간인 것 같습니다.

아까 분단효과를 말씀하시면서 북한에 대한 이야기를 하셨는데, 북한의 여성이나 북한의 성평등에 대한 논의를 좀 보고 있습니다. 잠시 소개를 해드리면 실은 북한이 모든 법적인 측면에서는 양성평등법 같은 게 46년부터 시작됐고, 제도적으로 매우 개혁적인 방안을 시도했는데, 그것이 다 좌절되는 것이 남북의 체제대결로 인한 총동원체제, 이런 것의 맥락에서 북한 여성들이 가부장과 모든 것에 억압받는 위치에 놓이게 됐기 때문입니다. 그러니까 제도적으로 가장 선진적일 수 있지만 실생활에서는 가장 열악한 지위로 만들어버린 것이 분단의 효과일 수 있겠다는 생각을 해봤고요.

그리고 굉장히 흥미로운 게 김일성 주석이 계속 여성해방을 얘기하면서 여러 시도들을 합니다. 그런데 그게 가부장제를 넘어서는 시도들이 아니었어요. 그러니까 성평등에 대한 감각이 없어서 그런 건지는 모르겠지만, 주로 하려고 했던 것이 남성과 여성의 평등을 통해서 성평등을 이뤄내는 것이 아니라 여성의 역할을 공장화·기계화하는 방식으로 성평등을 이뤄내려고 했던 시도들입니다. 그래서 밥공장, 국공장, 탁아소 같은 것들을 지은 후에 거기에 일하는 노동력들을 모두 여성으로 채우는 거죠. 그러니까 일하는 영역이 가부장제를 공고화하는 방식으로 계속됐고 그후에도 장마당이 만들어지면서 그런 게 굉장히 강해지는 것 같습니다.

그리고 한가지 더 생각이 드는 건, 오늘 분단효과에 대해서도 이야기했고 디아스포라에 대해서도 말씀을 나누었는데, 제가 최근에 어떤 잡지에서 디아스포라 청년과 관련된 좌담의 사회를 본 적이 있습니다. 그런데 제가 느꼈던 건 우리가 디아스포라를 호명할 때 굉장히 민족주의적으로 생각을 하는 거예요. 남과 북이 이렇게 안 좋은데 조선족의 역할에 대해서 어떻게 생각하십니까, 고려인은 어떻게 생각하십니까, 재일조선인으로서 뭘 해야 할 것 같습니까, 이런 이야기를 굉장히 많이 물어봤어요. 그랬더니 젊은 청년들은 별 관심이 없는 거예요. 왜 당신들은 당신네 필요할 때 우리를 민족이라는 이름으로 호명하는가라는 점에 상당히 많은 문제의식을 갖고 있더라고요. 민족에 대한 심한 이상화, 향수 이런 것들도 실은 어떻게 보면 원형에 대한 집착이겠고, 그게 가부장제도 될 수 있겠고, 민족 이런 것들이 모두 분단효과의 굉장히 공고한 문화적인 맥락이겠다는 생각을 해봤습니다.

백낙청 북한의 경우에 사회주의적인 여성평등 사상이라는 것도 사실은 문제가 많죠. 한계가 많지만 어쨌든 당시의 시점에서는 훨씬 앞서가는 선진적인 것을 많이 했는데 결국 안 되고 만 것이 분단효과, 즉 분단으로 인한 동원체제와 관련된 것 같다는 얘기를 재미있게 들었습니다. 아까 다른 발언자도 스웨덴의 경우는 오히려 외부의 강력한 세력들과 대결하고 자기방어를 하려다 보니까 일종의 총동원체제를 하면서 여성들을 더 많이 참여시키고, 그래서 성평등지수가 올라가지 않았겠느냐 하는 말씀을 하셨는데, 그러니까 그 경우에는 동원체제나 외부의 어떤 적대세력의 존재가 성평등지수를 높이는 쪽으로 작용했고, 우리 쪽에는 낮추는 효과를 가져왔는데, 그렇기 때문에 이 문제는 여러가지 변수를 감안해서 종합적으로 판단할 문제지, 단순한 어떤 등식 같은 것이 성립하기 어렵겠구나 하는 생각이 들었습니다. 원래는 사회자 선생님도 하실 말씀이 많으실 텐데(웃음) 마무리 마지막 발언을 그리로 넘기겠습니다.

사회자 네, 지금 마지막 하신 말씀이 이해되는데, 어떤 영역에서는 분단효과가 지배적인 영역도 있을 테고, 어떤 영역에서는 약간 지배적인 거와 다른 요소와 결합하는 경우도 있겠고요. 이런 것들을 잘 분간해가면서 우리가 문제를 분석하고 그에 맞는 대안들을 찾아나가는 작업들이 중요하겠다는 생각을 했습니다.

제가 마지막으로 드릴 말씀은 다음번 모임 준비에 대한 것입니다. 우리가 그동안 변혁적 중도주의와 관련된 여러 수준의 논의들을 공부했고, 마지막 모임에서는 이것을 가지고 지금 우리 현실의 변화들을 분석해보고 대안을 논의해보는 것에 초점을 맞춰보고자 합니다. 백선생님이 발언요지문 뒷부분에 87년체제와 촛불혁명에 관련된 읽을거리들을 제시해주셨는데 여기에 몇개 보태서 현 정세와 연관지어 토론하는 시간으로 7차 모임을 진행하려고 합니다. 그때는 당연히 백낙청 선생님도 같이 자리를 해주실 거고요. 모두 수고해주셔서 감사합니다. 오늘 모임은 이것으로 마치겠습니다.

제4부

한반도
대전환의
길목에서

참가자   강경석 김명환 김성경 김하림 김학재 박윤영 백영서 손종도
송종원 양경언 염종선 윤동희 이남주 이일영 이정숙 이지영
이하림 한기욱 한영인 황정아

사회자(백영서) 시작하겠습니다. 2017년 11월 7일 첫 모임을 갖고 벌써 11월, 12월을 거쳐 해가 바뀌어 1월이 되면서 오늘이 마지막 7차 모임입니다. 보통 중간에 한두번 빠지더라도 종강모임에 참석해야 전출(全出)의 인상을 줘서 성적이 좋게 나오는데, 오늘 오신 분들은 바로 그런 좋은 인상으로 남을 것 같습니다.(웃음)

참석하면서 같은 생각이 드셨겠지만, 제 느낌으로는 텍스트를 꼼꼼히 읽고 그리고 그것을 통해 자기점검을 하는 것이 이 공부모임의 중요한 특징일 거라는 생각이 들어요. 백낙청 선생님이 하신 말씀을 빌려서 설명한다면, 텍스트랄까 우리가 인식해야 할 대상에 대해서 마음을 열고 그것에 대해 깊이 생각하고, 그것을 통해서 자기 기준의 생각들을 돌아보는 이런 과정이 굉장히 중요한 것이죠. 그것을 마음 공부라고도 했고, 또 묵이지지(黙而識之)라는 표현으로도 얘기해주신 그 대목, 사실 공부를 진지하게 한 사람들은 어느정도 터득하고 있는 그런 면이 더 명료하게 표현된 게 아닌가 싶습니다. 그리고 그 공부가 우리가 살고 있는 구체적인 현실에 대한 분석으로 이어지고, 그것을 통해서 나름대로의 해법이랄까, 대안을 찾는 과정으로 이어지고, 그리고 그것이 단기적인 과제에 대한 대안에 그치지 않고 중장기적인 전망과도 이어지는, 그런 공부의 방법이 되었으면 좋겠다는 생각이 들어요.

오늘은 지금부터 발제를 듣고 그걸 중심으로 한시간 정도 토론한 다음 잠깐 쉬고, 두번째 시간에는 백선생님이 먼저 발언을 해주시고 다시 이어서 토론을 하겠습니다. 그리고 마무리를 하면서 제2기 아카데미에 대한 예고랄까요? 그런 식으로 오늘 순서를 이끌어보려고 합니다. 그럼 시작하겠습니다. 발제자를 박수로 환영해주시기 바랍니다.

"사람들의 공통된 약점은 희망함이 적다는 것이다"

발제 발제문을 미리 보신 분도 계시겠지만, 대부분이 인용문입니다. 그래서 좀 간단하게 얘기할 수 있지 않을까 하는 생각이 듭니다. 사실은 여러가지 생각이 복잡했는데, 오늘 마지막 토론이 잘되기 위해서는 뭔가 재미있게 문제제기를 해야 되지 않을까 하는 생각이 들어서 조금은 도식적이 될지 모르지만 좀 선명한 문제제기를 해볼까 싶었습니다.

발제문 제목은 "사람들의 공통된 약점은 희망함이 적다는 것이다"라는 전태일 열사의 일기에 나온 문구로 적었습니다. 그 이유는 실은 희망함이 적고서는 지금 우리의 이 한반도 상황을 해결할 수 없지 않을까 하는 생각이 새삼스럽게 들었기 때문입니다.

발제에서는 우선 변혁적 중도론의 맹아를 상기시키고 싶은 생각이 있었습니다. 1970년대 말에 통일운동과 민주화운동의 본질적 동일성이라는 표현이 나오기 시작하는데, 보통 변혁적 중도론과 분단체제론은 빨라야 80년대 말 이후에 제기된 것으로 이해되지만, 실은 70년대 말로 거슬러 올라가는 것 같습니다. 「인간해방과 민족문학운동」(『창작과비평』 1978년 겨울호)에서 "통일운동과 인권운동이 불가분의 관계에 있다는 인식은 이제 상당히 널리 퍼져가고 있는 것 같다"(13면)고 지적한 후, 이런 대목이 나옵니다. "그러므로 '선통일 – 후민주'냐 '선민주 – 후통일'이냐라는 일부의 논쟁은 통일운동과 민주화운동의 본질적 동일성을 인식하는 입장에서는 무의미한 것이 된다. 물론 세부적인 우여곡절이 있겠지만, 크게 보아 통일을 위한 한걸음은 곧 민주화의 진전이며 민주화를 향한 발걸음은 통일사업의 진일보인 것이다. 이 문제에 관해서는 최근에 한국인권운동협의회 부회장인 문익환(文益煥) 목사가 "통일은 민주화를 전제할 뿐 아니라, 민주화도 통일을 전제해야 한다"고 못 박음으로써 한국인권운동의 이념 자체가 전진하고 있음을 보여주었다."(14~15면)

여기에 언급된 당대의 논쟁, 그 두가지에 대해 생각해볼 만합니다. '선통일 – 후민주'의 대표적 입장은 이 글이 활자화되기 전에 결성된 후 박정희가 암살되던 1979년 10월에 와해된 소위 남민전(남조선민족해방전선준비위)일 것이며, '선민주 – 후통일'에는 자유주의적인 입장에서부터 훗날의 민중민주주의(PD)계열에 이르기까지 더 다양한 입장이 있었을 겁니다. 전자의 입장은 당시의 현행법과 정면으로 부딪치는 것이었고, 전자와 후자의 어떤 입장이든 '중도'와는 거리가 있고, 자연히 진정으로 변혁적일 수 없다고 생각합니다. 더불어 (역시 당시에는 불법의 소지가 큰) '통일운동과 민주화운동의 본질적 동일성'이라는 명제가 분단체제론의 맹아로서 기억할 만할 것 같

습니다. 어쨌든 '선통일 – 후민주' '선민주 – 후통일'이 70년대 말의
입장에서 볼 때도 이 변혁적 중도론과 어떠한 거리가 있을지 한번 생
각해보면 좋을 것 같습니다.

　다음으로는 분단체제에 대한 불감증을 세분의 사례를 들어서 설
명하고 싶습니다. 단순한 문제를 진짜 복잡하게 설명하려 드는 게 지
식인들의 병폐일지 모르지만, 어떨 때는 굉장히 복잡할 수밖에 없는
문제를 도식으로 풀어버리는 게 또 지식인의 병폐인 것 같습니다. 분
단체제에 대한 불감증이 대표적인 사례인데, 사례로 든 이분들뿐만
아니라 분단체제에 대한 인식이 부족한 분들이 대체로 다 그러한 문
제를 안고 있지 않은가 합니다. 그래서 어디선가 백선생님이 쓰셨는
데 "세상 너무 쉽게 생각하고 너무 쉽게 살지 말자"라는, 듣기에 따라

서는 굉장히 기분 나쁜 소리일 수 있는데, 그런 쓴소리가 필요한 때가 아닌가 합니다.

첫번째 사례는 이병천 교수의 '자본주의와 민주주의의 불균형' 명제입니다. 신문 칼럼의 일부를 제가 적었습니다. "시대의 격변 속에서 나도 변하지 않을 수 없었다. 그러나 나는 선생과 다른 시대정신의 세례를 받았다. 나는 반독재 민주화운동, 5월 광주항쟁, 6월 민주항쟁의 아들임을 자각했다. 「포스트맑스주의와 한국사회」(1992)라는 글을 발표했었다. 결함투성이지만 혼신의 힘을 다해 쓴 글이었다. 다시 들춰보니 '자본주의와 민주주의의 불균형' 명제가 눈에 들어온다. 내가 지금껏 업그레이드하면서 쥐고 있는 명제다. / 동아시아 다른 나라들과 비교할 때 한국의 개발국가 체제가 발전적 진화의 높은 길로 나아가는 문은 상당히 좁았던 것 같다. 국가·재벌 동맹의 권력 집중과 유착, 외부자를 차별하고 배제하는 폐쇄성이 워낙 강고해 민주적 규율력이 성장하기 곤란했다. 이 모델은 국가가 재벌을 규율했다고 하나 '국가는 누가 규율하나' 하는 문제에 대한 해법을 갖지 못했다."(「법고창신의 공부길」, 『경향신문』 2017.12.1)

그러니까 이분이 자신의 스승인 안병직 선생, 중진자본주의론으로 변화하셨다가 결국에는 뉴라이트까지 가신 그 스승과 자신의 차이를 얘기하면서, 사회주의권이 무너질 때 자신은 어떤 원칙을 지키려고 애썼는데, 지금 다시 보니까 자본주의와 민주주의의 불균형 명제가 지금까지 업그레이드하면서 쥐고 있는 명제였다고 말합니다. 그런데 자본주의와 민주주의의 불균형이라는 명제를 25년 이상 붙들고 업그레이드하려고 애써왔다고 하는데, 왜 다른 산업화된 국가들과 달리 한국에서 유독 그런 불균형이 심한지 해명하지 못하고 있습니다. 그 불균형은 결국 분단체제라는 특수한 현실에 대한 고민 없이는 풀리지 않을 거라고 생각하는데, 그렇지 않다면 자칫 우리 민족 역량이 본질적으로 모자란다든가 하는 비과학적 얘기로 빠질 염려마저 있죠. 그런데 애석하게도 이병천 선생에게 분단체제는 시야에 들어오지 않고, 따라서 자본주의와 민주주의의 불균형은 사회과학적으로 해명되지 못하고 있는 것 같습니다.

두번째 사례는 김병연 교수의 대북 강경제재론입니다. 이분은 보수진영에 속하는 학자로 분류해야 옳을 텐데, 그러나 냉전 이데올로기적인 접근과는 거리를 두고 사실과 통계에 근거하여 발언하는 연구자입니다. 그는 북한과 교류하자는 노선이 북한에 이용당하는 순진한 생각이라고 일축하면서 현재 강화되고 있는 제재를 일관성 있게 밀어붙이면, 제재 효과는 보통 6개월 후에 나타나기 시작하는데, 이미 나타나고 있고, 계속 가면 북한이 두 손 들고 비핵화 테이블에 나올 거라는 입장을 분명하게 말합니다. 『중앙일보』에 기고한 일련의 칼럼들을 참조할 수 있는데, 그중 「언제 김정은과 협상할 것인가」 (2017.12.7)를 보면 북한의 식량 생산은 90년대 말 고난의 행군 시절보다는 나아져서 큰 문제가 없지만, 그러나 제재 효과는 있다는 겁니다. 그래서 대북협상의 최적기가 언제냐 하면 제재를 통해서 첫째 "1년 이상 북한 광물이 거의 수출되지 않았을 때"인데, 이때 경제성장률이 2.5퍼센트 이상 하락한다는 겁니다. 둘째 "북한 시장의 거래 규모가 절반 이상 줄어들 때"인데, 상당히 시장화된 북한 경제에서 시장거래가 줄면 관료들에게 주는 뇌물도 줄어들고 그들의 소득이 하락해서 김정은에 대한 불만으로 이어진다는 겁니다. 셋째 "부족한 외화 수입을 메우기 위해 국가기관이 민간보유 외화를 수탈할 때"인데, 김정은과 주민 사이의 갈등이 고조되고, 국유자산을 민간에 매각해 외화를 빨아들인다면 이것은 체제 이행을 촉진할 수 있다고 합니다. 제가 읽은 바로는 강경제재론에 대한 이론적·실증적 근거를 대는 발언이라고 생각합니다. 이런 발언의 허점은 무엇인가? 역시 저는 분단체제에 대한 맹목이라고 생각하지만, 자세한 논의는 토론에 맡기는 것으로 하겠습니다. 가능하면 1월 3일자 「김정은의 오판」이라는 글도 읽어볼 만한 것 같습니다.

세번째 사례는 지난 모임 때도 얘기했던 김상준 교수의 '양국체제론'입니다. 마침 어제 『경향신문』에 「한반도 양국체제와 평창 올림픽」(2018.1.29)이라는 칼럼이 게재됐는데, 이건 내용이 좀 심각한 것 같습니다. 조금 읽어볼까요? 글의 뒷부분입니다. "분단체제 신봉자들은 이 모든 사실(남과 북이 한반도에서 두 국가간의 특수한 관계로 지내왔던 사실—편집자)들을 없었던 일로 부정하고 싶어한다. 이들은 1991년 남북 유엔 동시가입 이전, 더 나아가 1987년 민주화 이전으로 돌아가자고 외치는 역사의 퇴행세력이다. 영화 「1987」에 등장했던 남영동의 그 가공할 실존 인물, 박처원과 꼭 같은 사고를 여전히 품고 있는 자들이다." 그런데 참 이상합니다. 분단체제라는 말을 자기 마음대로 쓸수는 있겠지만, 분단체제 신봉자들이라고 한다면 이건 백낙청 선생이나 그 입장에 동의하는 사람들을 말하는 것 같은데 아주 정반대로 맥락을 틀어버린 것 같아요. 분단체제 신봉자라는 용어로 분단체제론자를 비판하는 건가요? 그러면서 많은 문제를 일으키고요.

그 뒤쪽의 단락을 보면, "우리가 이미 중국, 러시아와 수교하고 있는 것처럼, 미국과 일본이 북을 인정하고 수교하게 되면, 한반도 양국체제는 안정궤도에 접어든다. 그럴 때 북의 비핵화도 현실화될 수 있다. 이것이 한반도 평화만이 아니라 세계평화를 위한 대한민국의 역할이다." 이렇게 말하고 있습니다. 그런데 미국과 일본이 북을 인정하고 수교하면 비핵화도 현실화될 수 있다는 말은 정말 너무 간단하고 속 편한 발언입니다. 이런 일들이 말처럼 그렇게 간단하게 이루어질 리가 없죠.

이런 분들 외에도 진보를 자처하는 지식인들 중에서 너무 둔감한 부분이 많은 것 같고요. 변혁적 중도론은 분단체제과 아주 깊이 연관되어 있고, 여기에는 남북연합이라는 중간단계를 반드시 거쳐야 하는 시민참여형 통일과정이 있습니다. 이것이 분단체제론과 변혁적 중도주의의 길인데, 예로 든 분들의 시야에는 ① 시민과 민중의 힘과 지혜는 의도적이든 아니든 거의 무시되고 있고, ② 중간단계인 남북연합은 근거를 제시하지도 않은 채로 비현실적이라고 하고, 그냥 서로 다른 국민국가로 그냥 살자라는 얘기 아니면 강경제재 하다보면 두 손 들고 나온다는 식이어서, 남북연합에 대한 인식이 거의 없는 것 같습니다. 이 두가지가 가장 중요한 문제가 아닐까 싶습니다.

마지막으로 정말 어렵고 중요한 질문을 이 시간에 얘기해야 될 것 같습니다. 과연 한반도 핵위기 해결할 수 있는가? 전문가가 아닌 저로서는 도저히 말할 수 없는 것이지만 적어도 문제를 정리하여 정확히 질문을 던지는 것이야말로 지식인의 면제받을 수 없는 책무라고 믿습니다. 제가 생각할 때 김정일은 6·15공동선언 이후 틀림없이 핵포기를 진지하게 고려했습니다. 핵무기는 파멸을 부르는, 사용이 불가능한 '정치적' 무기이며, 한반도 비핵화는 김일성 주석의 유훈이기도 했기 때문입니다. 그러나 지금의 김정은정권은 완벽한 체제보장을 확신하지 않는 한 핵무기를 포기하지 않는다, 한마디로 요구조건이 충족되지 않는 한 핵무기 포기란 없다고 합니다. 미국 역시 북한을 핵보유국으로 인정할 리 없습니다. 이 두가지 상수 사이에서 우리는 어떻게 한반도 평화라는 정치적 기적을 이뤄낼 수 있을까?

한국이 미국과 국제사회를 설득하여 북미 평화협정을 먼저 이루고 이후 비핵화라는 수순을 받아들이도록 하는 게 유일한 방법인 것 같습니다. 동시에 이 과정에서 남북대화와 교류는 적어도 군사적·정치적 현안을 다루는 일에서는 '남북연합'에 준하는 수준으로 진전되어야 한다고 생각합니다. 그러한 남북연합이 한반도 핵위기를 해결할 민중적 기반을 구축한다면, 미국과 일본 등의 강경론 공세를 뚫고 평화협정과 비핵화의 동력을 만들어낼 수 있다고 봅니다.

　잠정적 수순을 제가 적어봤는데, 공상에 가까울 수 있겠습니다. ① 비핵화우선 원칙을 고수하는 미국과 국내 수구세력의 완강한 요구를 진정시키면서 조건 없는 북미대화를 성사시켜야 합니다. 그러기 위해서는 북핵에 관해 지난 25년간 반복되어온 미국의 위선과 약속 파기에 대한 시민사회의 강력한 문제제기와 비판이 있어야 된다고 봅니다. 또 핵 없는 세상에 대한 국제연대도 강화되어야겠죠. 그래야 이 ①이 가능할 것 같고요. ② 북은 추가 핵실험과 ICBM, SLBM 발사실험을 완전히 중단해야 됩니다. 이것은 북의 핵무기가 실질적으로 미국 영토를 위협할 수 없다는 의미가 되는데, 실은 북한도 핵무기 완성의 막바지 단계를 실천하는 과정인데, 이미 작년에 핵무기를 완성했다고 선언했지만 실제로는 아니죠. 그래서 완성을 위해서 추가 핵실험과 미사일 발사를 하는 과정에서, 심지어 핵무기가 완성된다고 해도, 즉 대기권 재진입 기술과 대기권에 재진입한 핵탄두의 공중폭발 실험이 성공한다고 해도, 그 직후에 곧바로 미국과 북한이 일촉즉발의 '전면전' 상황이 될 수 있습니다. 그것을 북한도 두려워하고 있을 것이어서 핵 프로그램 실험 중단 옵션에는 북이 받아들일 만한 현실성이 분명히 있다고 봅니다. ③ 평화협정이나 평화협정에 준하는 절차와 더불어 일정한 남북연합의 건설을 통해 군사긴장을 줄이고, 이후 ④ 비핵화와 높은 수준의 남북연합을 성취하는 과정입니다.

다들 감지하셨겠지만, ①부터가 난제 중의 난제입니다. 비핵화라는 전제조건 없이, 아무런 조건 없이 북한과 미국이 대화 테이블에서 만날 수 있을까. 미국 설득도 어렵지만 국내 수구세력의 '아무말 대잔치'와 맹목적 행동을 어떻게 제어할까. 구체적 방안을 묻는다면 답이 쉽지 않은 것 같습니다.

사족으로 세가지 정도만 말씀드립니다. 첫째 북한의 핵무기 수출 가능성은 없다고 봅니다. 사활적 이해관계를 갖는 중국이 이것은 막는다고 봅니다. 심지어는 핵보유국으로 인정하지 않는 선에서 북의 잠정적인 NPT(핵확산금지조약) 복귀도 가능하지 않을까 하는 게 제 생각입니다. 둘째 전쟁불사론의 치명적 문제점은 전쟁하면 문제해결이 불가능하다는 겁니다. 남북은 물론 미국과 중국에 심각한 피해를 남긴 후에 동북아시아의 국제관계는 현상유지에 불과하거나 더 악화된 꼴로 남을 것이고, 전쟁의 피해는 상상 불가능할 정도이고, 다른 것들은 현상유지될지 몰라도 매우 높은 수준의 개방경제인 남한의 생산력과 국력은 형편없이 쪼그라들 게 명백합니다. 셋째 북한붕괴론의 허구성도 있다고 보는데요. 비상시에 정권을 승계할 장성한 아들이 없는 상황에서 김정은정권이 급변사태로 무너질 가능성도 있을 수 있습니다. 그러나 김정은정권의 붕괴를 곧 북한체제의 붕괴와 동일시하는 것은 착각이고요. 설령 북한 지배세력이 급변사태의 자체 수습능력을 상실한다고 해도 한미일 연합군은 북한을 접수하기 어렵습니다. 중국 변수는 상식적으로 누구나 아는 것이고, 북한은 아프가니스탄이나 이라크와도 다르며, 차라리 이란과 유사한 면이 많은 것 같습니다. 이상 발제를 마치겠습니다. 고맙습니다.

핵위기 해결 로드맵에 대하여

사회자 네, 수고하셨습니다. 변혁적 중도론이라는 차원에서 얘기하다가 핵문제 얘기까지 들어가서 구체적인 전망이랄까, 시나리오까지 얘기하신 게 다양한 측면에서 논의가 나올 수 있을 것 같습니다. 이 발제에 근거하셔도 좋고 또는 그동안 우리가 여섯번 공부한 것에 대해서 얘기하셔도 좋고, 말씀들 해주시기 바랍니다. 우선 옆에 계신 분께 부탁을 해볼까요. 특별히 독일에서 여행가방을 들고 바로 공항에서 오셔서(웃음) 그것도 소개할 겸 말씀하실 기회를 드리도록 하겠습니다.

발언자1 아, 그래서 아까 저보고 옆자리에 앉으라고 하셨군요. 6일 정도 30명쯤 되는 학생들하고 독일에 평화통일답사 형태로 다녀왔는데요. 오늘 모임에 참석하기 위해서 공항에서 바로 왔습니다.(웃음) 통일문제를 생각할 때 항상 독일이라는 나라가 주는 감흥이 있기 때문에, 물론 독일에도 문제가 없는 건 아니지만 그래도 통일을 했고 EU의 통합도 이뤘고, 이런 사회를 보다가 지도상에서 섬처럼 갇혀 있는 한국을 보면, 도대체 우리는 왜 이 문제가 이렇게 해결이 안 되는가, 도대체 왜 이렇게 어렵나 하는 생각을 하게 됩니다.

약간 다른 얘기일지 모르겠지만, 베스트셀러 『사피엔스』를 쓴 유발 하라리(Yuval Harari)가 얼마 전에 『호모 데우스』라는 책을 냈는데 한국에서도 40쇄 이상이 팔렸더라고요. 그런데 그 내용을 보면 굉장히 방대합니다. 작가가 이스라엘 중세전쟁사를 전공한 사람인데, 최근의 과학과 생물학과 IT 이런 것들을 보면서, 우리들이 지난

300년 동안 인본주의적인 세계관 속에서 살아왔는데 그게 지금 뿌리째 흔들리고 있다는 얘기를 합니다. 그러니까 우리는 여러가지 사상과 생각과 제도를 만들어내지만 지금의 기술이나 생명과학이 발전하는 속도는 누구도 통제할 수 없는 정도로 앞서나가고 있기 때문에 모든 가치관들이 덜 중요해지는 사회가 올지도 모른다, 봉준호 감독의 「설국열차」에서 앞칸에는 귀족들이 살고 뒤로 갈수록 하층민들이 사는데 세상이 그렇게 변화할 거다, 그 변화하는 세계를 주도하는 사회와 전혀 따라가지 못해서 최저의 인간조건으로 살아가는 삼등칸의 사회가 만들어질 것이다, 이런 얘기들을 하고 있습니다. 그러면서 북한과 남북관계에 대한 얘기를 간간이 하는데, 재미있는 상상들을 하더라고요. 한국은 민주주의체제이기 때문에 기술과 관련된 다양한 실험이 거의 불가능하지만, 북한에서는 전적으로 다른 형태의 발전모델을 도입할 수 있다는 얘기를 하고 있습니다.

분단체제를 극복한다는 것이 자유주의와 사회주의가 화해하는 것도 아니고, 우리가 더 새로운 뭔가를 생각해야 되는, 더 근본적인 것을 만들어내야 되는 상황이 아닌가라는 생각이 듭니다. 지금 남북관계와 한국 안에서의 보수와 진보와 중도의 갈등을 생각하면 당장 막막하기도 하지만, 그리고 이런 논쟁들 속에서 우리가 뭔가를 비판하는 것도 있지만, 사실 백낙청 선생님도 강조하셨던 근본적으로 다른 세계를 상상하는 것이 필요한 시기라는 생각을 다시 하게 됐습니다.

발제문에 대해서 말씀드리자면, 분단체제의 불감증 사례를 얘기해주셨는데요. 김병연 선생님 관련해서는 그분이 어떤 연구를 해오시는지 잘 알고, 학회에서 뵐 때는 정말 점잖으신 분이신데, 글은 이렇게 굉장히 세게 쓰셔서(웃음) 어떤 분이 진짜 그분인지 잘 모르겠다는 생각이 들었어요. 저는 이런 사고방식의 모델 자체가 동유럽을 기준으로 등장한 체제전환의 경제학이기 때문에, 아시아는 지금 완전히 다른 방향으로 가고 있고, 또 북한의 경우도 마찬가지로 다른 형태로 변화가 가능할 텐데, 동유럽 기준의 탈사회주의 연구 프레임에 기반해 동아시아 문제를 바라볼 때 나오는 약간의 오류가 있는 게 아닌가 생각하고 있습니다. 늘 굉장히 구체적인 수치를 얘기하시기 때문에 중요한 정보를 제공하는 것은 맞지만, 관점 자체가 아주 정치적이고 그뒤에 특정한 감정이 응축된 분석이라는 생각을 합니다. 그리고 양 국체제론에 있어서는 어떤 논쟁을 제기하고, 또 이런 것도 가능하다는 것들을 제기할 수는 있지만, 발제자께서 정확하게 말씀하신 것처럼 과연 이게 가능한 일인지, 과연 현실화될 수 있는 일인지에 대해서는 의문을 가지고 있고요.

핵위기에 대해서는 평화협정과 어떤 단계로 어떻게 비핵화로 가야 되는지 저도 여러 생각을 해봤는데, 우리가 굉장히 정교하게 로드맵을 만들고, 뭐 한 다음에 뭐 하고 하는 식으로 될 일은 아닐 것 같다는 생각이 점점 들고 있습니다. 그래서 백선생님께서도 가장 낮은 단계의 교류협력을 1단계 통일로 간주하고 그것을 통해서 그후를 모색하자고 말씀하신 것에 적극 공감하면서도, 그만큼도 못 갈 수 있는 상황이 또 오는 게 아닌가 하는 생각이… 그러니까 트럼프정부와 트럼프 이후의 미국정부가 과연 체계적으로 우리들이 하는 협상에 참여해서 그것을 끝맺을 수 있을까, 그럴 이해관계가 있을 것인가라는 부분에 굉장히 의심이 듭니다. 그래서 저는 대통령이나 고위관료가 어떤 선언을 해주는, 예전에 노무현정부에서도 3자선언·다자선언 얘기가 나왔었는데, 저는 사실 어떤 협약의 측면에서 선언은 거의 의미가 없는 거라고 생각했는데, 선언하는 그 순간이 지나면 다 휘발되어버리기 때문이죠. 그런데 사실상 우리가 여러 시나리오 중에 선언 하나가 나오는 것도 굉장히 크게 받아들여서 기정사실화해야 되는 상황이 오지 않을까 하는 생각을 하고 있습니다.

그리고 전에 백낙청 선생님께서 2013년체제 만들기에 관한 말씀을 하셨는데, 저는 올해부터 좋은 흐름이 생기고, 그 흐름을 안정적으로 이어간다면, 우리가 남북관계를 지금까지와 완전히 다른 궤도에 올려놓을 수 있는 2022년체제를 준비해야 되는 거 아닌가 생각합니다.

발언자2 발제에서 핵위기 해결에 대한 일종의 로드맵을 제시하셨는데요. 지금 토론과정에서도 얘기가 나왔지만, 이대로 이 로드맵대로 될지 잘 모르겠다 하셨는데, 이 자리가 변혁적 중도론 세미나니까 그런 차원에서 얘기해보면, 포용정책2.0이나 변혁적 중도론의 입장에서 『2013년체제 만들기』 같은 데 나왔던 얘기들을 참조해보면, 핵심은 시민참여라고 하겠죠. 이런 시민참여 공간을 열고, 고위급회담이 됐든 뭐가 됐든 남북간에 정례화된 회의나 기구라든지 이런 차원으로까지만 가도, 군사·경제 등 여러 분야의 교류들을 높은 수준에서 해나가는 과정 속에서 어떤 시점에선가 연합이 성립할 수 있다 하는 발상이 좋은 것 같아요.

좀전에 나온 정교한 로드맵보다는 저는 그런 쪽이 더 현실성이 있지 않냐는 건데, 상식적으로 생각해봐도 이쪽저쪽이 서로 대립하고 있을 때 아무리 합리적이고 정교한 로드맵을 내더라도 한쪽에서 주도권을 갖고 저쪽에 들이밀어서 복잡한 절차들을 설득한다는 것은 현실성이 좀 떨어질 거 같아요. 어떤 비전이 있냐, 최종적인 그림이 뭐냐 이렇게 하는 것보다는 정교한 로드맵이 현실적으로 합의되기 어려울 때는 그 로드맵을 생산할 수 있는 공간을 여는 게 하나의 기획일 수 있다, 그렇게 생각해요. 그래서 핵문제를 비롯해서 분단체제 극복의 문제를 그런 차원으로 접근해야 되는 게 변혁적 중도론의 핵심적인 지점이 아닌가 생각됩니다.

발제자 제가 발제에서 말한 일종의 로드맵은 지금 말씀하신 것 같은 정교한 로드맵은 전혀 아니죠.(웃음) '정교한'이라는 말을 붙이면 안될 것 같아요. 오히려 말씀하신 것처럼 정교한 로드맵이 통하지 않을 어려운 상황에서 공간을 열어주기 위한 네가지를 제가 나열한 것입니다. 왜냐하면 ③과 ④는 아주 원칙적인 얘기에 불과한 것이고, ②는 너무 분명한 얘기인 것 같습니다. 북한도 자기들이 핵무기를 완성하는 것을 무지하게 두려워하고 있을 거라는 얘기기 때문이에요. 문제는 ①이에요. 비핵화를 전제하지 않으면 대화 테이블에 안 나간다는 것이 미국의 입장인데, 그런 전제조건 없이 대화를 시작하자라는 것을 어떻게 만들어낼 것인가. 미국 설득하기도 힘들고 아직 해체되지 않고 있는 우리 수구세력을 진정시키기도 어려운 일 아닙니까? 그게 가장 어려운 거다, 저의 논점은 거기에 있습니다.

백낙청 나도 한마디 하면 정교한 로드맵이라는 게 미리 정교하게 다 정해놓고 하려고 하면 안 되죠. 상대가 따라오지도 않을 거고, 또 그렇게 정교하게 만들 도리도 없고요. 그런데 다른 의미로는 또 굉장히 정교해야 된다고 봐요. 가령 여기 ① ② ③ ④라고 대범하게 얘기했지만, ①에서도 여러 단계가 있을 거고 여러 이슈가 있는데, 그걸 좀 잘게 쪼개서 그때그때 가능한 것부터 먼저 하고 다음 건 뒤에 하고, 그런 식의 정교함은 필요할 것 같습니다. 그렇게 해나가면서 그다음 단계를 또 정교하게 설계하고 그런 식으로 가는 게 좋지 않을까 싶고요.

그리고 아까 2022년체제 얘기가 나왔죠? 2013년체제는 실패했으니까 2022년체제 얘기를 하시는데, 우리가 어느 세월에 2022년까지 기다려요?(웃음) 지금 헬조선이다 뭐다 하는 게 정권교체가 됨으로 인해서 한숨 돌렸지만, 아직 젊은이들한테 그 실감이 남아 있잖아요. 아직은 생활이 바뀐 건 아니고, 바뀔 수 있다는 희망을 갖게 된 정도인데, 2022년까지 기다리라는 건 무리인 것 같아요. 그리고 너무 정치일정, 선거일정 위주로 생각하면 안 될 것 같습니다. 4년 연임제 개헌이 될지 안 될지도 모르거니와, 되더라도 거기다 맞춰서 할 건 아닐 것 같고요. 그래서 내가 2013년체제 안 되고 나서 2018년체제라는 말을 안 썼잖아요? 그게 남들 보기에 좀 우습고. 2013년체제 안 되니까 2018년체제 얘기하고, 2018년에 안 되면 또 2022년…(웃음) 그렇게 나오는 게 좀 싱거워 보일까봐 싫어서 그런 것도 있고요. 또 하나는 그 단어에는 묘한 선거중독증이 담겨 있습니다. 2013년체제는 당장에 2012년 양대 선거가 닥쳐왔으니까 그걸 전제로 얘기한 거지만, 2012년 정권교체 실패하자마자 또 2018년을 바라보고 뛴다는 발상은 좀 아니지 않나 하는 생각이 들어서 그 말을 피했었거든요. 그래서 2022년을 너무 그렇게 못 박고 기대를 거는 것도 좀 적절치 않은 것 같습니다.

대북제재론과 양국체제론의 문제점

발언자3 네, 저도 발제 잘 들었습니다. 발제 내용 중에 김병연 선생님의 논지에 대한 것이 나왔는데, 저는 이분을 모르다가 최근에 페이스북에서 여러 페친들이 이분의 논지를 공유하는 것을 보고 알게 됐거든요. 아까 이분의 정치적인 의도에 대한 비판적인 의견도 있었는데, 저는 그런 것들이 있다고 감안하더라도 이 논의가 묘하게 어떤 설득력을 얻어가는 측면이 뭘까를 생각해봤습니다. 우리가 분단체제론과 변혁적 중도론 세미나를 하면서 여러 대북 이슈에 대해서 더 많이 생각하게 되는데, 어젯밤에 속보가 떠서 보니까 북한이 금강산 공연을 일방적으로 취소했다고 나오더군요. 오늘에서야 분석이 나와서 읽어본 바로는 표면적으로는 북한의 열병식에 대한 남측의 비판 여론을 그 이유로 들고 있지만, 북한이 남한이라는 데가 여론을 통제할 수 있는 시스템이 아니라는 걸 모르지 않을 텐데 굳이 열병식 시비를 얘기한 것은 본심이 아닌 것 같고, 기사에서 분석하기에는 북한이 대북제재가 좀 유연해지길 기대하고 평창올림픽에 참여했는데 여전히 그럴 기미가 안 보이니까 항의하기 위해 그랬다는 것이더라고요.

그러니까 그런 분석은 어쨌든 북한이 평창올림픽에 참가한 가장 큰 이유 중 하나는 대북제재에 대한 고통 때문이라는 전제를 깔고 있다고 생각이 들거든요. 그런 식으로 보면 김병연 교수가 말하는 제재론의 효과가 우리 국민 입장에서는 체감되는 측면이 있다고 볼 수 있지 않나 하는 생각이 들더라고요. 기존의 뉴라이트나 반북반공주의자들의 제재론은 북한을 적으로 보고 적의 숨통을 죄는, 그러니까 섬멸의 관점에서 접근한다면, 이 대북제재론은 말 그대로 경제학적으로 냉철하고 차가운 방법론이잖아요? 이렇게 저렇게 게임이론처럼 설계해서 이렇게 저렇게 타이밍을 맞추어 해야 된다는 것이 어떤 이데올로기적인 속성을 제거 혹은 제어하면서 제시되기 때문에 많은 사람들에게 북한이 이렇게 나오는 것도 제재의 효과고 그렇다면 이 타임에서 제재를 이어가는 것이 옳은 게 아닌가라는 생각을 갖게 해주는 측면이 있는 것 같거든요.

또 하나는 지금 문재인정권 역시 김병연 교수의 논지처럼 이런 제재에 계속 참여하면서 국면을 이어갈 가능성도 있지 않나, 그렇다면 이 대북제재론 자체를 단순히 이데올로기적으로 기각하거나 허상이라고 얘기하는 것은 좀 단순하지 않나 하는 생각이 들었습니다.

발제자 그것은 저보다는 경제학 쪽에 계신 분들이 대답해주셔야 좋겠는데, 한가지만은 말씀드릴 수 있을 것 같아요. 북한이 평창올림픽에 참여하는 게 남한이 대북제재를 완화해줄 것을 기대했기 때문이라는 것은 전혀 사실과 다를 것 같습니다. 왜냐하면 지금의 대북제재는 국제 검토로 이루어진 것이고, 미국의 동의 없이는 그것을 완화할 수가 없고, 문재인정부도 그것을 완화할 생각이 전혀 없기 때문이죠. 현 정부가 독자적으로 나갈 자신이 지금은 없는 상태이기 때문에 북한이 그걸 기대하고 올림픽에 참여했다는 건 아닌 것 같고요. 다만 김병연 교수의 강경제재론의 허점이 무엇인지는 다른 분이 설명해주셨으면 좋겠습니다.

발언자4 경제학을 공부하는 이일영입니다. 지금 부탁하신 것은 조금 뒤에 말씀드리고요. 저는 이번 공부모임을 하면서 전체 생각을 정리하고 발전시키는 데 굉장히 많은 공부가 됐어요. 11월 7일부터 시작돼서 지금 석달째인데, 제시된 커리큘럼이 사고를 가다듬는 데 많이 도움이 됐습니다.

저는 왜 분단체제론이 사람들한테 오해를 일으키는가, 이런 오해를 해소할 방법을 찾아봐야 하지 않을까 하는 고민을 하고 있고요. 이번 공부 중에 기회가 닿아서 관련된 칼럼 몇개를 썼습니다. 그리고 오해를 불식시키기 위해서 용어를 세계체제 – 분단체제 – 국가체제 이런 식으로 조금 길게 사용했어요. 저는 양국체제론을 주장하는 김상준 교수와는 대화를 많이 했다고 생각하고, 대화를 통해서 오해가 해소되는 걸로 생각했어요. 그분의 현실인식은 분단체제론에 입각해서 하는 것 같은데 해법은 양국체제론으로 가니까 그것만 교통정리하면 되지 않나 이렇게 봤습니다. 그런데 오늘 그분의 칼럼을 보니까 저와의 대화와는 관계없이 안드로메다로 가버린 거여서…(웃음) 그 칼럼이 제 글에 대해서 썼다고 하지만 전체적으로 저와 관련된 얘기는 아니고 그냥 '분단체제 신봉자'들에 대해서 얘기를 하니까 좀 이상하게 갔죠.

그리고 김병연 교수에 대해서 말씀드리자면 그분의 글을 보면 데이터에 입각하고 있다고 하지만 전혀 데이터에 입각하고 있지 않은 부분이 있어요. 데이터 분석을 하지만 거기서 나오는 솔루션은 정치적이고 독단적인 면이 있어요. 쭉 데이터를 이야기한 다음에 팍 튀어요. 논리의 비약이 있고 해법이 정치적이죠. 그런 부분을 정밀하게 검토할 필요가 있겠다는 생각이 들고요. 그 관점이 발제자가 말씀하셨던 것하고 연결되는데, 분단체제나 세계체제 이런 부분에 대해서 고려가 없는 거죠. 그래서 아까 다른 분도 말씀하셨듯이 동유럽체제하고 동아시아체제 이 질서 사이의 역사적 맥락들에 대해서 전혀 생각하지 않는 것들이 문제로 지적될 수 있을 것 같아요.

그분이 얼마 전에는 제재실효성지수라는 것을 얘기했어요. 그런 것은 잘 모르는 사람한테는 데이터에 입각한 과학처럼 보이지만, 어떻게 그 지수를 만들어냈는지, 이것이 얼마나 객관성을 갖는 지표인지는 잘 설명하고 있지 않아요. 그건 나중에 자세히 물어봐야 될 것 같아요. 그런데 문제는 정말로 그런 제재 때문에 압박을 느껴서 북한이 올림픽에 나왔다고 할 수 있느냐는 거예요. 이것은 상당히 체제적 관점에서 봐야 되는데, 데이터를 하나 만들어서 그 데이터를 가지고 온갖 얘기를 다 덮어서 설명하는 것 아닌가 그런 의심이 드는 거죠. 제재 때문에 북한이 올림픽에 나왔다면, 상식적으로 생각해서 그러면 북이 핵무기를 왜 만들었겠어요? 그래서 여러 차원에서 다뤄져야 될 부분이 아닌가 생각이 들고요.

그다음에 이병천 교수님 얘기를 하시니까 우리 진보학계의 상황을 좀 말씀드릴 필요가 있겠습니다. 백선생님이 말씀하신 후천성분단인식결핍증이란 게 있잖아요? 우리나라의 경제학계, 사회과학계의 일반적인 풍토지요. 사회경제학회에서 논문이 한번 나온 적이 있는데, 진보 경제학계가 결국은 사회민주주의로 의견통일이 됐다 하는 선언이에요. 그런데 그렇게 의견통일이 된 것이냐 하면 그런 측면도 있고 아닌 측면도 있는 거죠. 저도 '한반도경제'라는 논의를 하고 책도 냈는데… 그걸 완전히 무시한 것은 아니지만 각주 한쪽에 언급하는 식으로 했죠.(웃음) 진보경제학 쪽에서는 자본 - 노동문제, 재벌문제 쪽으로 제한해서 보는 경향이 강합니다. 박현채 선생님 이후로 사회구성이나 체제 문제는 다루지 않게 되죠. 그리고 재벌문제를 중심으로 대안연대와 참여연대의 논쟁구도가 중심으로 들어옵니다. 이병천 선생님은 대안연대 쪽에서 굉장히 성실하고 열심히 공부하신 분인데 한반도 문제를 본격적으로 다루지는 않으셨어요. 재벌문제를 열심히 연구하시다가 그것만 가지고는 한국경제를 제대로 보기 어려우니 한반도 문제를 들여다봐야겠다고 한 김기원 선생님이 계셨는데 안타깝게도 갑자기 돌아가셨죠.

발언자5 연결되는 얘기라서 한마디 보태겠습니다. 김병연 교수는 대북제재의 효과라는 게 북한이 어느정도 비용을 치르게 함으로써 우리가 협상에서 좀더 유리한 조건을 만들 수 있지 않겠느냐는 정도가 아니라, 북한이 상당히 행위를 변경할 수 있는 정도로 효과가 있다는 논지로 좀더 적극적으로 진화하고 있는 거죠. 그런데 그게 이해가 안 됩니다. 그렇게까지 논리가 나가면 곤란하다고 생각해요. 북한이 평창에 나오는 것 자체가 핵을 포기한 것도, 미사일을 포기한 것도 아니죠. 아무것도 바뀐 게 없는데 이렇게 생각하는 것은 많은 사람들이 북한이 좀 굴복하고 나왔으면 좋겠다는 그런 바람 때문이 아니냐.(웃음) 그런 마음이 있으니까 옳구나, 우리 뜻대로 되는구나 하는 담론구조에서 그런 것이 적극적으로 유통되고 있다고 봐요. 그런데 냉정하게 따져보면 바뀐 게 없고, 결국 북한은 이 판이 안 되면 다시 핵실험을 하는 거죠. 지금 상황에서 계속 논란이 만들어지는 이슈는 뭐냐면 한미군사훈련을 중단하라 이 얘기란 말이에요. 그러니까 어쨌든 훈련을 연기했기 때문에 북한이 나왔는데, 미국이 계속 전략적 자산을 한반도에 보내고 다른 카드를 쓰니까 북한도 일정을 갑작스럽게 조정하는 등의 행위를 하는 거죠.

남쪽 사람들에게는 불편한 현상이지만, 저는 북한이 안 한다 안 온다 이런 이야기들을 하는 것은 분단체제에서는 발생될 수밖에 없는 일이라고 봐요. 분단체제론에서 보면 오히려 한번 나온다고 그랬으니 별다른 문제 없이 상황이 풀려가겠지 하고 생각하는 것은 한반도 상황에 대한 제대로 된 이해가 아니지요. 그리고 어떤 문제가 발생하면 이쪽에서 뭘 했는가를 같이 생각해봐야죠. 원래 이 구도를 유지하기 위해서 서로 해야 될 바가 있는데, 그럼 미국과 남쪽이 해야 할 바를 잘하고 있는가, 이렇게 보았을 때 특히 미국은 현재 남북관계가 대화로 풀려가는 것에 이러저런 장애를 조성하는 면이 있습니다.

미국에는 다른 이유가 있겠죠. 자기의 컨트롤 범위 바깥으로 남북

대화가 진전되거나, 자신이 주도권을 잡을 수 없는 환경에 대한 우려 때문에 계속 군사적인 것들을 병행하고요. 북한으로서는 거기에 대응하는 것이 분단체제의 아주 상식적인 메커니즘이기 때문에 그게 불복이다 또 새로운 현상이다, 이렇게 이해할 만한 요소는 아닙니다. 다만 이런 요소들이 보수언론 쪽에서는 매우 효과있는 담론이라고 생각하니까, 북한이 계속 약화되고 있고 제재가 효과를 발생시킬 수 있다는 식의 논리를 전파하고 있는 거죠. 그런데 제가 보기에는 요새는 수구보수들도 이런 말 안 믿어요. 왜 그러냐면 냉정하게 보면 사실 이 게임, 적어도 핵을 둘러싼 게임에서는 북한이 이겼다는 평가도 많잖아요. 러시아의 푸틴이 얘기했잖아요? 이번 판은 김정은이 이겼다고. 냉정하게 보면 미국 내에서 북핵문제에 대해 협상을 통한 해결을 요구하는 주장이 끊임없이 나오는 것도 그 때문이죠.

사회자 네. 여기서 좀 쉬었다가 다시 이어가도록 하겠습니다.

포용정책2.0과 남북연합의 중요성

사회자 시간이 됐으니까 다시 시작하겠습니다. 진행방식은 아까 말씀 드린 대로 백낙청 선생님 말씀을 듣고 이어서 토론하는 것으로 하겠습니다. 아까 분위기가 뜨거워져서 토론을 더 끌어갈까 했는데 좀 쉬었다 하는 것도 좋을 것 같아서 매듭을 지었습니다. 계속 그 열기를 이어가주시기 바랍니다.

백낙청 네. 이렇게 눈이 많이 오는 날에 나와주셔서 고맙고 반갑습니다. 눈 오는 것을 집 안에서 보면 아주 기분이 좋은데(웃음) 그런 길을 헤치고 여기까지 왔다가 또 밤에 가시려면 아주 힘드실 것 같습니다.

우선 용어문제를 좀 정리해볼까 해요. 그다음에는 이제까지 나온 논의 중에서 한두가지 논평하고 싶은 것을 하고, 그러고는 첫 시간부터 얘기하던 공부법에 관한 얘기를 오늘 아니면 할 때가 없을 것 같아서 좀 하려고 그럽니다.

분단과 분단체제를 구별할 필요가 있을 것 같아요. 한반도에 분단이 이뤄진 것은 1945년이고, 분단체제는 한국전쟁 거치고 휴전상태로 굳어지면서 체제화되었다고 봐야 옳을 것 같습니다. 한국전쟁이 중요한 것은, 분단이 하나의 체제가 된다는 것은 상당한 안정성을 갖게 된다는 얘기거든요, 그게 전쟁을 겪었기 때문에 일정한 안정성을 지니게 된 겁니다. 그전에는 전쟁의 뜨거운 맛을 몰라서 북진통일한다, 남조선 해방한다 그러다가 전쟁을 한 3년 겪고 나서는, 통일 못한 것은 아쉽지만 그러나 전쟁을 또 한번 하는 것보다는 지금 상황이 차라리 낫다 하는 게 거의 국민적인 합의사항이 돼버렸어요. 그게 분단체제의 한 기반이죠. 그러니까 분단체제라는 게 무조건 나쁜 것만은 아닙니다. 어쨌든 1953년부터 지금까지 전쟁이 다시 안 일어나고 살아왔으니까 세계의 다른 분쟁지역과 비교해보면 굉장히 행복한 편입니다. 아주 행복한 것은 아니고 그래도 상대적으로 다행스러운, 중동의 여러 지역이나 발칸반도 어디하고 비교하더라도요.

그래서 분단과 분단체제는 구별할 필요가 있고요. 그렇게 해야 어떤 학자의 말이 분단**체제**에 대한 인식이 부족한 건지, 아니면 분단 자체에 대한 인식이 결여된 건지 판별할 수 있지요. 그러니까 분단 자체에 대한 인식이 결여된 것은 내가 약간 비아냥조로 말한 후천성분단인식결핍증후군이라고 해도 별로 할 말이 없을 거예요. 오늘 발제자가 제시한 세분 중에서 이병천 교수는 내가 보기에는 약간 그런 증세가 있으신 분 같고. 그래서 그이 보고 분단체제에 대한 인식이 부족하다고 하는 것은 오히려 사태를 좀 호도하는…(웃음) 그이는 도대체 분단이라는 것을 빼고 생각하고 있는 거예요. 반면에 김병연 교수는 북한연구 하는 사람이니까 분단인식결핍이라고 말할 수는 없는데, 분단**체제**에 대한 이해가 굉장히 부족하고, 그런 각도에서 공부를 안 해본 거고요. 김상준 교수는 분단체제라는 말을 쓰기는 쓰지만, 전에는 그렇게 안 봤는데 이번에는 정말 묘하게 썼더군요. 칼럼에서 분단체제 신봉자라는 말을 썼는데, 사실은 분단을 신봉하는 사람들은 분단체제라는 개념이 없어요. 그러니까 분단체제론 신봉자가 있고 분단 신봉자가 있는데, 아까 발언도 하셨던 이일영 교수는 창졸간에(웃음) 분단 신봉자가 된 것 같아요. 그러니까 김상준 교수는 분단체제라는 말을 쓰긴 쓰는데 그 개념에 대한 정확한 인식이 없고, 그뿐만 아니라 상당한 혼란에 빠져 있는 것 같습니다.

지난번에 나는 김상준 교수 얘기를 할 때 그는 연구자 입장에서 얼마든지 그런 소리를 할 수 있지만, 통일운동 하던 사람이 갑자기 통일은 안 하고 평화 하자고 나오는 것은 장사가 안 되니까 신상품을 개발하는 것 같다 그랬는데, 이번에 쓴 칼럼은 정말 혼란스럽고 연구자의 글 같지 않은 느낌이 들었어요. 더 나아가면 그가 전제하는 교차승인이라는 문제가 있잖아요? 교차승인이라는 게, 우선 그게 안 되는 이유는, 원래 냉전시기에 이쪽에서 하자고 그랬던 거예요. 그랬는데 소련이 무너지고 또는 완전히 무너지지는 않았지만 상당히 많이 변하고, 고르바초프 때였죠, 어쨌든 그쪽 진영이 약화되니까 러시아와 중국은 우리와 수교했는데도 일본과 미국은 북한과 수교 안 했단 말이에요. 그건 전형적으로 화장실 가기 전하고 갔다온 후가 생각

이 다르다는 거예요. 그래서 안 된 거예요.

　그런데 교차승인이라는 게 한반도 문제를 통일지향적으로 풀기 위한 하나의 과정으로서 교차승인이 있고, 아니면 소위 베스트팔렌 (Westphalen)체제 속의 주권국가가 상호인정하듯이 남과 북이 상호 인정하고 다른 나라도 둘을 인정하자는 게 있는데, 적어도 당시 한반 도에서는 후자의 개념은 아니었고, 유엔에 동시가입했다고 해서 우 리가 그런 식으로 바뀐 것은 아니라고 봅니다. 그리고 많은 사람들이 순서를 헷갈리는데, 우리가 남북기본합의서를 채택하고서 유엔에 동 시가입한 게 아니고, 유엔에 동시가입하고 나서 기본합의서를 했습 니다. 그러니까 유엔에 같은 회원국으로 가입했음에도 불구하고 기 본합의서에서 남북의 관계는 나라와 나라의 관계가 아니다 이렇게 합의한 거예요. 그래서 그건 베스트팔렌체제의 개념과는 완전히 다른데, 시간이 있으면 베스트팔렌체제에 대해서 더 얘기하고 싶은 것도 있지만, 베스트팔렌체제란 것은 인류의 정치·국가의 역사상 극히 한정된 시기에 한정된 지역에서 통하던 체제였고, 1차대전이 벌어지면서 그 원래의 기능을 상실했다고 봅니다. 그래서 국제연맹을 만들자고 그랬잖아요, League of Nations. 그런데 그건 성공 못했고, 그러다보니까 2차대전이 또 난 거예요. 그래서 국제연합, United Nations, 유엔을 만들었잖아요. 그후에 유럽연합도 만들고. 이게 다 베스트팔렌체제 가지고는 안 되겠다는 생각으로 그렇게 된 건데 이제 와서 우리가 그것도 한반도에서 남과 북이 베스트팔렌체제의 대등한 국민국가로 가입해서 평화롭게 공존하자 이건 김상준 교수의 연구가 좀 부족하지 않나 하는 생각이 들어요.

또 한가지 용어문제는 '한반도 비핵화'라는 말을 우리가 흔히 쓰는데, 원래 김일성 주석이 조선반도의 비핵화라고 했을 때에는 북한의 비핵화만을 뜻한 게 아니에요. 남쪽의 핵무기를, 그때는 전술핵이 있을 때니까 핵무기를 빼가는 것은 물론이고, 미국의 핵우산도 철거하는 것을 말합니다. 북이 말 안 듣거나 침략을 하면 미국이 핵무기 쓰겠다고 그러잖아요? 이건 NPT(핵확산금지조약) 위반이에요, 그런 말 하는 것 자체가요. NPT에서 기존의 핵보유국의 핵보유를 인정할 때에는 핵을 선제적으로 사용하지 않는다든가, 핵 없는 나라에 대해서 핵위협을 안 한다는 조건으로 그들의 기득권을 인정해준 겁니다. 그렇기 때문에 한반도 비핵화라고 우리는 쉽게 얘기하는데, 엄밀히 따지면 한반도 비핵화는 북이 핵무기를 포기하고 우리는 미국의 핵우산을 포기하는 것을 말하는 거예요. 그러니까 저쪽이 어떤 때는 조선반도 비핵화를 얘기했다가 또 어떤 때는 북에서 핵무장 절대로 포기 안 한다 말하는 게 완전히 모순되는 얘기는 아닙니다. 조선반도 비핵화가 김일성 주석의 유훈이고 자기들이 그걸 하려고 하는데, 너희들은 맨날 핵무기 가지고 우릴 위협하고 너희들은 비핵화 안 하잖냐, 그러니까 우리는 핵무장해야겠다, 이런 논리거든요. 그래서 어떻게 해결해야 할지는 잘 모르겠지만 용어를 정확하게 알고 쓸 필요가 있다는 말씀을 드리고 싶어요.

그다음에 남북연합 얘기가 자꾸 나오니까 여러분들 중에 지금 비핵화도 안 되고 교류도 어려운데 남북연합까지 얘기해서 왜 문제를 더 복잡하게 만드냐 하는 생각을 하시는 분이 계실지 모르겠어요. 적어도 밖에서는 그런 말을 하는 사람들이 있습니다. 그런데 나는 원래부터, 포용정책2.0론의 골자가 그건데, 남북연합까지 안 가고는 절대로 비핵화가 안 된다는 주장이에요. 그러니까 보수진영의 비핵화 불가능론하고 상당히 통하는 바가 있죠. 다만 그들은 그러니까 제대로 압박하고 제재해서 무너뜨려야 된다는 거고, 나는 그렇지 않고 남북연합을 전제로 한 가변적이면서도 정교한 로드맵을 가지고 우리가 주체적으로 임하면 완전 불가능은 아니다, 이런 이야기입니다.

그리고 공부에 대해서 그동안 여러가지 말을 했는데 요즘 보면 우리나라 교수들이 옛날하고 달라서 공부 안 하고 노는 분이 그렇게 많지 않은 것 같아요.(웃음) 옛날에 영문학계의 아주 솔직한 어느 선배 교수가 "연구할 생각만 안 하면 대한민국은 교수의 천국이지"(웃음) 그러셨는데, 요즘엔 그렇지는 않죠. 천국은 이미 없어졌고, 또 실제로 보면 많은 교수들이 굉장히 열심히 공부해요. 그런데 내가 보기에는 쓸데없는 공부를 너무 많이 하지 않나 그런 생각이 듭니다.(웃음) 특히 우리가 흔히 서구중심주의를 말하는데, 거기에 너무 깊이 빠져 있어요, 서구주의, 근대주의에. 여러분도 한번 되돌아보시기 바랍니다. 지식인들이 근대를 비판하고 탈근대를 얘기하지만, 심지어 그 탈근대도 서구적인 개념일 경우가 많지요. 그래서 쓸데없는 공부 덜 하는 것도 우리의 공부인 것 같고. 내가 묵이지지(默而識之) 얘기한 취지 중에는 그런 것도 있습니다. 좀 고요히 마음을 들여다보면서 독서를 하면 좋겠다는 생각이 있었던 겁니다.

오늘 발제가 참 좋았는데, 촛불혁명 얘기는 안 나와서… 이제 남은 시간에, 발제에 관해 하던 이야기도 더 하셔야겠지만 촛불 이야기, 촛불 전반에 대해서 얘기하자는 건 아니고 우리가 그동안 공부한 분단체제론이나 변혁적 중도주의가 촛불현상을 정확히 이해하고 설명하는 데도 도움이 되나, 이게 필요한 개념들인가, 이러한 차원에서 검산을 한번 해보시는 것도 좋을 것 같습니다.

촛불은 혁명인가

사회자 네, 백선생님이 앞으로의 진행방향까지도 제시해주셨는데 어느 분이 이야기를 이어가실까요.

발언자6 지난번 공부 때 백선생님이 요지문 마지막에서 몇가지 추천 자료를 제시해주신 게 있었습니다. 그래서 그걸 읽어보면서 한두가지 궁금한 것이 있어서 말씀드립니다. 그중에 이일영 선생 칼럼이 하나 있죠. 거기 보면 세계체제 – 분단체제 – 87년체제, 이렇게 3대 고리를 얘기하면서 이것을 바꿔야 되는데, 계속 '혁신'이라는 말을 사용합니다. 그러니까 '변혁'이라든지 '개혁'이라든지, 뭐 변혁이나 개혁은 같은 연장선상에 있지만, 여하튼 이런 것들과는 뉘앙스가 다른

'혁신'이란 용어를, 기본적으로 여기서 공부할 때 쓰는 용어와는 다른 차원의 용어를 사용하시는데, 그게 어떤 의미를 가지고 있는 건지 이일영 선생님께 여쭙고 싶습니다.

또 하나는 백낙청 선생님이 신년칼럼에서 문재인정부는 민주정부 제3기 정부로 머물러서는 안 되고 촛불시대 제1기 정부가 돼야 한다, 이런 말씀을 하셨죠. 이것은 상당히 중요하고 이정표적인 발언 같습니다. 그런데 실은 우리가 현재 문재인정부를 바라볼 때 그렇게 나아갈 수 있을 것인가에 대해서는 회의적인 시각들이 많은 것 같습니다. 이유가 뭘까 생각해보면 우선은 문재인정부에 남북관계에 대해서 전향적인 생각을 가지고 있는 사람들이 있더라도 그걸 세게 밀고 나가면 보수세력이 강하게 물어뜯을 것이고, 그러면 정치적 지지세력들이 약화되고 분열될 테고 이런 속에서 지지세력을 잃을 거라는 두려움이 상당히 크다는 것입니다. 그런데 저는 그것보다도 실은 문재인정부의 핵심적 주축이 한국사회가 어떤 방향으로 나아가야 될 것인가에 대한 전략이라든지, 그에 따르는 전술이 없기 때문에 그런 것이 아닌가 하는 생각이 듭니다. 그러니까 정세란 것은 불리할 때도 있고 유리할 때도 있으니 강약을 잘 조정해서 적시적소에서 치고 빠지고 하는 전술을 구사해야 될 텐데, 적어도 지금까지 문재인정부가 남북관계에 관해서 말하는 것들은 대개 이전 박근혜정부와 별로 다르지 않거든요. 그 어떤 전략적인 플랜이 안 보인다는 것을 보면 남북문제를 우리의 문제들 중에서 그냥 n분의 1 정도로, 그런데 상당히 골치 아프고 귀찮고 좀 북한이 자제해주었으면 좋겠고 하는 정도의 생각들을 가지고 있기 때문에 그런 기조들이 유지되는 게 아닌가 생각하게 됩니다. 그런데 이것은 사실 참 어렵고, 그 사람들만 탓할 문제가 아니라 우리의 전반적인 역량의 문제라고 보기 때문에 상당히 갈 길이 멀다(웃음), 그런 느낌이 들었습니다.

그리고 마지막으로 하나 더 여쭤볼 것은 분단체제기(期)에는 몇 개의 소시기가 있잖아요? 그러니까 53년체제가 있고 그다음에 87년체제가 있고. 그러면 87년체제 다음은 무엇인가? 전에 백선생님이 2013년체제 만들기를 말씀하셨지만 현실에서는 구현되지 못했는데, 제가 궁금한 것은 분단체제는 87년체제라는 소시기를 극복하면 분단체제를 넘는 새로운 차원의 체제로 진입하는 것으로 봐야 하는지, 아니면 또다른 소시기가 필요해서 그 과정을 거쳐야 이 분단체제기를 끝내고 그후에 어떤 새로운 체제로 나아가는 그런 것인지? 물론 이게 과정적으로 이렇게 그린다고 해서 딱 그렇게 되는 것은 아니지만 어떻게 구상을 하고 계시는지, 그것은 과제를 어떻게 설정하느냐에 따라 다를 것 같은데, 그런 것을 들으면 개념들이 좀더 정리될 것 같다는 생각이 듭니다.

백낙청 이 자리에 이일영 선생도 계시지만, 나도 얘기를 한마디 더하고 거기에 대해서 종합적으로 답변하시면 나을 것 같아요. 이일영 선생이 체제혁신을 얘기하셨잖아요? 그러니까 적폐청산에서 체제혁신. 적폐청산이 일차적인 과제인 것은 틀림이 없어요. 촛불시민들이 제일 원하는 것도 그거고. 박근혜 잡아넣고 이재용 잡아넣고, 하여간 그걸 원했고 그걸 하고 있고 그걸 해야 되죠. 그것을 정치보복이라고 난리 치는 걸 보면, 이 사람들이 정말 얼마나 그걸 두려워하는가를 알 수 있죠. 그런데 정치보복이라고 하니까 노회찬 의원이 딱 한마디로 그걸 정리해버렸어요. "아니 청소를 하는 게 먼지에 대한 보복입니까?"(웃음) 그런 식으로 딱 정리를 해야지, 그냥 정치보복 아니다 그러면 그건 정치보복 프레임에 말려들어가는 거거든요. 어쨌든 그것이 일차적인 과제임에는 틀림없지만 그것만 가지고는 안 되고 혁신이 따라와야 되는데, 나는 그냥 제도와 관행의 혁신이라고 하면 충분하지 않나 생각해요. 체제혁신이라고 그러셨는데, 체제를 혁신하는 게 체제의 전환을 얘기하는 건지, 체제의 개혁 아니면 리노베이션을 혁신이라고 하는지 불분명한데다가 세개의 체제를 말씀하셨는데, 세개의 체제에 동시에 적용되는 혁신은 뭐며, 각기 그 체제마다 필요한 혁신이 뭔가, 그런 것에 대한 자료가 없기 때문에 나는 조금 초점이 불분명했다고 생각합니다.

발언자4 네, 그 글을 쓰고 나서 조금 더 써야 되는데, 아직 생각만 하고 있습니다. 분단체제는 그냥 분단에만 관련된 것이다 이런 오해를 좀 풀고, 그다음에 혁신의 층위를 분명히 하는 게 좋겠다 하는 생각을 갖고 있습니다. 그 요소들을 적시해보면 브로델이 일상생활·물질문명·자본주의문명 이렇게 말하듯이, 한반도체제에도 세계체제·분단체제·국내체제의 3층 구조가 있다는 겁니다. 이렇게 도식화해주는 게 좋지 않겠나 하는 생각을 합니다. 그다음에 각 층마다 축이 2개가 있는데, 정치·군사적인 축이 하나 있고 다른 하나는 경제적인 축이 있다, 이렇게 말할 수 있을 것 같습니다. 그런데 동아시아의 경우에는 세계체제적인 요소가 좀더 규정적이고, 그것이 마치 브로델이 얘기했을 때 자본주의처럼 꼭대기에 있는 그런 역할을 하는 거 아니냐 하는 생각을 했습니다.

그래서 저는 53년 이후의 분단체제를 규정한 게 세계체제 요소로 보면 2차대전 끝난 다음에 중국의 국공내전이 있고 한국전쟁까지, 이게 동아시아 내에서 나온 전쟁사 아닐까 하고 생각해봅니다. 그것이 만들어낸 결과로서의 53년체제, 이렇게 생각하고 있습니다. 그런 것들이 53년 이후에 동아시아 경제발전 모델을 만들었다, 그리고 동아시아 발전 모델의 두가지 유형이 하나는 사회주의 유형이고 하나는 자본주의 유형이다, 그리고 그 안에는 아까 얘기 나온 53년이 있다고 생각합니다. 세계체제적으로 보면 70년대가 중요한 거 같아요. 70년대에 중미간 관계가 바뀌고, 동아시아도 좀 바뀌고, 그걸 기반으로 중국이 개혁개방에 나선단 말이에요.

그리고 한국이 개방으로 나간다고 하는 담론들이 그때부터 막 쏟아져나오기 시작하는 것 같습니다. 그게 10년 정도 간 다음에, 우리에게 정치적으로 중요한 계기인 87년이 오고, 이것이 사회주의권 붕괴와 맞물려서 WTO체제로 가는 게 준비된 거죠. 중국은 그때 다시 사회주의 시장경제를 한다 이렇게 가고요. 90년대 이후에는 생산체제에서도 큰 변화가 나타납니다. 그러니까 일국적 공장체제에서 지금의 세계적 분업체제로 가게 된 것이죠. 그러면 저는 그것을 통틀어서 87년체제라고 보면 되겠다 하는 생각입니다. 그럼 87년체제 이후에 뭐가 있느냐 하는 문제가 있겠죠. 그러한 대안적 모습을 87년체제를 넘어서는 체제, 일본식 표현을 쓰면 초(超)87년체제라고 부를 수 있을 것 같습니다. 그것은 세계적인 흐름과 무관할 수 없고, 북한부터 중국까지 다 연관되어 있는, 어떤 혁신된 체제를 따져볼 수 있지 않을까 생각합니다.

변혁이라는 말이 있고, 전환이라는 말도 있고, 혁신이라는 말도 있습니다. 저는 거시적으로 보면 전환이라고 써도 좋다고 생각하는데, 혁신이라는 말을 쓰는 이유는 혁신이 미시적 행동이나 미시적 변화를 지시해주는 데 상당히 유리한 점을 가지고 있기 때문입니다. 보통 우리가 체제를 이야기할 때 핵심요소로서 경제체제를 이야기하면, 정치체제는 다시 따져야 되겠습니다만, 재산권 문제를 봐야 되고 그다음에는 거버넌스를 봐야 합니다. 거버넌스라는 건 우리가 시장이냐 계획이냐 할 때 문제입니다. 그러니까 자원분배 시스템을 반드시 다루게 되어 있거든요. 그리고 통상 소유제도를 보통 체제의 핵심요소라고 얘기합니다. 이것을 변경해야 되는데, 과거에 사회주의로 간다고 했을 때, 그러니까 맑스가 역사적 유물론을 얘기했을 때, 그때 혁명이라는 말을 썼던 것 같아요. 그런데 변혁이라는 말은 번역하면 어떻게 되나요? 그것도 리볼루션(revolution)이라고 해야 됩니까?

백낙청 직역하면 트랜스포메이션(transformation)이 되겠죠. 좀더 모호한 말이지요. 혁명일 수도 있고, 아닐 수도 있고…

발언자4 네, 트랜스포메이션… 그런데 역사적으로 존재하는 혁명이라는 형태가 미시적으로만 보면 프랑스혁명이나 심지어 영국혁명에 대해서도 그 혁명의 폐단이랄까 하는 게 너무 많아서, 그 기억이 굉장히 큰 상처로 남아 있는 것 같아요. 중국만 하더라도 그래서 '혁명이여 안녕' 이런 이야기들이 상당히 주된 담론이 되어 있습니다. 혁명이라는 말을 저는 혁신에 포함시키면 좋겠다, 미시적으로부터 시작해서 마침내 도달하게 되는, 그런 걸로 생각하면 좋겠다는 생각이 듭니다. 미시적으로 정의해보면 혁신이라는 것은 연결되어 있는 것을 바꾸는, 그 연결의 조합을 바꾸는 거라고 보는 거죠. 그러니까 재산권 제도의 조합을 바꾸고, 거버넌스의 어떤 방식을 바꾸고 하는 걸로요. 저는 그렇게 써먹으려고 생각합니다. 보통 혁신 하면 기업에서 하는 걸로 되어 있는데, 저는 그 용어를 좀 진보적으로 가져오는 게 좋지 않을까 생각합니다.

사회자 네. 이제 시간이 많지 않은데, 아무래도 실천적인 문제와 관련해 집중하면, 촛불 이후 우리의 어떤 정치적 효능감이랄까, 또 시민 참여의 적극적인 의지에 대한 확인 그런 것들이 우리 논의와 어떤 연관을 가질 수 있는가에 대해서도 좀더 정의해보면 좋을 것 같아요. 여러분이 읽으신 텍스트에 보면, 예를 들면 서재정 교수는 촛불 거버넌스라는 얘기를 하면서 직접민주주의와 대의민주주의를 넘어선다는 얘기도 하고요. 그러기 위해서는 과연 백선생님 말씀하신 촛불혁명의 3기, 정권교체까지를 2기라고 하면 이제 3기에 들어 섰는데 이제 한반도 평화 만들기가 결합되지 않으면 안 된다고 얘기할 수도 있고요. 그런 문제에 대해서 여러분이 한 과정의 수업을 들으면서 무슨 생각을 하셨는지 들어보면 좋지 않을까 싶어요.

백낙청 구체적으로 여러분이 김종엽 교수 책과 글을 어느정도는 읽었을 텐데, 저번에 내가 지적도 했지만 김교수하고 내가 촛불혁명에 대해서 공통점도 많지만 다른 점도 있어요. 나는 촛불혁명을 1기, 2기, 3기로 보는데, 그이는 내가 말하는 1·2기를 합쳐서 1라운드라고 하고, 그다음을 2라운드라고 하죠. 숫자가 중요한 게 아니고, 그 1라운드를 어떻게 인식하느냐, 그걸 혁명으로 인식하느냐 안 하느냐, 그러니까 혁명의 시작으로 인식하느냐 아니면 거기서 혁명의 가능성을 확보해줬기 때문에 2라운드에 가서 혁명이 시작되느냐… 그게 이럴 수도 있고 저럴 수도 있는 일 같지만 나는 굉장히 큰 인식의 차이고, 또 실제로 실행을 하는 자세의 차이도 있다고 보거든요. 그런 얘기를 좀 구체적으로 꼬집어서 하는 게 좋을 것 같아요.

발언자6 저도 그 문제를 유심히 봤는데, 김종엽 선생은 촛불을 1라운드, 2라운드의 두 단계로 봤고, 백선생님은 1기, 2기, 3기로 나누었는데 그러니까 대선기간을 2기로 설정하신 거죠. 그중에서 2기가 상당히 위험한 시기였는데, 프랑스 68혁명 당시 드골 때와 비교하면서 우리는 우리의 저력으로 프랑스와 달리 선거를 승리로 이끌었고, 이제우리에게 남아 있는 3기가 중요하다고 하시죠. 김종엽 선생은 그분나름대로 대선 이후 우리에게 남아 있는 2라운드에 해결해야 할 몇가지 과제를 정리하는데, 민주주의라는 과제도 있고, 경제민주화나경제정의의 과제, 또 남북관계에 대한 과제도 제기합니다. 그런데 제가 보기에는 백낙청 선생님의 과제 설정보다는 좀 병렬적이라는 느낌이 들었어요. 김종엽 선생은 제기되는 과제들이 다 중요하고 골고루 발전이 되어야지 어떤 새로운 단계로 갈 수 있다는 생각을 하시는 것 같고요. 물론 그분도 촛불을 혁명이라고 보고 있습니다. 그렇게 규정을 하기는 하는데 그것은 87년체제를 극복하는 그런 게 아니라, 아직까지는 1라운드죠. 1라운드는 수업이기 때문에 2라운드에서87년체제가 가진 자기의 가능성을 충만히 다 발현해야지 어떤 상으로서 완성이 되고, 새로운 단계로 나아갈 수 있다 이렇게 말씀하시는걸로 이해했습니다.

거기에 비해서 제가 읽기로는 백선생님은 3기에서는 포용정책2.0이 상당히 핵심적인 과제라는 말씀을 하시는 것 같아요. 다른 과제도 물론 제시하는데, 포용정책2.0, 즉 분단체제 극복을 위한 실제적인 프로그램에 돌입하지 않으면 다른 것도 계속 지지부진하고 한국사회의 개혁 자체도 좌초될 수 있다는 것을 강조하시는 입장입니다. 포용정책2.0의 내용은 북미수교라든지 평화협정 등등, 그다음에조금 더 나아가면 남북연합 이런 것들도 포괄하고 있는데, 그게 가장중요한 돌파의 고비라고 말씀하시는 게 제일 차별적인 걸로 여겨집니다. 그러니까 무엇보다 분단체제의 그 어떤 본질이랄까, 그 핵심을 돌파하지 않으면 안 된다고 하는 게 김종엽 선생 입장과의 차이인 것 같습니다.

발언자4 그런데 분단체제론에서 남북관계 문제를 체제적 관점에서 보는 것도 중요하지만, 그 문제를 해결해가는 방식으로 시민참여형을 제시한 것도 중요한 것이죠? 그런 맥락에서 시민행동이 제도나 체제를 작동시키는 데 어떻게 역할을 하느냐 그 점을 따져보시는 것 아닌가 하는 생각이 들던데요. 그러니까 1기 때는 그 어떤 시민적 동력이 국면을 이끄는 주된 힘인데, 그 힘이 2기에서는 그냥 정치제도 안으로, 현존의 정치제도라는 게임 안으로 끌려들어온 걸로 보시는 것 같아요. 김종엽 교수는 그 부분을 약간 더 제도적으로 87년체제의 정치제도적인 측면으로 포괄해서 이해하는 거 아닌가, 그렇게 볼 수 있지 않나요?(웃음) 저는 그렇게 정리를 해봤습니다.

백낙청 네, 이슈보다는 소위 1·2기를 어떻게 보느냐 하는 게 더 중요한 것 같아요. 그러니까 김종엽 교수가 제2라운드라고 하는 문재인정권 출범 이후의 시기에 뭐 뭐 뭐 이렇게 중요하다고 그러는데, 너무 병렬적으로 제시된 것 같다는 비판도 가능하다고 봅니다. 그리고 내 경우에는 포용정책2.0의 성패가 더 핵심적인 위치에 있다는 것도 맞는 말이죠.

그런데 그전에 나는 제1기가 혁명적이 아니었으면 무슨 재주로 이제 와서 갑자기 혁명을 시작하느냐 이런 생각이에요. 제1기가 혁명적이었냐 아니었느냐 하는 것을 판단할 때에 기존의 사회과학이론을 가지고 보면 그건 분명히 혁명이 아닙니다. 한나 아렌트 같은 사람이 말하는 혁명의 정의에 완전히 어긋나고, 이건 사회과학적인 통설에 어긋나는 거예요. 그런데 다른 변화도 물론 많이 있지만 한국의 경우는 분단체제라는 게 있고 그 분단체제의 일부로서 남한사회가 있기 때문에 그 남한사회에서 87년체제 헌법이 작동을 안 한 게 꼭 박근혜가 나쁘고 이명박이 나빠서가 아니라 원래 정부출범 때부터 우리 헌법의 민주적인 조항이 제대로 작동해본 적이 없어요. 반공 뭐 이런 것 때문에, 그런 게 '이면헌법'인데, 유신헌법이나 전두환 헌법은 공공연한 억압적인 독재헌법 아닙니까? 87년에는 우리가 일단 민주헌법을 만든 겁니다. 87년 헌법을 제왕적 대통령제라고 하는 걸 나는 동의 안 해요. 헌법 자체는 유신헌법과 전두환의 제왕적 대통령제 헌법을 대폭 개정해서 민주적인 헌법을 만들어냈는데, 여전히 분단체제라는 게 존속하기 때문에 이게 충분히 작동을 안 했던 거예요. 그것을 작동시켰으니까, 헌법이 수십년이나 제대로 작동 안 한 나라에서 처음으로 헌법을 작동하게 만들었으면 그만한 혁명이 어딨냐, 그게 내 생각이거든요. 그러니까 그건 분단체제론의 인식하고 적어도 내 경우에는 직결되어 있는 판단입니다.

그리고 소위 제1라운드에서 1기하고 2기를 구별해보는 게 참 중요하다고 봐요. 왜냐하면 2기에는 1기 촛불항쟁 때 시민들의 참여와는 비할 바도 없고 지금 정권이 들어서 있는 이 시기에 비해서도, 훨씬 더 우리 국민의 시민권이 제약되어 있었어요. 그렇잖아요? 선거국면에 들어가면 함부로 말도 못하잖아요. 아무것도 못하게 되어 있는데 그러나 우리는 그럴 수밖에 없었던 게 폭력혁명을 안 하고 헌법을 지키자는 혁명을 했기 때문에 그 헌법과 기존의 선거법에 따라서 선거하는 것을 마다할 수 없었던 거죠. 따라가는 거죠. 그런데 프랑스 같은 데서는 그러다보니까 결과가 완전히 뒤집어졌는데, 우리는 안 뒤집어졌죠. 그게 촛불시민들의 혁명적 위력이 작동했다 이렇게 볼 수도 있고, 또 하나는 박근혜가 드골이 아니고 황교안이 드골이 아니라는 점도 작용을 했고요.(웃음)

어쨌든 그래서 1기의 혁명적인 기운이 2기에 상당히 사그러들었다가, 이제 3기에 와서 다시 살아났는데, 그게 간단한 일은 아니지만 그러나 정권을 잡았다는 게 얼마나 중요한 일입니까? 일단 정권을 잡았거든요. 그래서 이 단계에서 이제 어떻게 해나갈 것인가 하는 문제인데, 그 문제도 있지만 사실 촛불혁명의 진행과정에 대한 이런 인식이 더 중요하다고 봐요. 우리가 혁명을 일으켰고 그사이에도 혁명의 위기가 왔는데 그걸 넘겼으니까 이제부터 혁명을 제대로 해야 하는 거지요. 제대로 하면 그다음이 분단체제의 극복이냐 아니면 다른 중간단계가 또 있냐 하는 물음을 좀전에 한 발언자께서 던지셨는데, 한반도식 통일이라는 것은 점진적·단계적으로 이루어지는 것이기 때문에 어느 시점에 가서 통일이 딱 이루어지면서 분단체제가 극복되고 그 이전까지는 '통일 이전'이다 이렇게 말할 수는 없는 거고요. 그러나 현재의 제3기에서 성과를 좀 거둬서 소위 적폐청산도 하고 제도개혁도 하고 헌법도 새로 만들고 여러가지 관행을 혁신하면 분단체제 극복과정이 거의 궤도에 오르는 거죠. 모멘텀이 생기는 거예요. 소위 1단계 통일까지 가는 게 언제냐 하는 것도 명확하지 않잖아요? 한참 그렇게 가다가 아 이만하면 됐으니까 남북연합 선포하자 할 정도가 되면 되는 거지요. 국가연합이라는 것도 여러 단계가 있는 거니까요. 그러나 이번에 개헌도 못하고 자유한국당 3분의1 넘는 의석에 완전히 발목 잡혀서 2020년까지 기다려야 된다, 또는 다음 대통령선거가 있는 2022년까지 기다려야 된다, 이렇게 생각해서는 안 될 거라고 봅니다. 촛불항쟁의 혁명적 동력이 그사이에 소진될 것 같아요. 그전에 뭘 해야 되지 않나 하는 생각입니다.

사회자 예정된 시간은 거의 됐는데, 발언 안 하신 한두분 정도 얘기를 듣고 마무리하겠습니다.

시민참여형 통일 말고는 답이 없다

발언자7 네, 백선생님의 글들을 읽고 이렇게 말씀을 들으면서 시민참여형 통일과정에 관한 얘기가 많이 나오는데 그게 어떤 의미일까 하는 궁금증이 항상 있었습니다. 저 스스로는 답을 찾을 수 없었는데(웃음) 방금 말씀 중에서 흐름에 대한 이해는 하게 된 거 같았습니다. 하지만 그럼에도 시민참여형 통일과정이 참 어렵다는 혹은 그게 어떤 방식으로 가능할까 하는 생각은 있습니다. 선생님 글 중에 시민참여의 가장 큰 방법은 대화와 교류를 거부하는 정권을 시민행동으로 갈아치우는 일이다 하는 게 있는데요, 물론 이것이 지금까지의 큰 몫이었다는 건 분명히 인정할 수 있지만, 이 시점 이후에 시민참여는 또 어떤 모습이어야 할까 혹은 어떤 모습으로 가능할까에 대한 의문은 계속 있습니다. 민간단체 입장에서 북쪽을 다니면서, 사실 이 얘기는 시민참여는 남쪽에 국한될 수밖에 없다는 뜻으로도 해석할 수가 있죠, 물론 우리 남쪽 시민단체들이 북쪽에 작용을 미치는 부분이 분명히 있기는 하지만 여전히 이 부분에 한계가 크다는 점을 많이 느끼고 있어서 이렇게 말씀을 드립니다.

발언자8 오늘 창비담론 아카데미를 마무리하는 날이기도 해서, 이야기가 오가는 속에서 자꾸 생각하게 된 것을 전하고자 합니다. 촛불이 1기와 2기, 3기라는 어떤 과정이고 앞으로 진행해야 되는 것이라면 그러니까 혁명이라는 것이 종결된 것이 아니라 계속 만들어가는 과정에 있고 혁명이라는 의미 자체를 우리가 구성해나가는 것이라고 생각할 수 있을 것입니다. 그렇게 사고하는 방향 자체를 저는 이 아카데미를 통해서 얻어가는 것 같습니다.

사실 우리가 여기서 촛불혁명이라는 표현을 쓰고 언론을 통해서도 그런 표현을 쉽게 접하지만 그에 비해서 제가 주로 접하는 10대부터 30대 사이의 친구들은 우리가 촛불을 겪고 난 후에도 거기서 어떤 희망을 보았다거나, 앞으로 어떤 기대를 걸까 하는 이야기보다는 광장에 지핀 불빛에 가려진 그을음이 없나 하는 이야기를 더 많이 나누는 것 같아요. 이를테면 페미니즘 논의에 관심을 가지고 있는 친구들은 광장에서 느꼈던 자신의 불편함을 더 부각시킨다거나 아니면 우리가 촛불을 통해서 정권을 바꿔내긴 했지만 지금 정권에서 보이는 모습들에 약간 비관적인 관점을 가지고 이야기하는 것에 더 익숙하죠.

저를 포함한 제 친구들은 자신이 참여했음에도 자신의 성취가 무엇인가에 대해서 평가하는 일에 익숙하지 않은 면이 있는 것 같아요. 이들이 자신이 한 일에 자신감을 갖지 못하고 비관적인 관점을 가지고 변화를 수용하는 일에 방어적으로 나오는 이유는 무엇일까라는 생각을 해봤어요. 여러 이유가 있겠지만 외부의 잣대에 의해서 평가되고 거기에서 인정받는 방식이나 그런 교육과정에 익숙할 뿐 아니라, 자기 자신을 정치적인 주체로 자리매김하는 공론장에 대한 경험도 온라인의 토론장 이외에는 겪지 못한 까닭도 있을 것 같아요. 한정된 세계 안에서만 자기 이야기를 주고받는 방식에 익숙해 있기도 하고, 또 어떤 변화를 실감하는 데서도 장기적인 안목을 가져야 하는

데 변화를 어떻게 볼 것이냐까지 고민하지 못하고 눈앞의 일들에 일희일비하는 데에 더 익숙하기 때문인 듯해요.

어쩌면 광장의 경험 이후에도 촛불정부가 못나 보이는 것에 대해 트집 잡는 일이 좀더 멋지다고 생각하는 것 같아요. 게다가 이들의 일상을 보면 페미니즘 관련해서는 백래시라고 감지될 만한 현상이 있고 혹은 최저임금은 올라가지만 정작 자신의 일자리는 없고 알바 구하기도 쉽지 않은, 이런 당면한 여러가지의 것들이 오히려 광장이 우리에게 뭘 남겼냐 하는 불만을 만들었을 거예요. 그런데 자신들이 해왔던 일들을 역사적으로 의미화하고 거기서 성취된 바를 찾고, 그래서 자신을 보잘것없는 존재나 위축된 존재로 생각하지 않고 오늘 자기가 할 수 있는 몫이 무엇인지를 생각하는 방식 역시 중요하다는 것을 이 자리에서 오가는 얘기에서 많이 배웠습니다. 자신의 성과를 낮춰서 생각하는 방식 그리고 비관과 냉소로 이후 자신이 할 수 있는 일을 축소시키는 것, 그런 열패감에 젖어 있는 방식 자체가 분단체제가 형성한 주체의 인식구조인 것 같고, 그것을 넘어서는 방식도 촛불혁명을 만들어가는 과제 중에 하나라는 생각이 듭니다.

문학비평을 하는 사람으로서 덧붙이자면, 최근에 여러 문학비평을 읽으면서 자꾸 '한국문학 혐오'라고 할 정도의 이야기들이 왜 나오고, 이제 문학작품의 가능성은 없다는 얘기들이 왜 나올까라는 생각을 많이 했는데, 그 얘기가 여기서 나온 얘기들과 떨어져 있는 게 아닌 것 같습니다.

사회자 네, 이제 백선생님이 마지막으로 한 말씀 해주시는 게 좋겠습니다.

백낙청 아까 시민참여형 통일이 참 어려울 것 같다는 얘기가 나왔는데, 나는 이렇게 묻고 싶어요. 시민참여형 통일 아닌 통일은 쉬울 것 같은가요? 이제까지 안됐잖아요. 그러니까 시민참여형 통일 말하는 사람보고 자꾸 그거 안될 거다 안될 거다 하지 말고, 그러면 그거 아닌 다른 뭘 할 수 있을지 한번 얘기를 해보랬으면 좋겠어요. 시민참여형의 최근의 가장 중요한 예로 촛불혁명을 얘기하고 정권교체를 얘기했는데, 그 대목을 인용하고 나서 곧바로 그다음 단계 얘기할 때는 또 남북교류에서 시민들이 뭘 할까, 북에 시민들이 있냐 없냐 이런 것을 말씀하시는데, 통일을 일회적인 사건으로 보면 통일작업에 시민이 얼마나 끼어드느냐, 남북협상에 얼마나 시민이 끼어드느냐 하는 걸 가지고 시민참여를 판정하지만, 분단체제 극복이 지속적인 과정이라고 하면 촛불혁명도 있고 개헌작업도 있고 여러가지가 있기 때문에, 거기서 시민들이 촛불항쟁 때 발휘했던 것만큼의 창의성과 열정을 충분히 발휘할 여지가 매우 많다고 봅니다.

그런데 물론 젊은이들이나 또는 꼭 젊은이가 아니라도 촛불혁명 해서 달라진 것이 뭐 있냐, 내 삶이 달라진 것이 뭐 있냐 이런 얘기들을 하는 사람들이 많지만, 나는 이 대목에서는 좀 꼰대 기질을 발휘해서 충고를 하고 싶습니다.(웃음) 발언자도 얘기했지만 그렇게 트집 잡고 비관하는 것을 멋지다고 생각하는 경향이 있어요. 그리고 지식인들은 비관하는 게 남는 장사입니다. 틀리면 일이 잘돼서 좋고, 일이 잘못되면 자기가 맞아서 좋고.(웃음) 지식인들이 그런 꽃놀이패에 상당히 중독되어 있는 것 같아요. 그래서 그런 것은 남녀노소를 막론하고 불식해나가는 것이 촛불정신에 부합하지 않나 싶고요. 한국문학에 대해서도 그래요. 내가 요즘 한국문학을 많이 읽지는 못하지만, 한국문학은 왜 이 모양이냐 하는 사람들이 자기 잘났다고 하는 애기 이외에 정말 뭐를 실사구시적으로 하는 얘기인지 모르겠어요.(웃음) 한국어 문학이라는 게 천년 넘게 중국문화에 짓눌리고 일제 시기에는 일상언어마저 말살당할 뻔하다가 살아남아서 분단체제 아래서 이만큼의 활력을 발휘하고 있는 데 대한 존중과 자긍심을 일단 깔고서 이런저런 타박을 하더라도 하는 게 정당한 자세라고 봐요.

사회자 네, 시간이 다 됐습니다. 마지막으로 이남주 소장께서 다음기 공부모임에 대한 예고랄까 소개를 해주시겠어요?

이남주 네, 작년 11월부터 올해 1월까지 연말연시라는 외부적 환경과 날로 엄혹해지는 날씨와의 전쟁(웃음) 등에도 이렇게 끝까지 참여해주신 분들에게 감사드리고요. 다들 소회들을 말씀해주실 수 있는 시간이 있으면 좋았겠지만 아무래도 시간이 짧아서 아쉽습니다. 하지만 그래도 이렇게 자리를 끝까지 지켜주신 것만으로도 어떤 생각이신지 알 수 있을 것 같습니다.

저희가 이 아카데미를 좀더 진행하려고 합니다. 이번 1기에 이어서 올해 4월부터 시작해서 날씨가 더워지기 전에 마무리하는 일정으로 다음 프로그램을 기획하고 있습니다. 주제는 '근대적응과 근대극복의 이중과제론'과 '문명전환론' 등으로 하고, 텍스트도 좀더 다양한 방식으로 준비해서 공부할 수 있을 것 같습니다. 구체적인 것은 저희 운영팀이 계획을 짜서 다시 알려드리겠습니다. 여기 계시는 분들도 다시 지원할 수 있는 자격이 있으니까, 혹시 늦으면 자리가 없을 수도 있어요.(웃음) 그러니까 공지가 되면 서둘러서 지원해주시고, 그때도 백낙청 선생님이 계속 같이해주실 것 같습니다. 네, 그동안 수고들 하셨습니다.

사회자 예정시간보다 한시간이 더 걸렸는데, 그럼 뒤풀이 자리에 함께 가서 더 얘기 나누면서 다음 공부에 대한 기대도 부풀리시기 바랍니다. 이걸로 모든 모임을 마치겠습니다. 백낙청 선생님과 참여해주신 모든 분들께 감사드립니다.

후기

　세교연구소와 창비학당, 계간 『창작과비평』이 힘을 모아 '창비담론 아카데미' 과정을 개설한 것은 나 개인에게도 뜻깊은 일이었다. 내 나름으로 시대의 요구에 부응하려는 담론작업을 다년간 해왔고 그것이 대부분 『창작과비평』을 중심으로 진행되어 세칭 창비담론의 일부가 되었지만, 실제로 시대의 요구를 채워줄 만한 파급력을 갖지 못한 점을 늘 아쉽게 생각하던 참이었다. 물론 나 자신의 실력 향상이 가장 절실한 문제지만, 동학들이 발심하여 특별한 공부과정을 마련한다니 반갑고 고맙기 그지없었다.

　이남주 교수가 '책을 펴내며'에서 술회하듯이 아카데미 발족 당시 한반도는 '분단체제론과 변혁적 중도주의' 공부에 꼭 유리하지만은 않은 엄중한 상황이었다. 그럴수록 이 공부가 더 절실하다는 것이 운영위원들의 합의였지만 실제로 얼마나 호응이 있을지 장담하기 어려웠다. 또한 '창비담론'이라는 간판을 걸어놓고 백아무개 개인의 언설 중심으로 진행하는 것이 모양새가 안 좋고 기획자들에게마저 누가 될지도 모를 일이었다.

실제 과정은 여러 우려에도 불구하고 예상을 뛰어넘는 참여로 출발했고 원만히 끝을 맺었다. 일곱차례 모임 중 나는 짝수차에 나가서 강평하고 토론에 참여한다는 얼개였는데, 첫 모임에 나가 인사했고 마지막 모임도 내내 함께 했으니 두번 빼고는 다 참석한 셈이다. 몸은 좀 힘들었으나 즐거운 경험이었다.

과정이 원만히 끝났다고 했지만 매사가 매끄럽게 진행된 것은 아니었다. 먼저 이 과정만 이수하면 창비담론의 기본 내용을 습득하리라 예상했던 분들이 없지 않았는데 그런 기대는 첫밭에 접어야 했다. 나의 능력 부족도 있지만 애당초 창비담론의 성격이 그렇게 요약·정리할 수 있는 것이 아니기 때문이었다. 첫 모임부터 강조했지만, 공부의 초점은 담론의 내용보다 담론하는 방식을 배우자는 것이었다. 회를 거듭해가며 내가 '공부법'을 말한 까닭이기도 한데, 그 점에 얼마간 공감하는 상태에 이르기까지도 서로가 노력하는 시간이 필요했다.

'책을 펴내며'에서 말하듯이 아카데미 수업이 진행된 2017년 11월 초순부터 2018년 1월 말께까지의 기간은 한반도의 상황이 크게 바뀌는 시기였다. 물론 평창 동계올림픽이 시작하기 전이었고 4·27 판문점선언은 예측하기 어려웠으며 트럼프–김정은의 후속회담은 이 글을 쓰는 지금도 아직 미래의 일이다. 그렇다 해도 북의 '핵무력 완성' 선언과 문재인 대통령의 올림픽 기간 한미군사훈련 중단 요구 이전에 시작된 아카데미의 논의에서는 변화 이전 분위기의 영향이 한동안 지속되었다. 지금 돌이켜보면 현실과 동떨어진 발언도 더러 나왔지만 책에 담으면서 굳이 수정하지 않았다. 모임은 참석자들이 예지력을 얼마나 갖췄느냐를 경쟁하는 자리가 결코 아니었고, 각자가 특정 시점에서 어떤 근거와 심경으로 어떤 현실 진단을 했는지를 기억하고 대조하는 일이야말로 주된 공부거리요 앞으로 최선의 판단에 이바지하는 길이기 때문이다.

동계올림픽 기간만 해도 예상을 뛰어넘는 사건의 연속이었지만 4월 27일 남북 정상의 만남은 실로 한반도의 기운을 바꾸는 대사건이었다. 사상 최초로 생중계된 상봉이었기에 더욱 그랬다. 이럴 때 냉정을 잃지 않고 신중하게 판단하는 게 중요하지만 ─ 이 글을 쓰는 현재 예정됐던 북미정상회담 취소 소동이 일어나는 등 그 점이 더욱 실감나지만 ─ 온 국민과 세계의 다수 시민이 감동하는 사건에 대해 혼자만 신중론을 펼치고 경각심을 고취하는 것이 지식인의 고질적인 "남는 장사"(272면)가 되어서도 안 될 것이다.

한층 책임있는 자세는 우여곡절 끝에라도 북미정상회담마저 성공적으로 끝났을 때 한반도의 주민들, 특히 남북관계의 '제3당사자'인 남쪽 민간사회에 안겨질 벅찬 일감들을 예견하고 대비하는 일이다. 여기에는 남북교류에의 직접적인 참여 증대만이 아니라 남북화해로 마련된 변화의 동력을 국내개혁으로 되돌리는 작업에서 시민사회가 수행할 몫이 있고 나아가 한반도의 평화와 번영이 주민들 모두가 고르고 사람답게 살도록 만드는 여전히 힘겨운 작업이 남는다. 판문점선언도 겉보기로는 최고위급 지도자들의 결단으로 한반도 문제 해결의 계기가 만들어진 것이지만 우선 남측의 지도자가 촛불혁명이라는 전대미문의 시민참여를 통해 탄생한 대통령이요 그 정부라서 가능했던 일이다. 북녘은 북녘대로 절대권력자도 어찌 못하는 인민의 욕구와 생활상의 변화가 있었으리라 짐작되는데, 그에 대한 분석과 검토는 제쳐두고라도 촛불혁명으로 남녘이 달라지지 않았다면 북이 문재인 대통령 개인의 진정성만 믿고 과감한 타결에 나서지 못했을 것이다.

그런 점에서 4월의 전환점 이전에 분단체제에 대해 새로운 공부를 미흡한 대로 시작한 것은 때 맞춤한 처사였다. 이제부터는 분단체제 극복을 위한 시민참여형 통일과정과 남한사회의 실천노선으로서의 변혁적 중도주의, 그리고 어떤 남북연합을 만들고 어떤 사회를 한반도에 건설할 것인가를 한층 구체적으로 검토할 시기인데 현존하는 분단체제에 대한 인식은 그런 노력의 기본일 터이다.

더욱 다행인 것은 제1기 아카데미의 참가자 대다수가 공부를 계속하기를 지망하여 논의를 '근대적응과 근대극복의 이중과제' '문명의 대전환' 등으로까지 확대한 제2기가 현재 진행중이란 점이다. 큰 주제를 다룰 때일수록 분단 한반도와 한국사회의 당면현실에 밀착된 논의를 해나가는 공부가 긴요함은 더 말할 나위 없다.

제1기 공부의 내용을 한권의 책으로 간행하는 작업을 출판사가 서두른 것도 반갑고 고마운 일이다. 운영위원들의 논의를 거쳐 제목을 '변화의 시대를 공부하다'로 정했는데, 변화의 양상을 발 빠르게 서술한 책은 아닐지라도 시대의 변화 가능성에 대한 믿음을 견지하며 시대를 공부하는 마음가짐을 다지는 집단적 노력의 산물이라는 점에서 꽤나 설득력 있는 선택이 아니었나 싶다. 창비담론 아카데미를 기획한 운영위원들, 함께 공부한 참가자들, 인문사회출판부의 실무진 여러분, 그리고 처음부터 이 기획을 굳건히 밑받침해준 창비 강일우 사장에게 감사의 뜻을 전한다.

2018년 5월
백낙청

창비담론 아카데미 읽기자료

1부 변화의 시대와 담론 공부

백낙청「분단체제의 인식을 위하여」(1992), 정현곤 엮음『변혁적 중도론』, 창
　　비 2016.

백낙청「변혁과 중도를 다시 생각할 때」(2007), 같은 책.

백낙청「2013년체제와 변혁적 중도주의」(2012), 같은 책.

백낙청 – 조효제 대담「87년체제의 극복과 변혁적 중도주의」(2008),『백낙청
　　회화록』6권, 창비 2017.

백낙청「통일운동과 문학」,『창작과비평』1989년 봄호.

2부 분단체제 극복을 위한 모색

정현곤「서장: 변혁적 중도의 실현을 위하여」(2016), 정현곤 엮음,『변혁적 중
　　도론, 창비 2016.

유재건「한반도 분단체제의 독특성과 6·15시대」(2006), 같은 책.

김종엽「분단체제와 87년체제의 교차로에서」(2013), 같은 책.

이승환「분단체제 변혁의 전략적 설계를 위하여」(2016), 같은 책.

3부 촛불 이후 읽는 변혁적 중도주의

백낙청 – 김성민 대담 「민족문학론, 분단체제론, 변혁적 중도론」(2017), 『백낙청 회화록』 7권, 창비 2017.

백낙청 「큰 적공, 큰 전환을 위하여」(2014), 『백낙청이 대전환의 길을 묻다』, 창비 2015.

김종엽 「서론: 몇개의 메타이론적 고찰」, 『분단체제와 87년체제』, 창비 2017.

4부 한반도 대전환의 길목에서

백낙청 「2013년체제와 포용정책2.0」(2011), 『2013년체제 만들기』, 창비 2012.

김종엽 「촛불혁명에 대한 몇개의 단상」, 『분단체제와 87년체제』, 창비 2017.

김종엽 「촛불혁명의 새로운 단계를 향하여」, 『창비주간논평』 2017.5.24.

서재정 「시민이 하늘이다: 계속되어야 할 촛불혁명」, 같은 매체 2017.6.21.

이일영 「적폐청산에서 체제혁신으로」, 같은 매체 2018.1.3.